从来富贵多淑女，自古纨绔少伟男

望子成龙的实战读本

培养有出息男孩的关键细节

赵灵芝◎编著

穷养男孩的实用妙招

走进男孩的内心世界，把握男孩的成长细节，教会男孩不入误区，**穷养男孩终成大器。**

用成功的教育造就有出息的男孩，让细节和关键点指导父母的教子实践。

中国纺织出版社

内 容 提 要

每个家长都怀揣着一个望子成龙的心愿，希望能通过自己的引导，让孩子走上成功的人生之路。男孩将来要承担更多的家庭责任，多经历风雨，对心智的磨砺会使其变得更加坚韧。

本书从多个方面诠释了"穷"养男孩的方法，分析"穷"养男孩过程中的关键细节，并根据男孩的特点，用贴近实际的事例来阐释男孩该如何走好成长之路，让男孩明白成长的真谛在于勇敢克服各种困难，不断地磨砺自己，培养坚强的意志，使其尽早自立自强、肩负重任，从而成为一个内心强大的有出息的男人。

图书在版编目(CIP)数据

培养有出息男孩的关键细节 / 赵灵芝编著. —北京：中国纺织出版社，2016.3（2024.1重印）

ISBN 978-7-5180-2290-8

Ⅰ.①培… Ⅱ.①赵… Ⅲ.①男性—家庭教育 Ⅳ.①G78

中国版本图书馆 CIP 数据核字(2016)第 015946 号

责任编辑：闫 星　　　　责任印制：储志伟

中国纺织出版社出版发行

地址：北京市朝阳区百子湾东里 A407 号楼　邮政编码：100124

销售电话：010—67004422　传真：010—87155801

http://www.c-textilep.com

E-mail:faxing@c-textilep.com

中国纺织出版社天猫旗舰店

官方微博 http://weibo.com/2119887771

永清县晔盛亚胶印有限公司印刷　各地新华书店经销

2016年3月第1版　2024年1月第3次印刷

开本：710×1000　1/16　印张：16.5

字数：265千字　定价：49.80元

前言

PREFACE

社会心理学家丹尼尔·科鲁格说:“社会对男人的期望值非常高,给他们造成了巨大的压力,这是有原因的。”之所以这样,是因为男人在社会和家庭中一般都承担着更多的责任,他们是儿子,是丈夫,是父亲;同时,他们还是组织和团体的成员,他们必须学会驾驭和保护周围的一切,总之,是性别让男人必须具备巨大的能量。然而,要想培养出这样的男子汉,需要父母穷养男孩。男儿如石,只有多受点穷,吃些苦,才能磨炼他们的意志,锻炼他们的能力,才能摆脱依赖性,才有独立成长的空间。

不过,生活中一些父母片面地理解了“穷”养的含义,他们认为,“穷”养男孩,就是不给孩子零花钱,不给孩子物质上的享受。其实,我们所说的“穷”养,实质是锻炼和磨练男孩的意志力、品质、心态和性格,从而培养出自立自强、勇敢出色的男子汉。

“自古英雄多磨难”“从来纨绔少伟男”“穷人的孩子早当家”,这些名言古训都是告诉我们父母,顶天立地的男子汉一定是穷养出来的!作为父母,我们必须要知道,无论家境多好,在对男孩的教育中,绝对不能宠,要让男孩吃得苦中苦,从吃苦中培养男孩坚韧的意志力和艰苦朴素、吃苦耐劳的作风以及仁义孝道的思想。如此,将来方可担负起社会和家庭的重任。相反,从小在蜜罐里泡大的男孩就像温室里的花苗,没有竞争意识,不知生活艰辛,从小不注重能力和实力的培养,也没有竞争意识,经不起风吹雨打,自然也见不到美丽的彩虹!

无数例子告诉我们，过多的物质和金钱不仅会剥夺孩子独立面对未来的机会，还会让他本应具备的能力和积极进取之心彻底埋葬。正是从这个意义上说，穷养男孩才有了更为深刻的内涵。穷养的男孩，将来步入社会后更容易适应环境、承受逆境，具备独立支配自我的能力。所以，我们可以说，穷养出来的磨砺会成为蕴藏在男孩内心深处的取之不尽的资本，让他受益终生。

本书正是结合男孩的成长规律和其性别特点，从不同角度出发，为男孩的父母提供了一套成功教子方案，教我们父母该怎样穷养出有上进心的男孩、如何锻造男子汉特性、如何激发男孩的潜能、如何引导男孩爱上学习等，从而帮助我们教出有毅力、有能力、有素质、有魄力的卓越男孩，希望本书能对每一位望子成龙的父母有所帮助。

编 著 者
2015 年 10 月

目录

CONTENTS

第08章 穷养的男孩有担当：

第09章 穷养的男孩心态好：

第10章 穷养的男孩懂感恩：

第01章 穷养的男孩有出息：吃点苦才能懂纵横人生的道理

“自古英雄多磨难，从来纨绔少伟男。”生活在安逸环境中的男孩，容易丧失奋斗的意志，也有碍于男孩健康心理品质的形成，从而无法担当在未来社会和家庭中的责任。作为家长，应该让男孩懂得劳动创造财富，这会让其受益一生。

心理学家威廉·詹姆士说过：“播下一个行动，收获一种习惯；播下一种习惯，收获一种性格；播下一种性格，收获一种命运。”作为父母，适当让男孩吃点苦，特别是在小时候体验一下“穷”的滋味，才能让孩子明白生活的艰辛，激励孩子一生奋进，努力靠自己的双手去创造财富。

不要把男孩泡在蜜罐里

中国有句古语:“男孩穷着养,女孩富着养”。男孩为何要“穷”养,为什么这句教子格言能在中国根深蒂固,必当有其深刻的意义和内涵,也是每个男孩父母应该仔细思量的事。

无论什么年代,男孩都担当着更多的社会责任、家庭责任,而随着社会的发展,他们身上的压力也越来越大。看古今历史,我们不难发现,不经历成长的艰辛、不明白何谓“贫穷”、蜜罐里长大的男孩弱点多,比如:自私、虚荣、忌妒、盲目、软弱等,这些缺点让男孩在面对社会的残酷竞争,在理想与现实之间,诱惑与机遇之间,很容易就失去平衡。

我们知道,历史上有个“扶不起的阿斗”,其实,他的昏庸无能很大一部分就是因为缺乏锻炼的机会,闹下了“乐不思蜀”的笑柄。

刘备去世后,由儿子刘禅继位,刘禅的小名叫阿斗,是个愚笨无能的人。一开始,由于有诸葛亮等有才能的人辅佐,所以还没有什么大问题。后来,这些贤人先后去世,蜀国也就很快被魏国灭了,刘禅因此投降被俘。

邓艾灭了蜀汉以后,后主刘禅还留在成都。到了钟会、姜维发动兵变,司马昭觉得让后主留在成都总不大妥当,就派他的心腹贾充把刘禅接到洛阳。

刘禅到了洛阳,司马昭用魏元帝的名义,封他为安乐公,还把他的子孙和原来蜀汉的大臣五十多人封了侯。司马昭这样做,无非是为了笼络人心,稳住对蜀汉地区的统治。但是在刘禅看来,却是很大的恩典了。

有一次,司马昭大摆酒宴,请刘禅和原来蜀汉的大臣参加。宴会中间,还特地叫了一班歌女演出蜀地的歌舞。一些蜀汉的大臣看了这些歌舞,想起了亡国的痛苦,伤心得差点儿掉下眼泪。只有刘禅看得挺兴奋,就像在他自己的宫里一样。

司马昭观察了他的神情，宴会后，对贾充说："刘禅这个人没有心肝到了这步田地，即使诸葛亮活到现在，恐怕也没法使蜀汉维持下去，何况是姜维呢！"过了几天，司马昭在接见刘禅的时候，问刘禅说："您还想念蜀地吗？"

刘禅乐呵呵地回答说："这儿挺快活，我不想念蜀地。"

刘禅懦弱无能的弱点其实和诸葛亮有很大的关系，刘备在世时，诸葛亮便拥有大权，丝毫没有给刘禅任何锻炼的机会。刘备死后，阿斗17岁正是长见识增才智的时候，而诸葛亮却包揽一切，阿斗仍然是"温室中的花朵"，诸葛亮一死，阿斗便六神无主了。

男孩要"穷养"，就是要对孩子的意志品质磨砺、锻炼、培养，我们发现，那些功成名就的伟大人士，无不饱经了生活的苦难和精神的洗礼从而获得了意志和能力上的一种升华。而那些衣食无忧、受人百般呵护的男孩或多或少都有些性格、品行甚至价值观上的缺陷，蜜罐里长大的男孩很软弱，刘禅的懦弱无能就是一个典型的例子。

其实，孩子的成长过程，就是他个人克服自身性格缺陷的过程，他身上这些由优越的成长环境带来的弱点，可能影响着他未来的婚姻、家庭等生活状况，同时也影响着他的人际交往、职业升迁、事业发展……

那么，作为父母，该怎样防微杜渐，该给男孩一个怎样"吃苦"的环境，让其摆脱自身的那些弱点呢？

教育专家对造成男孩自身软弱的因素进行分析总结，主要有以下几个方面。

1. 过分的关怀造成孩子的软弱

每当家长送孩子到校时的那种恋恋不舍、反复叮咛和犹豫不定的言行，就使孩子知道了"妈妈舍不得离去"，自己心里也产生了依恋，亦不舍得妈妈离去，时间长了，孩子的软弱性格慢慢形成。

2. 不适当的表扬造成孩子的软弱

表扬是对行为的鼓励和肯定，它起到心理强化的作用，不适当的表扬使孩子的行为向不良方向发展，使之定型，久而久之，甚至影响终身。

3. 不适当的暗示、恐吓造成孩子的软弱

孩子在雷电交加的晚上，正安静地睡在自己的床上，妈妈惊慌地把孩子抱在怀里，孩子从妈妈惊慌的动作和雷电的环境中学会了害怕。还可经常看到一些母亲在孩子哭闹时，哄骗说："再哭，大灰狼就来了。"久而久之，孩子甚至不敢一个人在小房间睡觉。

那么，如何使软弱儿童变得坚强，有勇气呢？专家建议如下。

1. 支持软弱的男孩大胆地去做事情。

(1)家长对孩子的保护应随着孩子年龄的增长越来越少，由原来的搀着走，变为半扶半放，最终使孩子能够大胆地去走。

(2)要培养孩子能够独立生活、适应社会的能力，这种培养要随着孩子的成长越来越多，千万不要凡事包办，养成孩子胆小怕事的依赖心理。

2. 鼓励孩子大胆说话。

在孩子面前家长少讲"你必须这样做！"或"你必须那样做！"等一些严重打消孩子积极性的话语，多讲一些"你看怎样办？""你的想法是什么？"给孩子独立思考并发表自己意见的机会。

3. 鼓励内向男孩与社会打交道。

让孩子与外界有所接触，走向社会，不局限于自己的那片天，多与他人交流，开阔眼界，增强认知能力，培养孩子处世能力。

当然，这只是克服软弱这一弱点的几种方法，总之，作为父母，不能给孩子过于优越的生活环境，造成凡事依赖别人，要明白什么是真正地爱孩子，让他吃点苦，他才能够懂得生命的意义。

让男孩懂得来之不易的道理

性别给了男人巨大的能量，但事实上，男人的性别和他的性格并不成一定的对应关系，也不是所有的父母都能把儿子教育成自己眼中的“龙”，只有根据男孩的天性给予他们正确的教育和引导才能达到自己的期望。男孩需要穷养，太轻易得到会让男孩不懂得珍惜。

男儿如石，让他们多受点穷，吃些苦，才能磨炼他们的意志，锻炼他们的能力。男儿需要独立，让他们独立思考，独立决策，才能摆脱依赖性；给他们独立成长的空间，才能让他们学会按照一定的方式获得信息，尊重他人。总之，不要让他们轻易得到，轻易得到会让男孩不知道珍惜，而只有“穷”过的男孩才明白优裕生活的可贵，才知道如何去创造财富，才懂得珍惜来之不易的幸福生活。

男孩要穷养，才懂得珍惜，这里的穷养就是指要让他们多经历风雨，多去实践，摔倒了自己爬起来，失败了重新再来，当站在成功之巅的时候，他们也就真正地长大了。衣来伸手饭来张口的男孩，只不过是温室教育的牺牲品，他们凡事找父母，有强烈的依赖性，认为万事万物得来全不费工夫，结果造成他们不负责任的性格弱点。其实，这不是真正的爱孩子，父母作为坚强的后盾及精神的指引者，作为孩子的启蒙老师，应该在儿子的身后给予他最多的支持与信任，越早放手越是对他们最大的爱。什么都为孩子承担、对孩子有求必应的父母是不负责任的，他们在不经意间剥夺了孩子成长的权利，当孩子有一天必须要独自面对生活的时候，这种爱就成了影响他们独立和人格健全的杀手。

生活中，我们发现，很多男孩有个习惯，那就是喜新厌旧，其实，这是家长平时太轻易满足孩子的要求导致的，他不珍惜自己的东西，认为反正很快就会有新的，就会随手送给别人或者扔掉。作为家长，都是爱孩子的，都希望把最好的给孩子，父母享受的是给孩子买东西的快乐，而孩子却体会不到通过努力得到东西的快乐。

香港特别行政区原行政长官董建华是世界船王董浩云的儿子。董浩云是香港屈指可数的大富豪之一，他对孩子的要求十分严格，从不娇生惯养。

董建华很理解父亲的苦心，他读书时，过着十分简朴的生活，每天乘公交车往返于校园和住所之间，潜心于学业，从来不因为自己是船王的儿子就与众不同。

董建华毕业以后，大家都认为董浩云会安排儿子到国外去深造，或是在家族企业中执掌大权，但让人吃惊的是，他竟然安排儿子进入了美国通用汽车公司当一名普通职员。他对儿子说："小华，我不怀疑你是个有理想的人，但我担心你的刻苦精神不够，你不要想到自己有依靠，你必须自己主动去找苦吃，磨炼自己的意志，接受生活对你的种种挑战，并战胜它。"

董建华听从了父亲的话，在美国勤勤恳恳地干了 4 年，不仅学到了先进的管理经验，还学会了为人处世之道，培养了吃苦耐劳的精神，为今后的事业打下了坚实的基础。

古话说："艰难困苦，玉汝于成。"男孩要成才，不回避"艰难困苦"，方能"玉汝于成"。让男孩过早地亲近"富"，远避"穷"，看似爱之，实则害之。所以，一定要让男孩在必要的"穷"和"苦"中得到锤炼，懂得以艰苦奋斗为荣，以骄奢淫逸为耻，方才体会到靠自己的努力争取得来的快乐，也才懂得珍惜，这对于男孩子的自立自强也是一种磨炼。因为对于男孩子来说，无论是否成熟，都需要担当更多的责任。穷养男孩，也并非是普通意义上的控制孩子的花销，不要给他太多的享受，以免惯坏他。这样的理解较为片面，我们认为"穷"养男孩更重要的意义在于通过对"穷困"和"艰苦"的切身感受，对孩子的意志、品质、性格、心态进行磨砺、锻炼和培养，是要让他经历一个艰苦奋斗然后懂得珍惜的过程。

历史上有个痴呆皇帝晋惠帝，天下荒乱，百姓饥饿，他却说："何不食肉糜？"这不禁让人叹惋，可是现实生活中又何尝没有这样的人呢？因为父母的有求必应，男孩养成挥霍的习惯，贪图享受，脆弱无能，不负责任，不知人间真情。就像有的城市小学生听说农村有孩子吃不饱饭，竟吃惊地问："饿了为什么不吃巧克力？"试想，这样的男孩日后怎能面对生活的考验，他们根本不知道何为"珍惜"，不懂得珍惜的人又怎么能担当得起责任？更谈不上在社会上自立、自强。因此，作为父母，放开双手让孩子独立成长，让他吃点"苦"、受点"穷"吧！

父母对孩子的要求不能无节制地妥协

只有经历过坎坷磨砺、性情坚忍的人才能担当大任，只有靠自己双手获得财富的人才珍惜一分钱的重要性，穷养男孩不仅是一种教育投资，更是对男孩一生的投资。

"节俭是中国传统的美德"，这句话每位家长都不陌生，但时至今日，父母的有求必应已经让很多男孩养成了花钱无节制的习惯。下面就是几个经常发生在生活中的情景。

(1)学校午餐时间过后，教室门前有两个垃圾桶，每天的值日生都会把它收拾得干干净净，排得整整齐齐。然而一过中午，就会是一片狼藉，满地都是一些食物的包装袋、铝罐、矿泉水瓶，还有一些吃剩的零食碎屑，甚至中午没吃完的饭菜，脏乱成一片，看了就让人恶心。调查之后发现：有的学生一个月的零用钱居然超过老师半个月的薪水，这一点尤其在男生中普遍存在，原因是：很多家长认为男孩子正处于长身体的阶段，给足钱让孩子吃好，才能有精力学习。

(2)体育课结束之后，小乐忘记拿回打球时脱下的衣服，体育老师提醒他，没想到他居然这么说："丢了也没关系，再说也没人要，才几百块的东西。"这样的举动令老师非常错愕。班主任知道这件事后做了一次调查，班里一半以上的男生穿名牌,难怪小乐会这样回答。

随着生活水平的提高,许多家庭的生活条件优越,家长对于男孩也是有求必应,孩子生长在这种环境中,没受过苦难,不懂得珍惜得来不易的日子。他们认为生活条件好了,不愁吃,不愁穿,浪费一点也没什么,因此节俭也就成了一句空话。

事实上,造成这些现象的主要原因是父母过于宠爱孩子,孩子爱怎样就怎样,家里有钱,父母也百依百顺。很多父母觉得自己小时候什么都没有,现在又不穷,干吗还让孩子受苦?

家长在教育男孩子的时候,要让他们对金钱有个明确的认识,教育他们有节制地花钱。那么,具体如何教育呢?

1. 让男孩清楚了解金钱得来不易

父母应该在假日帮孩子找寻参加劳动服务的机会,让孩子明白金钱来之不易,它是经过艰辛的汗水换来的,从而培养孩子养成自力更生、勤劳的好习惯;并进一步激发孩子刻苦学习、积极的进取心和责任感,懂得立足社会、学会生存的艰辛,从小立下创业的志向和决心。

2. 要经常教育男孩建立"勤俭节约很光荣,铺张浪费真可耻"的价值观

在家里不能娇惯孩子,对孩子的要求不能盲目答应,合理的给予满足,不合理的,一定不能迁就。不该浪费的,小到一张纸、一滴水也不能浪费。要跟孩子讲道理,不要孩子一闹,大人就妥协,同时,多跟孩子讲些勤俭节约的故事来激励他们。

3. 引导男孩有计划、明智地消费

俗话说:"不当家,不知道柴米贵。"父母要多让孩子深入生活、了解生活、体验生活,从而明白如何珍惜生活,珍惜付出后得来的成果,这一点对他们的成长必定会有深远的影响。

4. 让男孩体验"苦日子"

人们常说:"有钱难买幼时贫。"在吃的穿的方面要节俭,这并不是让孩子去过真正的苦日子,而是让他过大众化的生活。

节俭习惯的养成，是一个日积月累、循序渐进的过程。父母要把男孩培养成有志向、有出息的人，勤俭节约、艰苦朴素的教育是不可或缺的，这也是穷养男孩的一个重要部分，这将成为他永久的财富。

别让孩子过早涉足人情世故

什么是真正的朋友？朋友是在那个多雨的季节里撑着伞出现在你面前的人；朋友是在那个漆黑无助的夜里倾听你诉说的人；朋友是在你困难的时候冲到你面前告诉你“没有事，会好的”的人；朋友是在你开心快乐的时候，陪你一起大笑的人……谁都有几个朋友，而对于男孩子来说，真心的朋友是应能与之相知一生，同患难、共幸福、能肝胆相照的人。而很多男孩子还在幼年的时候，却混淆了友谊和金钱物质之间的关系，认为能在物质上为自己付出的人就是朋友，其实，这是一种错误的价值观，真正的朋友是和我们一起“吃苦”、一起奋斗的人，酒肉朋友并不长久。

其实，很多男孩子的这种友谊观和父母的教育有一定的关系，他们放任孩子，让其大手大脚地花钱，更有家长干脆说：“旧的不去，新的不来，想要什么尽管开口，只要功课好就行！”结果可想而知，这些孩子花钱如流水，生活奢侈；许多孩子每天都有很多零用钱，每天总是零食、玩具买不停。孩子们认为：不管要花多少钱，别人有的，我也要买，绝对不能输给别人。不合口味的食物、不满意的玩具，就算是刚买的，也会毫不犹豫地扔掉，浪费的现象更是比比皆是。这种攀比、爱慕虚荣、追赶流行的心理自然让男孩之间产生了所谓的“人情”，即靠金钱和物质来维持交往的友谊。很明显，人以群分，有相同心理的男孩子们会聚在一起，形成一个朋友圈，这就导致了很多孩子的“社会隔离型”性格，交不到真正的朋友。

这些现象不能不令人担忧，实际上，很多家庭并不宽裕，家长自己很节俭，但却放任孩子花钱如流水，进行所谓“必须的人情消费”，如果孩子总是这样娇宠，将来立身处世的能力又从何而来？如果不克服上述这些爱追赶流行、爱慕虚荣的不良习惯，一味地奢华下去，孩子和败家子的距离就越来越近，他的金钱观、友谊观也随之扭曲了。

作为家长，一定要让男孩子们认清什么是真正的友谊，用真心去交友，而非金钱和物质。无论是提升孩子的课业成绩，还是教育孩子面对未来的人生，父母都必须加强培养孩子节俭的生活习惯。家长可以运用以下方法教育孩子。

真诚相见 以诚交心

必须采用诚心诚意、肝胆相照的态度，主动积极地交友。要坚信，用心交友，朋友就是可以信赖的；不应该对朋友，尤其是对知心朋友存在偏见、猜疑。

要培养正确的金钱观 节俭不等于吝啬

节俭，是在生活中节约财物、不讲排场的意思；吝啬，是舍不得钱财周济贫穷、不愿意救助急难的意思。节俭习惯的养成，是一个日积月累、循序渐进的过程。要把孩子培养成有志向、有出息的人，勤俭节约、艰苦朴素的教育是不可或缺的，这将成为孩子永久的财富。

而在对待朋友上，不要总是苛求朋友在金钱物质上的付出，交往中尽量主动地给予知心好友各种帮助。主动地在精神上和物质上帮助他人，有助于以心换心，取得对方的信任，巩固友谊关系。尤其当别人在困难时，更应该鼎力相助，患难中知真心，这样做最能取得朋友的信赖和加强友好情谊。

转移视线 改变自己 交知心朋友

注意交友的“心理相容原理”。性格、脾气的相似或互补，有助于心理相容，搞好朋友关系。如果两个人都是火爆脾气，都是胆汁质的气质，则不容易建立稳固、长期的友谊。但是最基本的心理相容的条件，是思想意识和人生观的相近和一致。这是保持长期友谊的心理基础。

男孩背负社会和家庭的责任，作为父母，应“穷养”男孩，就是从小培养他们能吃苦、勇敢、坚韧、独立、有责任感、真诚坦率、机智果断的品质；就是要让他们多经历风雨，多去实践，摔倒了自己爬起来，失败了重新再来。

注意别让孩子变成“唯钱是亲”的人

一位世界著名的儿童心理卫生专家说：“有十分幸福童年的人常有不幸的成年。”很少遭受挫折的孩子长大后会因不适应激烈竞争和复杂多变的社会而深感痛苦。可是，现实生活中，却有这样的场景：

小伟的妈妈下午买菜回来，就急急忙忙地拿了一袋“好东西”到小伟房里。

“小伟，你看我买了什么？我帮你买了几件新衣服！”妈妈说。

“我才不要呢！全都是‘撒切尔牌’（意指在菜市场买的商品）的，穿出去很丢脸！”小伟任性地回答。

小伟的这种态度其实生活中并不少见，这些男孩已经逐渐唯钱是亲，虚荣心强，认为金钱至上，甚至认为金钱的价值超越了亲情和友情，金钱是衡量一切的标准。当然，这与父母的教育有关。

每个人来到世间，都要面对两个基本问题：一是生存问题，肉体生命要能存活；二是人性的升华问题，要保持住“人”格。在今天的社会，生存问题较好地解决了，但保持人格问题变得更加严峻。物质条件越好，人越容易堕落，这是无数人演绎和正在演绎着的客观现实。我们不可能回到贫穷，但我们可以借着教育的力量来拒绝堕落，树立和保持人格。很多孩子在这样一个物质生活水平急速发展的社会，却形成了一种“唯钱是亲”的不健全人格。这很大一部分原因是：生活的环境过于优越，不知道何谓“吃苦”。

其实，真正的教育是灵魂的教育，尚未成年的阶段，是个性定型的重要阶段，是个性极不稳定的一个阶段。作为家长，要深知男孩子在未来社会竞争中的压力，要培养他抵御困境和受挫折的能力，就要培养他能吃苦的精神和毅力，而不是“唯钱是亲”。

首先，培养孩子的幸福感，抛弃“金钱才是幸福的源泉”这种错误的想法。让他享受到家庭带来的温暖，比如，让他多参加一些劳动实践，让他感觉到劳动带来的快乐。

幸福既是一种外部的状态，也是一种内在的品质。幸福状态易来易失，如给他一件新玩具，孩子欢喜雀跃，但这种情绪很快就会消失。幸福的品质却十分稳定，这是一种感觉良好和产生乐观的素质。

其次，培养孩子“受挫”的能力和品质，教育和心理卫生专家几乎公认，对挫折的良好心态是从童年和青少年时不断受挫和解决困难中学来的。父母和教师在培养孩子“幸福品质”方面起着重要的作用。

要培养出这种品质，父母应重视家庭中宽松的氛围，在父母把握大方向的前提下，尽可能给孩子更多的选择，而不应事事以自己的喜恶去强求一致。尽管有时孩子的选择是痛苦的，但他们可从中“悟”出点道理。每一个父母都应清醒地认识到他们不可能一辈子呵护孩子，孩子最终要到社会上摔打，建立广泛的人际关系，而这种关系是建立在子女与父母的人际关系以及父母与他人交往的基础上的。热情好客、待人诚恳宽容的父母对孩子有很好的影响。

所以，作为对男孩教育不可缺失的家庭教育，父母应该认识到物质条件的优厚并不与孩子的幸福感觉成正比。在适当的物质生活保证下，要教会孩子除了物质以外，如何在内心创造一种快活的情绪。许多教育家强调在“挫折教育”中应培养孩子从多方面获得幸福的能力。只把幸福寄托在一种追求，比如金钱追求上，最终往往是痛苦的。

“穷养男孩”是有道理的，当他拥有独当一面的能力和健全人格的时候，当他拥有正确的金钱观和积极的幸福感的时候，他就能避免“唯钱是亲”，他也就拥有了坚强的品质。

别给孩子造成“钱”是万能的错觉

男人是力量的象征，是坚强的代名词，男人要能用自己的双手去解决问题。因此，父母不要奢望把儿子教育得多听话、多乖巧、多温顺，而应根据男孩的天性给予他们正确的教育和引导。男儿如石，让他们多受点穷，吃些苦，才能磨炼他们的意志，锻炼他们的能力。男儿需要独立，让他们独立思考，独立决策，才能摆脱依赖性；给他们独立成长的空间，才能让他们学会按照一定的方式获得信息，尊重他人。相反，给予太多的扶助，太多的呵护，过于优越的生活，会让男孩形成一种误解——金钱是万能的，有钱能使鬼推磨。

真正独当一面的男人，不会把所有问题的解决方法归结于金钱，而是用自己的双手，也许，有些家长认为“穷”养男孩，就是控制孩子的花销，不要给他太多的享受，以免惯坏他。这样的理解较为片面。

我们知道，李嘉诚是香港巨富，但他非常注重培养孩子独立生活的能力，他希望孩子依靠自己的努力来学习今后立足于社会的本领，而不是依靠父母和金钱来生活。

李嘉诚在他的两个儿子李泽钜和李泽楷只有八、九岁时，就让他们参加董事会，一方面让孩子们列席旁听；另一方面让他们就某些问题来发表自己的见解。通过参加董事会，两个孩子不但学会了父亲以诚信取胜的生意经，而且他们分析问题和解决问题的能力也得到了提高。更重要的是，这段生活经历为他们今后在事业上的成功奠定了坚实的基础。

后来，两个孩子都以优异的成绩上了美国斯坦福大学。毕业后，他们向父亲表示想要在他的公司里任职，干一番事业。李嘉诚断然拒绝了他们的请求。他对兄弟俩说：“我的公司不需要你们！还是你们自己去打江山，让实践证明你们到我公司来任职是否合格。”于是，这两个孩子去了加拿大，一个搞地产开发，一个去了投资银行。他们凭着从小养成的坚忍不拔的毅力克服了难以想象的困难，把公司和银行办得有声有色，成了加拿大商界出类拔萃的人物。

李嘉诚教育孩子的方法无疑是正确的，父母作为男孩成长的坚实后盾，应在儿子的身后给予他们最多的支持与信任，越早放手的孩子越是父母对他们最大的爱，相反，给予他们最大的物质享受，把对孩子的爱全部化为金钱的形式，什么都为孩子承担的父母是不负责任的，当很多问题本来可以动用脑筋和双手解决的时候，他们会惯用金钱的方式来解决。他们在不经意间剥夺了孩子独立成长的权利，当孩子有一天必须要独自面对生活的时候，这种爱就成了影响他们独立的杀手。金钱万能的观点会让孩子失去锻炼的能力和机会，这种依赖金钱的心理也无法让男孩真正成长，往往经不起社会大潮的洗礼。避免让孩子形成事事依赖金钱，教育专家建议作为父母，应该从多方面努力。

首先，父母要让孩子树立一种正确的金钱观。有很多东西都是金钱买不来的，比如爱和时间等许多的东西。“一寸光阴一寸金，寸金难买寸光阴”，金钱能买到钟表，但却买不到时间；金钱能买到书本，但买不到知识；有钱能买到“朋友”，但买不到友情……

其次，养成艰苦奋斗的作风。我们常说“大富由天，小富从俭”“聚沙成塔”“滴水穿石”，都说明了节俭在生活中的重要性，真正聚集生活的财富，除了要“开源”，还要“节流”，别忽略了“当用不省”的道理，否则就成了“守财奴”“铁公鸡”，有可能委屈自己又影响生活质量，甚至失去助人行善的机会。父母要教育孩子把金钱用在刀刃上，比如，可以带孩子经常参加一些社会公益活动，让他认识到金钱的真正价值。

总之，随着现代社会消费水平的变化，家长不要忘记“穷养”男孩的古训，要引导男孩形成一种正确的金钱观，而不是让生活水平的提高成为孩子奢侈的开始，更不能让他扭曲价值观，从而形成一味追求金钱、享乐、挥霍无度的腐败风气。

不让孩子做心理扭曲的富家子弟

从心理学的角度看，每个孩子都是需要被关注的。家长忽略孩子的教育方式，最明显的影响就是孩子长大后会具有比较强的依赖性与攻击性，大量数据表明，在心理扭曲的孩子中间，一大部分是富家子弟，不难想象，这与他们的成长环境是有一定关系的。

富家子弟心理扭曲这一现象在生活中并不少见，由追星导致自杀是因为盲目崇拜；向同学泼硫酸是因为嫉妒；攀比是由于虚荣；刻苦却失败也许是因为紧张，也许是因为拖延或意志薄弱…… 面对这样的事实，家长们和很多教育人士不禁要问：这些孩子到底怎么了？

根据富家子弟的成长环境，我们不难发现，相对其他孩子而言，他们的生活条件更优越，他们衣来伸手、饭来张口，父母对于他们期望值很高，但实际上，他们根本没吃过苦，家长希望他们独立，但家长想培养孩子的独立性只是表面现象。家长所谓的不管孩子，是给他们大量的金钱，让其挥霍，让其放任自流，家长固执地认为“不管”孩子就能使其有独立性，其实长期“不管”孩子不但不能使其真正独立和健康成长，反而会给孩子的心理带来伤害，这使得孩子产生对金钱的依赖性，并且还有一定的攻击性。

还有一些富家子弟，他们受到了教育的“温室效应”的毒害，教育的“温室效应”主要是指受教育者受到家庭、社会、学校尤其是家庭方面的过分溺爱，造成他们任性固执、追求享受、独立性差、意志薄弱、责任感淡漠等弱点的社会现象。

面对这些现象，作为男孩们的家长，应该引起重视：

第一，不要在金钱上过于放纵孩子，也不要简单地说“这样不好，就那样”“那样不行,那么就这样”。任何事情都是不断变化的,家长要用心去揣摩孩子的内心世界。无论孩子做对还是做错了事情,都要在尊重孩子的基础上提出合理建议。

第二,孩子需要适度的关爱,家长不用刻意期待孩子怎样独立,而是要理解孩子,尤其要理解孩子内心的柔弱和对关爱的渴望。

第三,教育孩子形成一种艰苦朴实的生活作风。

司马光系北宋大臣、史学家,他的一生不仅自己生活十分俭朴,更把俭朴作为教子成才的重要内容。他十分注意教育孩子力戒奢侈,谨身节用。

他常说:“平生衣取蔽寒,食取充腹”,但却“不敢服垢弊以矫俗于名”。他教育儿子说:“食丰而生奢,阔盛而生侈。”为了使儿子认识俭朴的重要,他以家书的体裁写了一篇论俭约的文章。在文章中他强烈反对生活奢靡,极力提倡节俭朴实,并明确指出:古人以俭约为美德,今人以俭约而遭讥笑,实在是要不得的。他告诫儿子:“侈则多欲。君子多欲则贪慕富贵,枉道速祸;小人多欲则多求妄用,败家丧身。”

司马光还不断告诫孩子说:读书要认真,工作要踏实,生活要俭朴,具备这些道德品质,才能修身、齐家,乃至治国、平天下。在他的教育下,儿子司马康从小就懂得俭朴的重要性,并以俭朴自律。他历任校书郎、著作郎兼任侍讲,也以博古通今、为人廉洁和生活俭朴而称誉于后世。

对于已经存在很多心理弱点的孩子,父母应针对不同的情况,给予不同的教育方式。就依赖性这一弱点而言,有依赖型性格缺陷的孩子常常有无助感,总感到自己懦弱无助、无能、笨拙、缺乏精力,同时还有被遗弃感。这类型的人将自己的需求依附于别人,过分顺从于别人的意思,一切悉听别人决定,生怕被别人遗弃。当亲密关系终结时,他们则有被毁灭和无助的体验。这种性格的人当然就缺乏独立性,不能独立生活,在生活上多需他人为其承担责任,做任何事都没有主见,在逆境和灾难中更容易心理扭曲。一般来说,这类人没有深刻而复杂的思维活动,亦无远大的理想抱负与追求,满足于得过且过的生活现状。

依赖型性格缺陷的心理纠正方法有以下两种。

第一 要破除习惯性的依赖

依赖型性格的依赖行为已成为一种习惯，首先必须破除这种不良习惯。家长要帮助他检查一下自己的行为中哪些是习惯性地依赖别人去做，哪些是自作决定的。可以每天做记录，记满一个星期，然后将这些事件分为自主意识强、中等、较差三等，每周一小结。

第二 要增强自控能力

对自主意识强的事件，以后遇到同类情况应坚持告诫孩子去做。对自主意识中等的事件，应提出改进方法，并在以后的行动中逐步实施。对自主意识较差的事件，可以帮助孩子采取提高自我控制能力，提高自主意识。其实，家长就是孩子自主能力的最好的监督者。

人性有很多弱点，比如虚荣、自私、嫉妒、盲目等，依赖只是其中的一种，依赖性一般在富家子弟身上较为明显。诸如此类的弱点会影响男孩的行为和命运。所幸的是，这些弱点本身虽然与生俱来，很难彻底消除，但是家长可以想出办法来克服它们、抑制它们或者引导它们朝着有利于依靠自我的方向发展，男孩们若是由于自身的某种弱点没有得到很好地克服和控制而任其膨胀，将会影响其一生。

总结起来，父母在男孩成长的阶段，要坚持“穷养男孩”的教育方式，培养他们坚强的品质和健全的人格，方能避免其心理扭曲。

第 02 章
穷养的男孩早成才：
再富也要让孩子知道穷的滋味

随着物质生活水平的一步步提高，很多家长爱子心切，舍不得让孩子吃一点点苦，认为没必要让孩子遭受苦难，舍不得让孩子放弃优越的环境，舍不得让孩子离开父母的保护，舍不得让孩子自己去奋斗。却忘记了古人“生于忧患，死于安乐”的道理，苦难是人生的必修课，也是人生的一笔财富。因此，作为家长，要明白：再富也要“穷”孩子——远离安逸和物质享受的男孩早成才，不要给孩子过多的物质享受。要想培养好孩子，让孩子有一个辉煌的人生，就必须从小经受苦难。人生是一个不断奋斗的过程，一个人只有勇于面对生活的磨难并战胜它，继续迎接下一个挑战，他才能成为最后的赢家。

不要让孩子养成乱花钱的习惯

“可怜天下父母心”，作为父母，都希望把最好的给孩子，“为了孩子”好像成了一些家长们生活的唯一宗旨，似乎生活的意义就是为了孩子。这样的教育结果是：孩子花钱大手大脚，从不会计划开支。其实，真正为孩子好、让他早日担当得起一个男人的责任的最佳教育方式，就是要让他吃苦。穷养孩子，在物质消费上，就一定不能心慈手软，而是坚持原则，视家庭经济状况，把好孩子的消费关。当然，这并不是要断绝孩子的一切消费行为，对孩子花钱上的节制，也并不等于克扣，而是酌情处理。引导孩子计划开支，合理花钱，让孩子从小懂得生活的艰辛和自食其力的重要。

中国的父母被称为是天底下最爱孩子的父母，他们对孩子的爱甚至丧失了理智，认为一切爱孩子的最好方式就是金钱，他们给孩子大把大把的零花钱，但这却在无形中让孩子形成了一种金钱依赖性，甚至引发一些未成年人违法犯罪案例。据有关资料表明，在所有未成年犯罪案例中，他们犯罪前的零花钱越多，去游戏厅、网吧、歌舞厅等“青少年不宜”场所的概率就越高。这些人中因抢劫、盗窃等与钱有关的罪行锒铛入狱的占到全部未成年犯罪的70%以上。无疑，这些未成年男孩之所以走上犯罪道路，在很大程度上是因为他们从小没有受到良好的家庭教育，没有树立正确的金钱观。可见，杜绝孩子乱花钱的习惯，引导孩子正确使用金钱，是父母义不容辞的责任。

作为孩子教育的重要部分——家庭教育，父母应该做一个有心人，及时认知到乱花钱、没有正确的消费观和金钱观给孩子带来的危害，然后采取有效措施，才能避免很多家长这样的担心：“孩子现在好吃懒做，成绩不理想，喜欢上网玩游戏，在高档商场花钱如流水……导致这些坏现象的原因都是金钱，都是金钱惹的祸。”

周末，小李夫妇带着刚上小学的儿子一起去逛街，在一个繁华的路口，有一位老奶奶正在卖报纸，但却少有路人买。

小李夫妇让儿子去问老奶奶，卖一份报纸能赚多少钱。孩子从老奶奶那里得知，卖一份报纸只能赚几分钱。他突然想“我一天的零花钱有时候是老奶奶几天卖报纸赚来的”，于是，他对小李夫妇说：“爸爸妈妈，我以后可不能随便花钱了，挣钱太不容易了。”小李夫妇肯定了孩子的想法，及时表扬了他。这个男孩后来很懂得节俭。

的确，现代社会中很多男孩不懂得节俭，乱花钱、随意浪费的现象相当严重。很多拿着压岁钱的中小学生请客、送礼、聚会、K歌……表现出来的那种比阔气的“成熟”让人瞠目结舌，现在的孩子不会挣钱，却越来越会花钱，而且丝毫不体谅家长的辛苦，这种现象不能不引起每位家长的深思。

这些现象出现的原因，一方面是由于家长疼爱“儿子”的心理，认为他是家庭的“独苗苗”，不能苦了孩子；家长的消费观念无形中也对孩子有一定的影响，比如攀比、从众、追时髦、喜新厌旧；再者，社会上很多广告的刺激作用也难辞其咎。

人们的消费可以分为生存性消费、发展性消费、享乐性消费三种。生存性消费、享乐性消费不难理解，发展性消费是指为了人的身心健康发展、科学文化素质提高、事业发达所进行的消费。每个家庭的经济状况各不相同，新时代的家长应该以身作则，帮助孩子树立正确的消费观、金钱观，杜绝孩子乱花钱的习惯。

帮助男孩克服乱花钱的习惯，家长应该留心观察孩子的消费项目，然后制订具体的计划，具体说来，可以从以下几点做起。

1. 引导孩子正确认识钱的意义

让孩子从小懂得钱是什么，钱是怎么来的，怎样正确地对待钱财。对于年龄较小的孩子，联系实际生活进行讲解，多引用一些勤俭节约的事例，让他在启蒙阶段就逐渐形成节约用钱的习惯。对于年龄大的孩子，可以就钱的问题进行讨论。

2. 教育孩子学会花钱

这不仅能杜绝孩子乱花钱,还能让孩子学会如何理财。孩子的消费行为是由被动逐渐走向主动的。从孩子还小起,就教孩子买必要的东西,正确地消费,选择物有所值的商品。教孩子保管好钱,防止丢失、被盗。当孩子逐渐步入成年的时候,让孩子学会先认真思考再花钱,并逐渐养成习惯,避免盲目消费。另外,也可以采取让孩子学会如何"一日当家""一周当家""记收支账",让孩子在实践中学习理财,培养节俭的品质。

3. 帮助孩子学会积累和储蓄

教育孩子将手里的零用钱、压岁钱按照计划使用,适当积累。必需的东西选择买,可买可不买的选择不买。把钱存起来,让他体会到积累的快乐,从而逐渐形成节俭的习惯和品质。

4. 教育孩子量入为出

让孩子明白,花钱的前提是有经济来源。每个家庭的经济情况不同,每个人花钱时都要衡量自己的支付能力。即便家里很有钱,也不能随便乱花。

5. 教育孩子珍惜物品,不浪费

让孩子了解所吃、所穿、所用的东西来之不易,都是用汗水和心血创造出来的,随意浪费是不珍惜劳动果实、不尊重劳动的表现。带领孩子一起劳动,体会劳动的艰辛,这样孩子对自己创造的具有劳动价值的东西就能格外珍惜。

新的时代里建立新的消费观念无可厚非,但应具有科学性。培养男孩节约的品质,要从家长做起。家长从认识到行为,都要给孩子做榜样,才会带动孩子养成节约的习惯,才能杜绝孩子乱花钱的习惯,让孩子学会吃苦。"穷养男孩"能锻炼他的意志,让他懂得奋斗。经历苦难的洗礼,他才会更加珍爱生活,珍惜生命,才能成人、成才。

让孩子养成不攀比、不忌妒的习惯

每个人都有一些消极心理，从某种角度来讲，攀比就是其中之一，攀比就是一种“人有我也要有，人好我要更好”的比较心理，它隐含着竞争、好胜的心理成分。这种攀比心理在未成年男孩中尤为明显，因为年纪小，他们不能理智地控制住自己的攀比心理，只知道别人有的他也要有，父母不给买，就哭闹。如果一味地满足孩子的攀比欲望，孩子要什么给什么，只会助长孩子的贪婪欲望和虚荣心理。当孩子的欲望膨胀到一定程度，家长无法满足他们的要求时，孩子就会产生受挫心理，甚至使孩子走上犯罪道路。

攀比心理的出现，有很多方面的原因，就家庭原因而言，随着物质生活水平的提高，很多家长认为孩子已没必要经受过去年代的苦难，于是对其有求必应，但实际上，这并不是真正地为孩子好，一味地放纵孩子滋长虚荣、攀比的心理，实际上是遏制他健康成长的。“穷养”男孩，就是要他们具有能吃苦、勇敢、坚韧、独立、有责任感、真诚坦率、机智果断的品质，而攀比正是与这些优良品质相违背的。

据调查，购买名牌体育用品的学生中，高中生占52%，初中生占44%，而大学生和小学生仅占不到4%，中学生已经占据主力消费位置。王女士的儿子今年上高一，脚上穿的是耐克运动鞋，要800多元，身上穿的运动服是进口的，一件要999元。王女士说儿子指名要这种牌子，只有一个商场有卖，而且从不打折。

“吃要美味、穿要名牌、玩要高档”的奢侈风弥漫着中学校园。其实，相互攀比的这种心理与家长有很大的关系。尽管他们的家境并不富裕，但家长认为，“再苦也不能苦孩子，宁可自己省吃俭用，也不能委屈孩子”，因此很多父母勒紧裤带，一次又一次地满足儿子提出的物质要求。

孩子没有工资收入，他们用来攀比花的钱都是家长提供的。就算是孩子通过勤工俭学挣来的钱，如果是用在吃喝穿戴上，借以显示自己的阔气，也说明是受家长的价值观念影响。因此，要正确引导男孩的攀比心理，首先要家长端正自己的价值观念，有些父母却喜欢“向钱看”，把金钱、名车、豪宅视为衡量成功与否的标准，而孩子的心理尚未成熟，辨别能力较差，如果家长没能进行正确的引导，发生孩子与人攀比的现象，责任主要还在于家长。

父母是孩子的一面镜子，是孩子人生的第一位老师，父母日常的言行举止和价值取向对孩子有很大的影响。对于孩子的攀比心理，一定要采取正确的引导措施，别让这种不良的心理造成严重的后果。

第一，父母要从自己做起，不要因为面子，拿自己的孩子和别的孩子做比较。有些父母出于疼爱孩子，不想让孩子受半点委屈，别的孩子有的，自己孩子也要有。这种做法会让孩子形成错误的概念，认为别人有的东西他也应该有，这无形中使孩子产生了攀比的念头。

第二，让孩子学会珍惜。通过读书、社会实践、做家务等方式让孩子了解生活的不易。虽然生活水平提高了，但仍有一些孩子因为家庭困难，吃穿用的都很差，家长要让孩子看到自己现在的幸福生活，这样就能让孩子在比较中学会珍惜和感恩。

第三，通过摆事实、讲道理，让孩子懂得每个人的需求不同，自己有的东西，别人不一定有，别人有的东西，自己也不一定要有。买东西的标准不是因为别人有，而是看自己是否需要。如果确实需要，再贵也买；如果不需要，再便宜也不买。

另外，对孩子不合理的要求家长要坚决拒绝。在孩子提出一些不合理要求时，家长要坚决拒绝，切忌因为孩子哭闹而心软，就同意孩子的要求，这种做法只会让孩子把哭闹当成与父母“斗争”的武器，让孩子提出越来越高的要求。

第四，引导、利用孩子的攀比心理促进其发展。孩子与人攀比说明他有竞争心理，父母可以引导孩子在学习、才能、意志力、好习惯、好品质等方面与其他人攀比，从而激发孩子的上进心，促进孩子各方面的发展。

第五，如果孩子一味要求得到别人有的东西，盲目进行攀比时，家长可以鼓励孩子通过一定的努力或劳动来得到，让孩子切身体会满足攀比欲望所需要付出的代价。

男孩要穷养，才能长出能独自面对风雨的翅膀，才能形成一种高尚的道德情操，才会明白“君子爱财，取之以道，用之有度”这个道理，才能逐渐形成坚韧的品质，才能以饱满的热情和足够的毅力去接受社会的洗礼。

告诉男孩坐享其成是一种耻辱

“天上不会掉馅饼”，成功的桂冠也不会从天而降，机遇和成功都是给有准备的人的。作为父母，不要从小让男孩坐享其成，这样只会培养出依赖性强、自私自利、不懂感恩的懒孩子。而这样的男孩子最终无法独立，无法在竞争激烈的社会立足。男孩要穷养这句话一点也没错，无数伟人都是在逆境中崛起的，而坐享其成的人也终将被社会抛弃。

曾经有这样的情景：

一大群人正在围着一个跪在地上的男孩观望。而这男孩居然是一名大学毕业生，他到这座大城市后，生活费已经花光，也没找到合适的工作，于是在这里行乞向人讨要回家的路费。在他的旁边用粉笔写着他的经历，还有一个杯子，用来盛放路人施舍的钱。而事实上，给予施舍的人很少，因为大家看到，他是个有劳动能力的人。

在这样的情况下，有位好心的青年路过，问询后得知他学的是会计专业，便打电话给一个正需要会计的朋友，朋友说：“我倒是正好需要一个会计，但像他这样没出息的人，白给我干我也不要。”青年又建议他先去建筑工地找个活儿干，解决一下吃饭的问题，工作可以从长计议。谁知那个大学生说：“我是大学生，怎么能做民工做的体力活？”青年听到这话，本来想掏钱给他的手又缩了回去,头也不回地离去了。

这名大学毕业生一走入社会,就宁愿选择乞讨,也不愿选择用劳动来养活自己。实在是可悲,就算他文化水平很高,但这种坐享其成的态度最终也会让他被用人单位拒之门外。

这个故事给很多把男孩"捧在手里怕掉了,含在嘴里怕化了"的父母敲响了警钟,孩子的成长必须是一个有风吹雨打的过程,每个人的人生都不是一帆风顺的,一个习惯了坐享其成、养尊处优的孩子面对困难的时候怎么办?孩子总有独自去生活、工作的时候,父母不可能永远跟着,也不可能永远帮得上忙。让孩子自己去体验、去感受各种各样的生活,对孩子的成长才是最重要的。

而现实生活中,很多家庭的结构都是四位祖父母、双亲和一个孩子,这样的结果让家长把所有的爱都给了孩子,生怕孩子受一点委屈,把最好的都留给孩子,结果孩子养成了养尊处优、坐享其成的性格。

小桃的爸妈都是生意人,平时没什么时间带孩子,一直交给保姆管。周日的中午,爸爸妈妈有事,保姆也回老家了,就把小桃送到奶奶家。小桃告诉奶奶自己想吃酸菜鱼,奶奶就去市场里买鱼给宝贝孙子吃,小桃在沙发上坐着看电视。奶奶在厨房里忙碌着,忽然发现家里米醋没有了,可是火还在开着,自己走不开。于是,奶奶让孙子去楼底下买瓶米醋。喊了好几次,小桃都装作没听到,照样津津有味地看电视。

奶奶有些生气了,但还是喊着小桃,没想到,小桃一气之下把遥控器摔在地上,"不去,不去,你自己不会买吗?我不去,你烦死了,我要回家,我们家保姆做饭从来不会忘记买什么。我再也不来你们家了。"奶奶无奈,只好关了火,自己下楼去买米醋。奶奶边走边想:"这个孩子怎么这样懒啊?"小桃也在心里嘀咕着:"奶奶真烦人,最后还不是自己下去买了?哼,奶奶总是这样,让我干这干那,烦死了!在自己家里,爸爸妈妈从来不会让我做家务,他们都是告诉我学习好就行了,其他什么都不用管。奶奶既麻烦又啰嗦,以后再也不来奶奶家了。"

小桃的心理是很多孩子普遍存在的一种现象，他们的思想处于认知阶段，这段时间，孩子应该形成事事自己动手的习惯，而父母从小对孩子过分的关怀和事事都包办代替的行为，导致孩子有动手能力时，仍然习惯于坐享其成，不愿意付出一点点劳动和努力。父母总是担心孩子做家务活和体力劳动会影响学习或累坏，于是，很多孩子因此没有从事体力劳动的机会，慢慢变得好逸恶劳，好吃懒做。

所以，父母应该从自身找原因，应处处留意，切记在平时的生活中，不要给孩子搞特殊，更不能什么事情都由着孩子，更不要把孩子养成讲究物质享受、奢侈浪费、不懂爱也不懂感恩的纨绔子弟，要让他明白，坐享其成是一种耻辱。

第一 父母要告之孩子 自己动手 丰衣足食 的道理

功夫不负有心人，成功的桂冠只属于那些锲而不舍、坚持不懈的人。一分耕耘才有一分收获，成功之花要靠辛勤的汗水来浇灌。从古至今，每个成功人士的背后都历经沧桑，但他们面对困难都是迎难而上、锲而不舍，为了理想奋发进取，最终取得了成功。

第二 教孩子适当理财

父母可以适当地教孩子理财，让他们知道父母的每一分钱都挣得不容易，让他们学会珍惜生活，并且积极地为生活打拼。

第三 在以上基础上 可以培养孩子独立生活并挖掘其开拓的能力和潜力

这样可以让孩子从小就认识到劳动的价值，树立自立精神，让他们自己动手做家务，到外边参加劳动。即便是富豪子女，也同样应该外出打工赚钱。

人类社会发展到今天，是否拥有动手能力和创新精神已成为一种判定人才的标准，这更是一种时代精神，作为新时代未来接班人的男孩们，应该奋斗进取、锐意改革，而不劳而获、坐享其成则被人所不齿。只想一劳永逸，甚至不劳永逸，依赖思想特别严重、把希望全部寄托在别人身上的人最终将在竞争激烈的社会大潮中被淘汰。而作为家长，应该从小培养男孩的自理能力，让他们去经历自己的成功和失败，将来他们才能独立地创造自己的明天。

不要把男孩培养成饭来张口的小皇帝

很久以来，中国就有“穷养男孩”的说法，这一被很多人奉为格言的说法之所以根深蒂固一定有它的道理。男孩要穷养，穷养男孩不仅是一种教育投资，更是对男孩一生的投资。

溺爱是男孩成长的毒药。现实生活中，很多父母对于男孩子的教育方式，却是培养“小皇帝”而不是“男子汉”，每个父母都爱自己的孩子，可是爱孩子有其一定的方法和限度，爱孩子绝对不能变成溺爱孩子。一个从小被当成皇帝教育的男孩不可能有什么出息，也不可能成为一个男子汉，更别说独立担当起一个男人的责任。真正的男子汉，是经历了风风雨雨，能摔倒了自己爬起来，失败了重新再来的人。

父母爱孩子，要爱在心里，而不是表现在物质生活上。爱孩子，该狠还是要狠一点。要舍得让孩子吃一点苦头，不要对孩子的要求全部给予满足。一味的溺爱，以孩子为中心，是不利于孩子的身心健康的，对他们的成长不利。因为溺爱孩子导致的悲剧，始终让人触目惊心。

在一座小城市，有一对年过四十的夫妇，他们中年得子，这对于二人来说，可谓是喜从天降，于是对儿子百般疼爱，从来都是他要什么就给什么。儿子是个较内向的男孩，平时不爱和人交往，学习成绩也平平。

儿子高中毕业以后，没有考上大学，父母就求人给他安排在一所贵族学校去读书，从来没有离开过身边的儿子是他们时刻的牵挂，夫妻俩每个星期都要到儿子的学校去看他，生怕他有什么不适应。

大学毕业后，父母并不鼓励儿子出去找工作，而是劝他不要担心，因为有文凭，可以再等等，以后找个好工作。他们怕孩子在家无聊，又专门买了电脑，就这样，又过了几年，父亲也开始担心了。他给儿子找了几份工作，可是孩子都以不适应为借口辞掉了。慢慢的，父亲得了抑郁症，可令很多医生护士惊奇的是，这个孩子从来没有到医院看过自己的父亲。

自从有了电脑以后，儿子就生活在了那个虚拟的世界里，再也不出来了。每天，从入夜开始，儿子就开始在网上泡着，第二天早上才开始睡觉。他在网上做些什么，做父母的一点也不知道，因为儿子的房间从来不要他们夫妇进去。平时两代人之间基本上不交流，儿子也从不跟父母一起上街，他需要什么，也不跟父母说，只是写在一张小纸条上，让父母给他带回来。有一次，儿子要母亲给他带东西，母亲忘了，儿子就大发脾气，把家里的电视机都砸坏了。

或许是因为对儿子的失望，也许是一时的想不开，年迈的父亲在出院回家那天早上用榔头猛击熟睡中的儿子的头部，导致儿子昏迷数日。儿子躺在医院，父亲精神恍惚，剩下一个老母亲，守着一个破碎的家庭伤心操劳。

从这个故事中，我们可以发现，不幸的发生与父母对儿子的溺爱有着直接的关系。

家长溺爱孩子，把孩子当皇帝养，这只会让孩子变成自己的悲哀，一般来说，他们溺爱孩子，有以下几个典型的表现。

1. 让男孩享有特殊待遇

这是中国长期“独苗苗重要”的思想带来的，男孩在家庭中的地位高人一等，处处受特殊照顾，如吃“独食”，好食物他可以独自享用；爷爷奶奶可以不过生日，他却需要定蛋糕、送礼物、办聚会……这样的孩子自感特殊，习惯于高人一等，必然变得自私，没有同情心，不会关心他人。

2. 男孩的要求能轻易满足，有求必应

有的父母对儿子的要求一概不问，然后无原则地满足，儿子要什么就给什么。有的父母甚至不顾给自己造成沉重的经济负担，满足儿子过分的需求，这种男孩必然养成不珍惜物品、讲究物质享受、浪费金钱和不体贴他人的坏性格，而且毫无忍耐的品质和吃苦的精神。

3. 父母揽下了孩子的一切动手活，使之无法独立

作为男孩，应该具有强烈的独立精神。可是有的父母为了绝对安全，不让儿子走出家门，也不让孩子和同龄人在一起，生怕有什么危险，到了一定的年龄还接送上学，甚至是父母或老人时刻不离开一步，搂抱着睡，偎依着坐，驮在背上走。这样的男孩会变得胆小无能，丧失自信，欺软怕硬，在家里横行霸道，到外面胆小如鼠，造成严重性格缺陷。

4. 把孩子和“危险”隔离起来

本来“初生牛犊不怕虎”，顽皮淘气是男孩的天性，他们不怕水，不怕黑，不怕摔跤，不怕病痛，摔跤以后往往自己不声不响爬起来继续玩。可是，有的父母却忽略了这些，儿子稍微有点闪失，就惊慌失措，大呼小叫。从此，孩子就打下了懦弱的烙印。

5. 家长意见不合时，总有人当面袒护

有时爸爸管教孩子，妈妈护着；有的父母管教孩子，奶奶爷爷会站出来说话。这样的男孩全无是非观念，而且时时有“保护伞”和“避难所”，其后果是孩子性格扭曲，有时还会造成家庭不和睦。

以上几种溺爱孩子的做法当然不是所有家庭都严重存在，但或多或少存在。家长爱孩子，但这份爱不能变质，爱孩子不能变成害孩子，不能不问是非曲直。一味地迁就孩子，这爱就成了溺爱，而溺爱和放任一样，对孩子的健康都是有害的。这样培养出来的孩子，会出现很多问题：缺少远大理想、缺少是非观念、缺少良好习惯、缺少挫折教育等，而更为严重的是让儿子的人格不健全，直接影响儿子的将来。

真正爱孩子，是要让他独立，接受一定苦难的洗礼，才能独当一面，成为一个真正的男子汉，而不是经不起风雨的小皇帝。

不做孩子的拐杖，你没办法照顾他一辈子

人生总是在不断经历磨难和挫折中成长的，“自古英雄多磨难”，只有经得起风雨洗礼的男孩才能成为一个顶天立地、拥有坚韧品质的男子汉，能否有受挫能力也是现代社会挑选人才的重要尺度。这就要求很多家长放开自己紧紧抓住孩子的手，“穷”养男孩，让他受点苦，经受点磨难，这是他成人成才的必经之路。

苦难是人生的必修课，也是人生的一笔财富。它能磨炼人的意志，让人和善，让人坚强，让人奋斗。经历过苦难的洗礼，人们才会更加珍爱生活，珍惜生命，因为苦难让他们懂得生命的价值，让他们对生活的认知更多。因此，要想培养真正的男子汉，让孩子将来有一个辉煌的人生，就必须让他们从小经受苦难的洗礼。

而现实生活中，很多家长爱子心切，舍不得让孩子吃一点点苦。他们舍不得让孩子放弃优越的环境，舍不得让孩子离开父母的保护，舍不得让孩子自己去奋斗，甚至是一点小小的生活问题，都为孩子打理得很好。当孩子面对一点小挫折时，也总是让孩子站在自己的身后，替孩子解决，于是，今天的很多孩子就一直在长辈的过度保护和关爱之下成长。这种环境下成长的孩子自私任性，不知道每一粒米都来之不易，也不知道如何料理自己的生活，经历不起一点波折和苦难，事事依赖于别人，长大后也难以自立于社会。父母爱孩子的正确做法，是应该让他独自去面对，摔倒了，让他自己爬起来，这也是“穷”养男孩的内涵之一。几经摔倒和磨难的男孩定会理解父母的爱和良苦用心，孩子会得到一笔宝贵的人生财富。每个人的一生都要经历苦难的磨炼，每一个名人都是历经苦难的磨炼铸就的。艾顿、丘吉尔、贝多芬……他们无一不是面对苦难，锲而不舍。贝多芬说：“苦难是人生的老师。通过苦难，走向欢乐。”

一次聚会上，很多堪称成功的实业家、明星谈笑风生。著名的汽车商约翰·艾顿向他的朋友——后来成为英国首相的丘吉尔，讲述起他的过去。

艾顿出生在一个偏远小镇，父母早逝，姐姐做家务，帮他洗衣服，辛辛苦苦挣钱将他抚育成人。但是，姐姐出嫁后，姐夫把他撵到了舅舅家。舅妈很刻薄，在艾顿读书时，规定每天只能吃一顿饭，还得收拾马厩、剪草坪。后来，他刚刚工作当学徒时，根本租不起房子，将近一年的时间是躲在郊外一处废旧的仓库里睡觉……

丘吉尔惊讶地问："以前怎么没听你说过这些呢？"

艾顿笑道："有什么好说的呢？正在受苦或正在摆脱受苦的人是没有权利诉苦的。"曾经在生活中失意、痛苦了很久的艾顿继续说："苦难变成财富是有条件的，这个条件就是，你战胜了苦难并远离苦难不再受苦。只有在这时，苦难才是你值得骄傲的一笔人生财富。别人听说你的苦难时，也不觉得你是在念苦经，只会觉得你意志坚强，值得敬重。但如果你还在苦难之中或没有摆脱苦难的纠缠，你说什么呢？在别人听来，无异于就是请求廉价的怜悯甚至乞讨……这个时候你能说你正在享受苦难，在苦难中锻炼了品质、学会了坚韧吗？别人只会觉得你是在玩精神胜利、自我麻醉。"

艾顿的一席话，让丘吉尔重新修订了他"热爱苦难"的信条。他在自传中这样写道：苦难是财富，还是屈辱？当你战胜了苦难时，它就是你的财富；可当苦难战胜了你时，它就是你的屈辱。

从这个故事中，很多家长应该有所启发，苦难对于孩子是一种人生的历练，当孩子走出苦难，迎接成功的时候，苦难就变成了人生的财富。给孩子的人生放行，让孩子经历苦难，战胜苦难，是每个家长应该拥有的决心。

所以，作为父母，不要给孩子过多的物质享受，因为苦难是人生的必修课，也是人生的一笔财富，要想培养好孩子，锻炼孩子的意志，让孩子有一个辉煌的人生，就必须从小经受苦难。

那么，家长该如何做呢？一些教育专家建议父母从以下几个方面入手。

第一，要对孩子采取坚决的"放行"措施，孩子遇到的一些问题，家长不能以自己的眼光和人生经历干涉或者直接包揽，应该让孩子尝试着用自己的方法解决。这样，历经心理锻炼和折磨的孩子才明白人生艰辛，唯有努力才能成功的道理。

第二，给予孩子一些励志教育，多渠道地熏陶、教育，加强孩子抗挫折的能力。例如，有这样一个名人故事：

英国著名剧作家萧伯纳因家中穷困，父母无力为他支付学费，15 岁时就辍学走向社会独立谋生。在漂泊动荡的生活中，他对文学产生了浓厚的兴趣，便把自己的喜怒哀乐、对美好生活的向往都通过笔下的人物倾诉出来。但是，他的创作生活开始并不顺利。他曾用 4 年时间创作了 5 部长篇小说，却没有一家出版社肯接受。后来转向创作剧评，依然没有太大反响。再后来，他转向戏剧创作，却依然以失败告终。萧伯纳并没有因此放弃追求，他相信自己一定会成功，所有的打击没有能打倒他，反而让他更坚强。付出终究有回报，1923 年，萧伯纳创作了历史悲剧《圣女贞德》，公演后获得空前成功，被认为是最佳的历史剧。1925 年，瑞典皇家学会因他在文学方面的巨大成就，授予他诺贝尔文学奖，萧伯纳成了享有世界声誉的伟大作家。

一个半路辍学的孩子，辗转经历无数苦难，却最终成为一个世界级的大文豪，说明了苦难成就辉煌人生的道理。当然，名人的激励效应也只是一个办法，家长要教育孩子正视挫折和苦难，锻炼其意志。

台湾作家李敖说：“怕苦，苦一辈子；不怕苦，苦半辈子。”所以，父母要让男孩经历一些苦难，让他勇敢坚定地走好生命的每一步，要明白，孩子始终要学会自己走路，摔倒了，应该让他自己站起来，毕竟，你扶不了他一辈子。

教会男孩自己赚钱去买喜欢的东西

肩负更多社会和家庭责任的男孩们最终要走上社会，最终要靠自己，他们不可能永远在父母的臂弯里生长。作为家长，要注意培养孩子艰苦奋斗、自力更生的能力，要让孩子杜绝"没钱找爸妈"想法。家长要对孩子说"要花钱，自己挣"，凡事靠自己的孩子沉着应对艰难困苦，才能适应处处充满激烈竞争的市场经济社会。

我们不能不承认这样一种社会现象的存在：随着改革开放和人们生活水平的提高，很多孩子生在幸福窝里，不知何谓"吃苦"，而他们手中的零花钱也渐渐富余，因为很多父母抱有"宁可苦了自己，不能苦了孩子，吃苦的年代已经过去了"这样一种想法，但往往这种想法导致了孩子要零花钱时心安理得，花起来也是大手大脚，全然不知家长赚钱的辛苦。其实，这些父母手里的钱也是通过付出劳动和汗水得到的报酬，每个人想要得到什么，都必须有一定的付出。因此，在家庭教育中，父母可以鼓励孩子自己挣零花钱。通过这种方式，让孩子知道赚钱的辛苦，改变乱花钱的习惯，学会控制自己的消费行为。

这一点"石油大王"洛克菲勒做得很好，他是闻名全球的富豪，可他教育孩子的方式却不符合人们的想象，按照人们的理解，在这样人家生活的男孩们肯定是享尽荣华，无所不有，但事实恰恰相反，他有着自己独特的教育方式。

洛克菲勒对其子女管教甚严与其父亲老洛克菲勒有关，他的父亲正是用同样严格的方式教育他。这导致他的 6 个子女并没有享受过由金钱带来的过于奢华的富裕生活，他们没有游泳池，没有网球场，没有棒球场。在洛家庄园里，所有的孩子们都穿着普通的服装，玩耍着自己制作的各种玩具。

洛克菲勒积极地鼓励孩子们参加家务劳动，以此来获得额外的补贴。

比如：逮到走廊上的苍蝇每一百只一角，捉住阁楼上的耗子每次五分。背柴火、垛柴火和拔草每小时可得若干，等等。当时9岁的二儿子纳尔逊（后来的副总裁）和7岁的三儿子劳伦斯（后来的新工业巨子）就主动地承包了全家的擦皮鞋工作。皮鞋每双五分，长筒靴每双一角。

平时，洛克菲勒会带头补衣服给孩子们看。他还要求孩子开垦菜园，种菜种瓜，除满足自家需要外，还卖给附近的食品杂货店。纳尔逊和劳伦斯当时就合伙饲养过一批家兔，卖给了医疗所供科研使用。

在日常开支上，洛克菲勒规定：零用钱因年龄而异，10岁之前每周三角，10岁之后每周一元，12岁以上每周两元。每周发放一次。孩子们所用零花钱，需要有详细记录。如果是不正当开支，在下周发零花钱时要予以适当扣除。洛氏认为：这是在教育孩子力求节约，避免浪费。

洛克菲勒为避免子女饱食终日，挥霍无度，当第一次世界大战爆发，造成物资短缺，而自身又完全可以食精脍细的时候，他要求全家和千万平民一样转为战时的经济状态：食糖限量，面包限额，戒吃牛肉，甚至不许子女外出游乐。这种严格的平民化的生活与观念的训教，逐步养成了子女们崇尚节俭、反对奢华的优良品格。

小儿子戴维（后来的大通国民银行总裁）在读大学时，就曾回忆道："在我们很小的时候，父亲就教我们不要把食物吃剩在盘中，不用灯时不能将灯亮着，不能随便地乱花钱……这是令人憎恶的浪费和懒惰。"

洛克菲勒为什么会这样教育自己的孩子，用他自己的话说："为了不出败家子"。因此，他对孩子进行"平民化"教育。洛克菲勒富甲天下，却舍不得给孩子太多钱，对于孩子的零花钱，不但根据年龄制订了不同的标准，还鼓励孩子依靠工作赚钱。他鼓励孩子们工作，是为了让孩子积累宝贵的人生经验，让孩子体会到父母赚钱的辛苦，让孩子明白只有付出才会有收获。孩子通过劳动赚钱，不但产生一种成就感和自立感，也为将来独立开创事业积蓄了知识和力量。

恰好相反，很多中国父母会认为，对于孩子不能苛刻，他们还小。经常有这样的父母，把自己辛苦一生积攒的钱留给下一代，为了使他们有更好的生存环境，可事实上，这却造成了这些孩子好逸恶劳、不懂得靠自己的双手打拼。钱财来得太容易，会让孩子不懂得珍惜，也感受不到其中的艰辛和荣耀，更谈不上自立地做人做事。这或许就是为什么中国人说“穷不过三代，富不过三代”的原因吧。

无数事实证明，过早地给孩子太多金钱对他们的人格养成并没有好处。不让孩子坐拥财富，反而能让他们认真工作，并且远离吸毒、酗酒和游手好闲的混混生活。因此，父母爱孩子，就不能让他们坐拥财富，要让他们凭自己的本事挣钱花。

作为父母，要记住对孩子说：“要花钱，自己挣”，应该多对自己的儿子进行引导，应该创造条件，让男孩从小养成独立的精神，学会在奋斗中成长。让他们在自食其力的行动中完善自己的独立人格，这种“穷养男孩”的教育方式将成为他受益一生的财富。

勤俭节约是每个男孩都该拥有的品质

勤俭节约是中华民族的优秀品质，我们的祖宗曾留下了许多脍炙人口的话语告诫后代子孙要养成勤俭节约的好习惯，朱子将“一粥一饭，当思来之不易；半丝半缕，恒念物力维艰”当作“齐家”的训言；诸葛亮把“静以修身，俭以养德”作为“修身”之道，以“厉行节约，勤俭建国”为“治国”的经验。“历览前贤国与家，成由勤俭破由奢”，勤俭节约是中华民族的优良传统，也是一个人的优良品德。

历史上，古今中外勤俭节约的故事不胜枚举。伟人在勤俭节约方面为国人作出了表率。作为未来社会接班人之一的男孩，也必须拥有这种优良的品质，认识金钱的真正含义，但现实生活中，在男孩中间却出现了令人瞠目结舌的铺张浪费现象。

曾有报载多名初中学生为了比阔、耍横，竟然从家里拿了百元大钞在校园内点燃，谁的钱最后烧完，谁就是最有钱的人。不知道这些孩子的父母会如何看待这种行为，那些因交不起学费而辍学的孩子看到这则报道又会作何感想呢？

究其原因，孩子手中的钱财最终来源于父母。所以，孩子浪费的习惯是父母约束不力造成的。父母的过分溺爱，让孩子们丧失了自我控制的能力，占有欲望无限膨胀，只要自己喜欢，不加以思考就向父母要钱去买。一旦对某个贵重物品丧失兴趣，就会毫不思索地丢弃。这一可怕的现象，正普遍存在于我们周围的男孩当中。

提倡"穷"养男孩、培养男孩养成节俭的习惯，已经刻不容缓。心理学家威廉·詹姆士说："播下一个行动，收获一种习惯；播下一种习惯，收获一种性格；播下一种性格，收获一种命运。"从小养成的习惯会伴随人一生，在孩子成长初期培养他勤俭节约的品质，会使他受益终身，成为蕴藏在他内心深处的取之不尽的资本。

培养孩子的节俭品质也是"穷"养男孩的重要内容之一。消费至上，享受第一，奢侈浪费，只知享乐的生活方式，会让孩子养成贪婪、攀比、从众、追求时髦、喜新厌旧等很多坏习惯。孩子将来无论做什么工作，都要走上独自生活的道路，要想生活得好，勤劳节俭就必不可少。

虽然很多学校教育中，也提倡男孩勤俭节约，但这治标不治本，因为孩子心智还没成熟，很容易受外界因素的影响。奢侈的风气让孩子们之间互相攀比，谁花的钱多谁就有威信，这更容易让孩子走上歪路。很多老师虽然反对孩子的奢侈浪费行为，平常也会批评孩子，但这不能从根本上纠正孩子不良的生活习惯。而作为提供经济来源的父母，言传身教就是改变孩子铺张浪费习惯的最好教育方式。其实，让一个孩子养成某种习惯并非难事，关键看家长怎么教育。所以，家长应该以身作则，培养孩子勤俭节约的品质。

家庭教育是教育的重要方面，家长是孩子的一面镜子，也是孩子的第一任老师，因此，家长要以身作则。生活中，很多孩子在吃、穿、行上攀比成风；在日常生活中随意浪费粮食；平常在外面吃饭时大手大脚，剩的要比吃得多；为了摆阔气乱点很多菜，吃不完也不打包带走，究其原因，还是家长对孩子的影响不够。如果家长在生活中就不懂得勤俭节约，让孩子自己学习勤俭节约也是不可能的。

为了让孩子养成勤俭节约的好习惯，家长可以试用下面的方法：

第一 让他们做一些自己力所能及的事情

如：吃饭时不剩饭，饭菜不随意扔掉；用水时水龙头不要开得太大，用完后要关紧水龙头；不丢弃没写完的作业本和纸张，可以留做草稿纸或他用，养成双面用纸的好习惯；生活中注意节电，光线充足时不开灯，充分利用自然光，随手关灯，人走灯灭。当然，家长也要以身作则，让孩子在潜移默化中养成勤俭的习惯。

第二 安排孩子多做些家务事

据调查：生活中经常帮父母干家务的孩子不足10%，干家务的男孩更少。家长可以安排儿子做一些力所能及的家务，让他真正体会到劳动的艰辛和不易，从而自觉地养成勤俭节约的习惯。

第三 家长应积极配合学校的工作

家长要正确引导孩子，培养孩子艰苦朴素、勤俭节约的品格，坚决拒绝孩子提出的不合理的物质要求，向他们解释拒绝的理由，让他们学会珍惜家长的劳动成果。比如采取一些社会实践活动，如在校园里拣垃圾、收集饮料瓶来换成钱，或是通过给别人送报、修剪草坪来赚取自己的零花钱。这样可以让孩子培养自力更生的能力。

家长除了让孩子节约以外，还要让孩子形成勤俭的习惯，古人云：勤能补拙，俭以养廉。只要能够勤劳，即使是天赋差一些，也会把工作学习搞好，会在事业上做出成绩。只要能够节俭，不贪图物质享受，追求奢华生活，保持廉洁的美德，在事业上就会不断追求进取，有所成就。因此，家长要身体力行，培养孩子养成勤俭节约的生活习惯，这种习惯会让孩子受益终生。

要教会孩子立身的本领

古人云："授人以鱼不如授人以渔。"这句话同样适用于现代教育中。男孩要"穷养"，与其给男孩留钱财，不如教孩子学会生存的本领。本领可以让孩子受用一生，钱财只能让孩子坐吃山空。

随着物质生活水平的提高，很多父母把帮助孩子积累财富当成"终生事业"，千方百计地为孩子积累钱财，他们混淆了教育孩子的真正实质所在，人生在世，本领才是立身的根本。教会男孩打天下的本领，才能让孩子将来赢得人生。否则，即使留给男孩金山银山，也有吃空的一天。而且，坐享其成会让他们养成依赖性和惰性，缺乏毅力和恒心，缺乏奋斗精神，将来也无法立足于社会。

在西方，有很多名人意识到财产并不能给孩子带来真正的财富，世界首富股神巴菲特更是在一开始就和夫人达成一致意见，不准备把财富留给子女。他们的理由是：遗产会使下一代失去生活的热忱和做事的成就感，甚至丧失自尊和毅力而堕落。他们认为巨额遗产是一种"反社会"的错误。

巴菲特将自己全部财产的85%捐给了慈善机构，引起了全球媒体和公众的关注和热评。此前，巴菲特早就多次表示要散财捐资。1986年9月29日，《财富》杂志对巴菲特进行了专访，随后发表了《是否应该把全部财富留给孩子?》的采访文章。他的这篇文章被外界视为他捐资慈善的"理论基础"。以下是巴菲特回答问题时的言论摘录：

"如果给子女留下巨额财产，对他们而言并非是件好事。人们完全可以用其他方式处理财富，以避免剥夺孩子们享受成就感的机会。对于一个大学生而言，几十万美元的遗产就足够了。"

"那种以为只要投对娘胎便可一世衣食无忧的想法，损害了我心中的公平观念。”

“我的孩子们需要自己在这个世界上闯出一番事业。他们知道我会支持他们完成任何他们想干的事情。但如果仅仅因为孩子们出生在富有的家庭,就向他们提供一辈子的金钱支持是一种错误,也是一种对社会有害的行为。每一位巨富都应该留给子女足够的财富来让他们干任何事情,但又不能留给子女过多的财富,可以使他们什么事也不用干。”

“我的子女们并没有对我的决定感到失望。因为他们更看重积极奋斗,白手起家,经历失败和成功。”

无独有偶,2008 年 6 月 27 日,比尔·盖茨宣布正式退休,淡出微软日常管理工作,并声明将把自己的 580 亿美元财产全数捐给慈善事业,一分一毫也不会留给自己的子女。盖茨认为:拥有不劳而获的财富,对于站在人生起跑点的子女来说并非好事。

事实上,古今中外的很多名人教子都有一个共同的特点,就是不留钱财给后代,因为他们知道只有这样才能有利于孩子一生的发展。正如林则徐的一句话,子孙若如我,留钱做什么?贤而多财,则损其志;子孙不如我,留钱做什么?愚而多财,益增其过。他们对待子女的教育中都更看重精神的鼓励,而不是金钱、物质的刺激。

中国的父母爱子心切,总是把最好的留给儿子,现在的独生子女一代在完成大学的学业后,往往还要读研究生或者出国留学,很多人走上社会时,都已经超过了 27 岁。在此之前,他们的生活几乎都是父母供养的。因此,当他们离开学校进入社会后,难以承受工作的艰难和初入社会的挫折,干脆回家继续靠父母供养。而同样是独生子女,在国外,他们的父母注意培养孩子的独立能力,孩子过了 18 岁就把他们推出家门,就要自己养活自己了,而中国的孩子几乎一辈子都在父母的照顾下成长,即使成家立业后,还把生活的来源寄托于父母身上,给孩子付学费、找工作、结婚、买房……都离不开父母,他们能真正的独立吗?

父母爱孩子,这是人之常情,可是父母要明白真正的爱孩子,为后代着想，就应该教给他们独立和打拼的本领，而不是给他们挣家业，为他们积累财富，要知道，给孩子留钱财的方法并不能保他们富贵平安。金钱的获得并不是轻而易举的，钱也是会用完的，有价值的财富要靠孩子自己的努力去积累，积累财富的过程要比财富本身更有价值。

小霍丁·卡特是著名作家，他对于遗产的看法是："我们希望有两份永久的遗产能够留给我们的孩子，一个是根，另一个是翅膀。"根就是指一个人的心性和品质，翅膀指一个人适应世界的生存能力。生存能力和良好品质的获得远远比坐拥财富更能让一个人成长。

爱之切，责之倍，金钱和安逸可能成为男孩前行的阻力，而依靠自己的智慧和能力前进才能成就一个真正的男子汉。父母如果想让男孩将来有前途，就要帮助他们建立积极向上的人格，练就勇敢耐挫的本领，从而具备成功者的品质。学习自力更生、独立自主的能力，孩子将来才能在他们的人生道路上奋勇前行。

第 03 章 穷养的男孩会理财：让男孩从小树立正确的金钱观

金钱是什么、金钱能做什么、如何获得金钱、如何用钱，这些都是男孩在走上社会以后要面对的问题。有人说，金钱万能、有钱能使鬼推磨、一切事物都服从于金钱、金钱是打开一切门户的钥匙。也有人说金钱是罪恶的根源。当然，这都是错误的金钱观。那么，什么是正确的金钱观？现代社会中的父母都有很强的经济意识，有着一套适合自己的金钱观，孩子们也潜移默化地受到了熏陶，如何帮助孩子树立适合的金钱观便成了刻不容缓的事情。树立正确的金钱观是“穷”养男孩的一个重要内容，作为家长，只有从自身做起，摆正自己的价值观，才能言传身教地让孩子对金钱有个正确的认识，才能让孩子做金钱的主人，才能让孩子远离奢侈浪费，才能教会他如何理财、如何凭自己的本事挣钱。

价值观是支撑人类生活的精神支柱，它决定着人类行为的取向，决定着人们用什么样的心态去开创自己的新生活，因而树立正确的价值观对男孩的一生至关重要。

教会孩子正确的理财观念

很多家长常常有着这样的担心:“给孩子太多钱,怕他长大后变成‘小财迷’;不给孩子钱,又怕孩子长大后不会花钱,到时候被人骗。”其实,如果家长们从小就培养孩子的理财观念,孩子长大后不仅不会乱花钱,还将特别会花钱。这也是穷养男孩的一个重要内容:给孩子钱财,不如教会孩子理财。因为理财是一种生存技能,让孩子学会理财是非常现实的选择。理财教育是家教的有机组成部分,是与伴随男孩健康成长的方方面面问题息息相关的。

在中国,总是听到很多家长抱怨“我家的孩子花钱总是大手大脚,每个月的零用钱不断上涨”“我家的孩子花钱一点都没有计划,总买一些没用的东西”……其实,孩子这种乱花钱的习惯与家长的教育有着直接的关系。有以下这些现象:

现象一:朗朗今年上小学四年级了,他动不动就向别的同学借钱,还在学校门口的小卖部里赊账消费。到了实在赊不到的时候,他就回家以各种理由找妈妈要钱还账。当妈妈问起朗朗为什么学校总是乱收一些费用时,爸爸说:“才几个小钱,孩子要就给他呗。”他们哪里知道那些所谓的学校收取的费用,都被儿子拿去胡乱消费了。

现象二:一位10岁的男孩拉着父母走进一家服装专卖店,看到一身高档运动衣便让父母给他买。当母亲说他穿的运动衣几乎还是新的时候,他却说那身运动衣再穿就会落伍。这时,站在旁边的父亲一边掏银行卡一边说:“讲节俭的年代已经过去了,他想要就给他买吧。”

的确,随着生活水平的提高,很多家庭逐渐富裕了,孩子是家庭富裕的“直接得益者”,家长对孩子提出的要求也是尽量满足。可是,事实上,这种给孩子大把钱花的教育方式是有百害而无一利的，《富爸爸，穷爸爸》的作者罗伯特·清崎曾表述过这样一个观点："如果你不教孩子金钱的知识，将会有其他人取代你。如果要让银行、债主、警方，甚至骗子来进行这项教育，这恐怕不会是个愉快的经历。"因此，家长们不要把给孩子零用钱作例行公事，教导孩子们如何管理手中的金钱，并赋予他们理财的责任才是重点。

作为家长，应该把理财能力的培养当成家庭教育的重要组成部分，如果你的孩子对金钱没有正确的认识，有花钱大手大脚的毛病，家长千万不要一味地批评、指责孩子，孩子正确的理财观念是在日常生活中一点点地培养出来的。

男孩的理财能力是从小培养的，穷养男孩并不是要求父母不给孩子接触金钱的机会，而是应该合理地规划自己的钱财。罗伯特·清崎说"一对贫困的父母在培养孩子的理财观念时，只会说：'在学校里要好好学习喔。'结果，他们的孩子可能会以优异的成绩毕业，但同时也秉承了贫穷父母的理财方式和思维观念……这也解释了为何众多精明的银行家、医生和会计师们在学校时成绩优异，可一辈子还是要为财务问题伤神。他们中有些人虽然受过高等教育，但却很少甚至几乎没有接受过财务方面的培训。因此，只要孩子一开始对钱感兴趣，就该教他们理财。"

教孩子理财应从小开始。根据学者研究，儿童各种能力的培养，都有一个关键期，以语言能力训练为例，2～4 岁堪称为关键期。若是希望培养儿童数理能力，那么4～6 岁便是关键期。对于稍具难度的理财能力而言，培养的关键期为 5～14 岁。那么怎样教会孩子理财呢？你可以尝试以下方法。

1. 与孩子签订零花钱合同

让孩子学会正确、科学地理财，家长首先要树立这样一种观念：并不是给孩子的零花钱越多，就是越疼爱孩子。家长可与孩子签订零花钱使用合同，如对于已经上小学的孩子，妈妈可以在合同中规定，每周只给孩子两元钱零用钱，每周一早晨发放，并且规定不论遇到什么情况，都要严格按照合同约定的内容发放零用钱。

一开始，可以“周”为发放零用钱的时间单位。等到孩子习惯后，时间慢慢拉长为“月”。这种方式除了可让小孩学习在固定时间内分配金钱消费之外，也可训练孩子的用钱能力。

2. 培养记账习惯

由于孩子年纪小，不知如何记账，刚开始时，父母可帮助孩子将未来一星期所需的花费记录下来，然后逐日补上额外支出项目，慢慢养成记账的习惯。等到建立几次记录后，慢慢放手让孩子自己记账。该步骤的好处是，不仅让孩子做到心中有数，而且父母也可借此检查孩子的消费倾向，若发现有偏差，可适时纠正。

3. 培养储蓄观念

储蓄是理财的基本，若儿童能建立良好的储蓄习惯，意味着理财观念已开始萌芽。父母不妨从给孩子买储钱罐开始做起，鼓励他们存钱。为增加存钱动力，父母可以设定存钱目标，当孩子达到目标时，给予额外奖励。

4. 开设银行户口

为建立孩子“自己的钱”的观念，父母可以为孩子在银行开立单独账户。此外，当父母到银行办事时，不妨也把孩子一起带去，让孩子了解银行作业流程、ATM 功能等。若父母已开始利用此账户理财，则可利用银行对账单、投资报表等向小孩说明，让他们亲身感受“复利”的效果，激励孩子多储蓄。

5. 给孩子“当家”的机会

现在，几岁到十几岁的孩子都已经接触钱了，但是他们往往不懂得“柴米油盐贵”，所以，他们才会动不动就要求妈妈买昂贵的文具、名牌的衣服等。遇到这种情况，妈妈可以给孩子一些机会，让他们去买菜、交水费、交电话费等，使孩子知道家里的钱是怎么花出去的，父母每个月都需要支付哪些开支。这样，孩子有了了解家中“财政”的机会，就慢慢学会节约了。

6. 建立理财目标

理财的最终目标无非是希望能理性消费，提高消费能力，因此父母可与小孩讨论建立储蓄目标，例如购买玩具、脚踏车、溜冰鞋等，然后协助孩子为每个月的零用钱规划出一个时间表，通过目标建立孩子的预算观念。

在孩子小的时候，家长就应有意识地培养孩子的理财能力，指导他熟悉掌握基本的金融知识与工具。不过在此要提醒的是，训练理财的内容必须依照孩子心智发展情形而定，找出适合他的理财学习方法。教会孩子理财，从短期效果看是养成孩子不乱花钱的习惯，从长远来看，将有利于孩子及早具备独立的生活能力，使其在高度发达、快速发展的时代中，具有可靠的立身之本。

不要用礼物代替对孩子的爱

很多家长认为，教育孩子就应该爱孩子，给孩子过多的金钱并不是正确的教育之道，于是，他们把金钱转换为礼物的形式来证明对孩子的爱。其实，这只是“旧瓶换新酒”，因为物质只是金钱的另外一种形式而已。当今社会，买东西都需要金钱。教孩子树立正确的金钱观，才是教育男孩最好的方法，才能培养一个可爱的、自信的、成功的儿子。

孩子重视金钱能够带来的物质和精神享受，是市场经济发展的必然产物，还有传媒的不当宣传、家长的不当引导、成人社会对金钱不恰当地运用所造成的“示范效应”，每天发生在孩子们视野之内的是以金钱为媒介的商品交换行为，使他们从小就很自然地了解金钱的“魔力”。在家庭方面，孩子喜欢钱，本身并不是一个“可怕的问题”，却可能使一些孩子从小形成“拜金主义”的价值观，给他们未来的人生道路留下巨大隐患。

中国的父母疼爱孩子，总是变换着方式给孩子最优越的物质生活，他们把物质作为孩子的奖励、生日礼物，巧设各种“名目”，以此来证明自己是爱孩子的，长此以往，孩子会形成不劳而获的心理甚至拜金主义的金钱观，更不懂得勤俭节约，甚至导致有些孩子长大后为了金钱，不惜利用一切手段，甚至做出违法犯罪的事情，如利用职权贪污受贿、涂改发票、做假账，甚至结伙抢银行等。这一切的发生，与家长从小的教育是分不开的。

11 岁的肖肖是某市实验小学的学生。肖肖有自己的存折，每年的压岁钱收了多少，他对谁也不透露。肖肖喜欢过年，他说春节是他“领工资的时间”，大人们每个月发一次工资，而他每年发一次工资，“要是一年多过几次年就好了”。与对金钱的渴望越来越强烈相对应的，是孩子对艰苦生活的不了解和不适应。据肖肖的家人说，一到逢年过节，爸妈都会给他买很多东西作为节日礼物。今年春节，到乡下老家探亲的肖肖刚到乡镇就嚷着要去逛街，让爷爷奶奶给自己买衣服，当他发现“街上连超市都没有，而且电视只能收 5 个频道”时，立即表示不能接受。

肖肖才 11 岁，就形成了这样一种金钱意识，不免让人叹惋。其实，他的思想中已经开始了有拜金主义的萌芽。小小的礼物本来可以表明一个人的心意，家长给孩子礼物，这也是情理之中的事情，但是过度给予礼物只会让孩子不懂得珍惜，甚至挥霍浪费，唯钱是亲。那么，在送孩子礼物上，到底怎么做才合适呢？

1. 要让孩子理解礼物的意义

把礼物的含义对孩子解释明白，送礼物这个举动就更有意义。

明明在生日时，妈妈送了他《现代汉语词典》和《牛津英汉双解词典》。希望他从此通过自己动手查生字来学习新字新词；英汉字典则是为他即将开始的英语课准备的。他果然非常欢喜，还把这“难忘的生日礼物”写进了作文。

2. 让孩子知道礼物来之不易

一位妈妈带着 6 岁的孩子逛了 3 家商店，目的是为了买一辆物美价廉的滑板车。以前这个孩子想要什么就得马上到手，得到后却一点不珍惜。几个月前，孩子看上了滑板车，趁此机会，妈妈跟他约法三章：期末考得好，回家后适当干点家务活，尊敬长辈。孩子真的特别努力，虽然到最后，语文考得差了一点儿，但妈妈还是兑现了自己的诺言，并且告诉他这是妈妈加的感情分。因为礼物来得“辛苦”，所以孩子收到时便会欢天喜地，自然也就懂得珍惜了。

3. 礼物少而特别

孩子们很多时候对一样东西只图个新鲜，时间久了，便会喜欢上另一样东西。如何让孩子记住这份礼物？“特别”就显得很重要。“特别”不仅指礼物本身，也可以指送的方式，比如事先询问孩子最想要的礼物，可以让孩子自己攒钱或者“挣钱”，然后让其独自去买，这样才能使孩子更加珍惜礼物。

4. 让孩子参与买礼物全过程

父母和孩子毕竟是不同的个体，父母觉得好的，孩子也许并不喜欢，彼此都有些委屈。如果选礼物的过程要让孩子参与，他就能体会家长的用心。所以，多一点沟通多一点认同，才能使双方更珍惜感情。

真正地爱孩子，是传授成长的本领和独立的能力，以及教会他怎样做人做事。作为21世纪的家长，应教育孩子：对待金钱，要取之有到，用之有度。要把钱用到最需要的地方，用于做最有意义的事。“一粥一饭，当思来之不易；半丝半缕，恒念物力维艰。”花钱要节制，用于做什么要分轻重缓急，能够节省的要节省。少花钱多办事、办好事，就能让钱发挥出更大的作用。

让男孩学会勤俭节约过日子

穷养男孩是一种教育理念，所谓“穷养”，是要在生活的方方面面给男孩子制造“拮据”的环境，让孩子最大限度地体验生活，从而磨炼孩子，提高其耐受力，进而促使其刻苦奋进，促使其独立自强。这一教育理念要求家长在培养男孩的过程中，要让孩子远离奢侈浪费，更重要的是，这是帮助孩子树立正确的金钱观的重要部分。

随着物质生活水平的提高，孩子奢侈浪费的现象比较严重。有的孩子穿衣服总要穿名牌且喜欢互相攀比；有的孩子喜欢漂亮、高档的文具盒，常常是原来的文具盒还好好的就被丢弃了；有的孩子早点买多了吃不下便随手扔进垃圾桶内……这些孩子只知花父母的钱，完全不知父母的辛劳。大手大脚地花钱、对金钱的依赖，正悄悄地改变着孩子们的价值观、人生观和道德观。这不能不令做父母的感到深深的忧虑。

要知道，在经济社会的今天，孩子的这种奢侈浪费至少会带来以下几个方面的不利影响：

(1)分散精力，影响孩子的学习；

(2)加重家庭的经济负担；

(3)养成并助长孩子的虚荣心及奢侈浪费的生活习惯；

(4)容易让孩子的消费观念和消费行为走进误区，发展下去将容易导致违法犯罪行为。

因此，家长对孩子的奢侈浪费现象千万不能掉以轻心，任其自然，更不能盲目迁就，助其发展，而应该加强对孩子进行健康的审美教育，正确引导，帮助他们克服不良消费观念和消费行为，形成正确的消费观念和消费行为。那么，家长该如何引导呢？

1. 提高审美情趣，端正消费行为

孩子对美的认识往往受父母的影响，甚至将父母的穿着打扮作为效仿的对象。如果妈妈说："你穿这件运动服真好看！"那么孩子就认为穿这件衣服很美，天天穿着不肯换。孩子追求名牌效应的心理，除受社会上高消费的影响外，也与有些家长自身的审美观、消费观有关。他们认为现在生活条件好了，给孩子买高档衣服是应该的，甚至以此炫耀自家的身份、地位或富有，满足自己的虚荣心。有的父母宁愿自己省吃俭用，也要让自己的孩子在别的孩子面前"不掉价"。殊不知，这些家长的行为对孩子是一种误导。

2. 强化正面教育，发挥榜样作用

榜样的力量是无穷的。父母可以经常利用领袖人物、知名人士勤俭节约的故事来感化孩子。如给孩子讲艰苦朴素、勤俭节约的劳动人民本色的故事：以我们的父辈坚持自力更生、艰苦奋斗的经历来教育孩子；还可以讲一些有作为的企业家，现在仍旧保持艰苦朴素的作风。

3. 开展体验活动，引导正确消费

“让孩子当一回家”。父母可以把一个月中所有的收入告诉孩子，并放在抽屉中，让他来合理安排并记好账。引导他们认识到生活中处处要用钱，如果不勤俭节约就无法正常生活的道理。

旺旺小的时候妈妈就有意识地培养其勤俭节约的习惯，每个月定期给他一定的零花钱，让他试着学习理自己的“财”，并经常让孩子主动买菜、做饭，体验持家的辛苦。

一天晚上，旺旺放学回来对妈妈说：“妈妈，我们学校小卖部的铅笔太贵了，你下班回来路过文具批发市场时，给我买 2 支回来吧，到时候我给你钱，这样我就能省 2 毛钱了。”

妈妈高兴地说：“好儿子，妈妈给你带。你真棒，都学会省钱了。”

下个月妈妈给旺旺零花钱时，旺旺少要了几元钱，并对妈妈说：“妈妈，我的本子要用完了，你再去给我多批几本吧，这样又能省不少钱。”

让孩子当家是一个好办法，另外，还可以让孩子和贫困家庭的孩子手拉手，通过交往和共同生活，体验到身边还有许多贫困的家庭。同时还可以培养孩子的爱心，健全孩子的人格。当然，父母更应率先垂范，平时穿着朴素大方，给孩子以积极的影响，使孩子学有目标，确立正确的消费观念。

4. 利用外出消费，制约不当行为

当带孩子上街时，首先应该给孩子制定一个合理的消费范围，打一针“预防针”：什么该买，什么不该买。作为父母，自己身上也不要带太多的钱，免得孩子到时提出额外的要求。当然，对孩子的优秀表现还应及时表扬肯定。

穷孩子不能“穷”观念，穷养有利于树立孩子的金钱观、价值观，家长要让孩子远离奢侈浪费，这能有效杜绝孩子的拜金主义金钱观，保持勤俭节约的消费习惯，帮助孩子积极健康地成长。

精打细算是每个孩子都应该学会的本领

如何看待金钱，如何获取金钱，如何使用金钱，这些都涉及金钱观。那么，什么是金钱观？简单地说，就是对金钱的认识、分配和使用方法的思考与行为模式。

正确的金钱观，指导我们理性地对待金钱，通过合乎道德与法律的正当途径挣钱，把钱用到利于国家社会、利于他人等有益的地方，用到有利于自己发展、实现人生价值的地方。树立正确的金钱观，我们的灵魂更纯洁，道德更高尚，境界和智慧都能上一个层次。而价值观的形成是一个长期的过程，家长要从小培养男孩正确的金钱观。现在，很多孩子在很小的时候，就认识"钱"这个神奇的物品，但是对钱的观念却是后天培养出来的，如果家长能多给予孩子一些正面的教育与示范，就能帮助孩子在未来处理金钱事物上，奠定一个良好的基础。

培养正确的金钱观，就包括鼓励孩子积累财富，打造精打细算的孩子。

但穷养男孩，并不意味着要让孩子和金钱隔离开，家长自己要明白，金钱不是罪恶的，也不是天上掉下的"馅饼"，不要让孩子对钱产生神秘感。孩子不管在哪个阶段都会有"金钱主义"，如果你没在家里教会他正确的金钱观，而是把这块空白留到他离开家步入社会之后才来填补，那就很容易失控，那些上大学后，拿学费玩电子游戏、上网，出国的孩子用学费买跑车，都是因为父母早期的金钱教育缺失或错误造成的。这告诉家长，让孩子学会精打细算，首先就必须让孩子对金钱有全面的概念，家长不妨从小教孩子掌握一些金融育才经：

3 岁，应学会识别硬币；

4 岁，学会用硬币买简单商品；

5 岁，知道管理少量零花钱，知道钱是劳动得到的报酬；

6 岁，会识别大面额纸币，知道简单的零钱找换；

7 岁，懂得阅读价格标签并确认自己有无购买能力，保证找回的钱数正确无误；

8 岁，知道估算所要购买商品的总成本；知道节约以应对近一个月内的需要，懂得在银行开户存钱；

9 岁，知道订立简单的每周开销计划，购物时知道货比三家；

10 岁，知道每周储蓄小笔钱以在必要时购买较贵的商品，懂得阅读商业广告；

11 岁，知道进行较长期的银行储蓄，包括储种、利率，学会计算利息，知道复利的原理；

12 岁，知道明智投资的价值，懂得正确使用一般银行业务中的术语，并知道钱来之不易应该珍惜；

13～15 岁，可尝试一些安全的投资工具和服务，知道如何进行预算、储蓄和初步投资；

16～17 岁，要学习一些宏观经济基础知识，了解简单的金融工具之间的相互联系。

懂得这些金钱知识后，孩子自然就能懂得如何精打细算。生活中，很多家长抱怨："孩子昨天要钱，今天要钱，可这些钱却没有全部花在学习上。"如今，不少家长为孩子花钱不心疼却头疼不已。可寻根究底，家长的教育是造成孩子奢侈浪费的重要根源之一，让孩子从小有良好的金钱观，打造精打细算的孩子，家长除了让孩子明确钱的概念，更重要的是从自身做起。

培养孩子的经济意识对于生活在现代社会中的孩子是正确的行为，但是把大人所有的金钱观全部灌输给孩子却是不明智的。孩子毕竟是孩子，心志不健全，他们只懂得刻意的模仿。在模仿的过程中如果没有大人的引导就有可能酿成大错。在这个充满诱惑的社会中，如何教给孩子一个正确的金钱观给他未来的人生铺垫一个良好的基础又显得格外重要。作为家长，只有以身作则，首先给自己树立正确的金钱观，然后慢慢引导孩子，从生活中的精打细算开始，孩子一定能勤俭节约，做到“君子爱财，取之以道，用之有度”，以正确的金钱观作为立世之本。

告诉孩子如何储蓄，并激发孩子储蓄的兴趣

可能很多家长都告诉过孩子这样一句话：“努力学习，找好工作”，的确，学习是学生的天职，但很多父母忽视了孩子今天需要更复杂的教育，而现在的教育体系并不足以供应这些。穷养男孩，这句话中要求培养男孩在拮据的环境中磨炼自己，进而促使自己刻苦奋进的教育理念。金钱观的教育缺乏正是导致了很多孩子铺张浪费、不懂得理财的重要原因。

很多人发现，学校教育中几乎不涉及孩子的理财能力，而这一点，正需要家庭教育的补充，在孩子小的时候，父母就应有意识地培养孩子的理财尤其是储蓄的能力，指导孩子熟悉掌握基本的金融知识与工具。从短期效果看是养成孩子不乱花钱的习惯，从长远来看，将有利于孩子及早具备独立的生活能力，使其在高度发达、快速发展的时代中，具有可靠的立身之本。

外国家长，特别是华裔家长，很重视培养孩子的储蓄观念，为其以后学会“炒股”打下思想基础，例如，有的小孩喜欢吃冰淇淋，如果买一杯要花 50 美分的话，家长就告诉他：“你想吃，可以，但是今天只能给你 25 美分，等到明天再给你 25 美分，你才能买来吃。”这促使孩子储蓄观念的萌发。又如，平时给孩子一些钱，或者让孩子得到一些劳动报酬，家长则帮孩子开一个存款账户。

曾经有人对教孩子怎么储蓄这个问题提出建议：“那么父母应该怎样教孩子呢？这些连父母自己都觉得枯燥乏味的东西，孩子们不会烦吗？而且当你自己就是一个风险的回避者时又怎么去教孩子投资呢？因此我们不能

简单地说教，而是要让孩子们玩游戏，让他们自己去体会，与他们一起学习和讨论，我断定这是最好的教育方法。”

激发孩子对储蓄的兴趣，是孩子树立正确金钱观的重要部分。

第一，做到家庭经济透明，因为辛苦钱最值得珍惜。家长可以说：“孩子，当爸爸还是大巴司机时，微薄的薪水仅够家里紧巴巴的开支。但你们是否觉得，那时买的巧克力特别香、糖特别甜、玩具更好玩，有没有感到钱的珍贵？”以情动人，孩子幼小的心灵就有了节俭和储蓄的萌芽。

第二，帮孩子建立自己的银行账户——给他有限的自由。孩子们对于金钱还没有完全的掌控能力，家长又想给他们一定的理财自由以培养兴趣，当这两种需求结合在一起时，孩子的银行账户就形成了。

父母可以让孩子持有附卡并设置自己的密码，使孩子感受到一定的自由。家长持有主卡来遥控附卡，通过主卡对孩子日常花费有所了解。平时在父母给予的上限金额内，孩子可以自由支配银行卡中的金额。孩子外出上学，父母也可以同银行约定，每月按时由主卡向附卡中自动转账，这样家长可以通过银行卡来控制子女在校的消费情况，实现远程遥控，也可以让孩子通过网上银行实现父母与孩子账户之间的资金划转。通过对理财账户的使用，孩子可以非常全面地了解一些储蓄常识，并在潜移默化间培养正确的理财观念。

另外，定期让小孩看到自己储蓄账户的金额，给他制订一些小计划，让他体会到成就感和储蓄的收益。加上不断地为他实施“小恩小惠”奖励，让他养成节俭并有计划的消费习惯，学会储蓄。储蓄账户，可以算得上是激发孩子们理财兴趣的第一步。

帮孩子储蓄，可以先从压岁钱开始。每次过年，压岁钱都会把孩子的腰包装得鼓鼓的，这些钱加起来是一笔不小的财富。

一位上小学四年级的孩子，在妈妈的帮助下，把他的压岁钱分成两部分。因此，他在银行有了两个属于自己的账户，其中一个定期账户是用于存放不常用的钱，这样利息高；另一个是活期账户，用于存放日常的零用钱。

后来，在妈妈的指导下，他开始用每年的压岁钱定期购买基金。

压岁钱是孩子收入的重要来源，但除了压岁钱以外，孩子还有不定期的收入，那就是零花钱，家长可以和孩子签订一些零花钱的支出合同，如一位母亲是这样做的：

儿子已经上小学四年级了，可还是花钱大手大脚，为了改掉儿子这个坏毛病，她决定与儿子签订零花钱合同。于是与儿子协商后，他们起草了这份合同。

王明零花钱合同：

为了让王明养成良好的理财习惯，妈妈与王明通过协议，共同决定签订此合同，具体内容如下：

(1) 妈妈每个月的第一天给王明 300 元零花钱，由王明自行支配，提前花光不能够再向父母索要。

(2)零用钱包括平时王明买零食的费用、买文具的费用，如需买课外读物，妈妈和王明各付一半。

就这样按着合同严格执行两个月之后，她发现，儿子花钱有计划多了，现在很少买那些没用的东西了。

授人以鱼不如授人以渔，与其为孩子准备金山银山，不如让他们拥有理财技能，从储蓄开始，这是教孩子理财的敲门砖，积少成多，定期定额。

此外，金钱观是价值观中重要的一部分，正确的金钱观更是帮助孩子拥有良好品质的重要内容。激发孩子储蓄的兴趣，有利于培养孩子的理财能力，现代社会，理财能力的高低，已逐渐成为判定一个人能力大小的重要方面，因此，激发男孩的储蓄兴趣，是培养孩子各方面能力的良好开端。

让孩子学会合理支配金钱

卡奴对很多人来说都不是什么新鲜的名词了，因为我们身边很多人都属于这个行列。卡奴的不断增加，凸显了刚进入社会的这一群体理财知识的匮乏，更说明很多人成了金钱的奴隶，而不是金钱的主人，实际上，财商教育的空白已经成为一个沉重的话题。

穷养男孩，但一定要让孩子的观念“富”起来，要教育孩子形成正确的金钱观，而正确的金钱观，就是要让孩子做金钱的主人，下面是一些对比：

在国外，理财教育一般都是从娃娃抓起。比如在美国，在小学就有明确的理财教育目标——7岁要能看懂价格标签，8岁要知道存钱，9岁能制订开销计划等。相比之下，中国的孩子则过多沉浸在书堆和玩具里，衣来伸手，饭来张口，乃至上了大学，有了工作，在理财方面依然一塌糊涂。

那么，我们看看美国父母是怎么教育孩子认识金钱的？

(1)教孩子认识各种货币的价值及其使用：父母从小就注意让孩子识别各种货币，让孩子知道各种货币之间的数量多少并如何才能做到等值。

(2)教孩子养成储蓄观念：美国父母，特别是华裔父母，很重视培养孩子的储蓄观念。

(3)教孩子合理使用自己的积蓄：父母除了供给孩子最基本的生活必需品外，有些消费让孩子用自己的积蓄去支配。

(4)在金钱的使用方面要教孩子乐于分享：美国的慈善事业很发达，义工(相当于我国的青年志愿者)也很普遍。这些社会大环境都让孩子从小就耳闻目睹，使之自觉自愿地把自己的微小积蓄捐赠一部分给需要帮助的人们。让孩子从小就体验到人与人之间该相互帮助和分享。

(5)学会精打细算，不乱花钱，不浪费钱财：尽管美国一般家庭都比较富有，但他们的生活比较简朴，不论是在家里吃饭，还是请客吃饭都比较简单。

(6)教孩子学会通过正当手段去获得收入:美国人常将自己不需要的东西拿出来拍卖。

(7)用金钱作奖赏,养成孩子的良好行为。

(8)父母用自己的理财观念和消费行为来影响孩子。

《穷爸爸富爸爸》的作者罗伯特·清崎曾说:“致富要有财商,有了财商一个人才会大气,视野才会宽阔,出手才会慷慨,在追求财富的过程中才会站得高、看得远。在超前消费逐渐成为潮流的今天,有人认为,理财知识的普及亟须提上日程,而普及工作就需要从孩子开始。金马街小学的一位老师表示,人是金钱的主人而不是奴隶,不要为钱而工作,而要让钱为你工作,这是我们需要向孩子表达的财商价值观。”他还说:“显然,帮助学生树立正确的消费观和理财观,将有助于帮助学生培养正确的社会责任感,开展理财教育,让孩子熟悉、掌握基本的金融知识与工具,养成不乱花钱的习惯,使其适应未来经济生活,及早形成独立生活能力。”同时,他还表示,父母一定要以共同讨论的方式和孩子研究有没有更好的用钱方法,以帮助孩子树立规划金钱的观念,如果父母在家里常以投资理财为聊天话题,小朋友在耳濡目染下也会对投资理财产生兴趣与基本认识。

在我国,由于有些父母对孩子财商教育的疏忽,使许多孩子对金钱没有足够的认识。造成有的孩子过度挥霍,从不节约用钱;有的孩子又太过于“节约”,正当的花销都不想花。甚至有些孩子以金钱为中心,什么事都用金钱来衡量,不管什么事只要有钱都会去做,置道德、法律、亲情、友谊而不顾,成为一个地地道道的金钱奴隶。这些坏习惯对孩子的成长大为不利,而且对他的将来有着严重的影响。所以,家长在对孩子进行财商教育时,首先要教育孩子成为金钱的主人,不要成为金钱的奴隶。要让孩子明白,只有人来主宰金钱,不能让金钱主宰人,这样孩子就能合理地运用金钱来为自己服务。

要使孩子成为金钱的主人,家长在教育孩子时,应该记住以下几点。

(1)父母自己要有正确的金钱观。要想孩子能正确地对待金钱,父母自己就要能正确地对待金钱，就要做金钱的主人，处处给孩子做榜样，这样孩子自然就会运用金钱为自己服务，成为金钱的主人。

（2）告诉孩子该花的钱一定要花，不该花的钱一定不能花。要告诉孩子，钱是身外之物，不要把钱当做命根子。存钱固然重要，但正当的花钱同样重要。告诉孩子亲情、友谊、责任心、爱心不是用金钱的多少来衡量的，就是花再多的钱也不能买回这些东西。让孩子明白没有金钱不行，但金钱不是万能的。

（3）父母要从生活中的小事来教育孩子，让孩子一点一滴地接受教育，在循序渐进中逐渐明白金钱的本质。

（4）孩子成长的过程本身就是学习的过程，父母平常要把自己生活中涉及金钱方面的经验告诉孩子，让孩子能够在以后面对类似的问题时从容面对。如什么时候该送什么礼品，什么时候该请朋友聚餐，什么样的人可以有金钱往来，什么样的人不能有金钱往来等。

所以，父母穷养男孩，并不是要让孩子和金钱隔离，而是要从小培养男孩的财商，对其进行理财教育，形成正确的金钱观。让孩子接触钱、了解钱并学会如何合理使用钱，有利于从小培养孩子的经济意识和理财能力，也是适应未来经济生活的需要，而这正是穷养男孩的目的。“君子爱财，取之有道，用之有度”，让孩子做金钱的主人，从小具有正确的金钱意识，是孩子德育和智育的重要部分。

借钱给孩子，而不是白给

穷养男孩，除了要让孩子从小经受“磨难”、处于一种“拮据”的生存环境外，还要让孩子树立正确的金钱观，拥有一种明确的金钱意识。在当今改革开放和市场经济的新形势下，消费成了无处不在的社会现象，金钱和与金钱有关的各种观念和行为堂而皇之地进入到人们生活的各个领域，金钱也常常在诱惑着稚嫩的孩子。而我国的传统是重义轻利，在家庭教育中历来就不大正视理财教育，孩子只管伸手要钱，似乎永远是当然的消费者。没有“金钱来之不易”的体验，只有索取和接受父母给予的习惯。实际上，这种错误的经济意识和金钱观极其不利于孩子的成长，更不利于孩子成人后参加激烈的市场竞争。

当今的孩子，很小的时候就接触到钱，许多孩子不仅有平时的零花钱、节日的压岁钱，就连考试取得了好成绩也可能得到一定数额的金钱奖励。少年儿童持币现象相当普遍，且数额越来越大，成为不争的事实。然而，当我们耳闻目睹，并且批评孩子们那些无视父母的艰辛劳动，以致无度挥霍父母钱财的时候，不能不承认这样一个现实：在我们这个以克勤克俭、精打细算为传统美德的国度里，当人们的生活一天天富裕起来之后，在对下一代人的教育中，理财教育却是一个盲点。

我们不得不承认，今天的孩子让人忧虑的品质之一是“缺乏适度消费的观念”。金钱的增多，消费观念的增强，孩子财商教育却仍然滞后，作为男孩教育的重要方面，父母应该采取措施，让孩子树立正确的金钱意识，而其中，家长不妨把钱借给孩子，而不要白给孩子。

观念指导行为，因为就孩子的特点而言，一方面他们不是靠自己的付出得到等价的报酬，他们手中的钱来自于成年人；另一方面，他们作为独立的个体，却有着强烈的消费需求和欲望。这两者之间的矛盾和差异，加之多年来理财教育的欠缺，往往使他们对钱没有一个正确的认识，对于如何科学理财更是知之甚少，因此花钱大手大脚的现象相当普遍。

同样，如果把钱借给孩子，孩子从小就会有种意识，钱没有白给的，都要用自己的努力赚取，父母也没有给你钱的义务，自己所花的每一分钱都要还给父母，长此以往，孩子大手大脚花钱的恶习应当有所收敛。

这一点，西方父母的做法值得学习。

遥遥的父亲是公司的老板，家里生活条件比较好，平时花钱很是大方，穿的用的专买“名牌”。他有个外国朋友大卫，比他家条件好多了，可是让他奇怪的是，大卫的爸爸妈妈对他们 12 岁的独生子那么“抠门儿”，除了买学习用品等必需的花销外，每周只给 5 美元零花钱由他自己支配，而且怎么花的还要记账，说这些以后是要还给爸妈的，而且下一周给钱时还要跟父母讲清楚。尽管这样，大卫还会把余下的钱存起来，说是以后和同学去远游的时候用。经过和大卫一年的相处，遥遥说，在美国的孩子身上，看不出他的家庭有多么富裕，他们也不会像我们总是显示自己家庭的富有。他们的父母教给他们从小就要学会自己管理钱，不乱花钱。后来当他想花钱的时候，总会想到节俭的大卫，就遏止了想花钱的念头。妈妈说他买东西的习惯都变了，专挑经济的东西买，日子“会过多了”。

大卫父母的这种教育方式就是穷养男孩，但不“穷”观念，他们让孩子拥有健康的消费观。遥遥和大卫的接触，也使他学会了如何合理地使用钱、管理钱。

一些发达国家十分重视从儿童开始的理财教育，以致渗透到了有关少年儿童与钱财发生关系的一切环节之中。在美国，把理财教育称之为“从 3 岁开始实现的幸福人生计划”。以让孩子学会赚钱、花钱、存钱、与人分享钱财、借钱和让钱增值为主要内容的理财教育，已经融入少年儿童的整个教育之中，使孩子生活在一种具有强烈理财意识的环境氛围之中，逐渐形成了善于理财的品质和能力，这就为他们培养造就大批的优秀经济管理人才提供了雄厚的人力资源基础。

在我国，很多青少年生活在一个非现实的经济世界里，因为他们住在家里，没有太多的生活开支让他们承担。这是一种“过早富裕”的现象。处在“过早富裕”状态中的男孩，当他们长大后不得不开始自己付房租、水电费，买食物和衣服以及付交通费用时，他们会因震惊而束手无策。

因此，作为家长，应该从改变他们的观念开始，让他们拥有一种正确的金钱意识，借钱给孩子就是一个很好的方式，这样，小时候不知道家庭实际开支的孩子将被迫改变以前的消费坏习惯。一旦孩子成熟了，父母还可以翻开账本，告诉他家中的钱是怎么花的，以帮助孩子了解该如何掌管家庭的“财政”。当孩子有了生存压力以后，也就不会大手大脚地花钱了。

让孩子知道钱要靠自己的本领去赚取

中华民族有勤俭节约的美德，“一粥一饭，当知来之不易”，这是被古人推崇的，可是在金钱和物质生活日益发达的今天，这种美德却被下一代搁浅了。“穷养男孩”成为很多家长迫在眉睫要实行的教育方式，穷养男孩富观念，才能使男孩养成正确的经济意识和合理的消费习惯，从而让观念指导行为，指导男孩在竞争激烈的社会上立足。

中西方的父母在对孩子的金钱教育上存在严重的差异。

中国的父母把所有的希望都寄托在孩子身上，所以对孩子的消费要求，特别是一些看似合理的要求尽力满足，这就导致了我国的孩子从小习惯了理所当然地花父母的钱，甚至把父母“有钱”作为自己炫耀的资本。中国的孩子很少受到如何理财的教育，又缺少在劳动中获得报酬的体验，自然不懂得珍惜。

而在国外，父母们认为让孩子接触钱、了解钱并学会如何合理使用钱，有利于从小培养孩子的经济意识和理财能力，以适应未来经济生活的需要，因此，金钱教育就成了很多国外家庭教育的重要内容之一。

而这样的差异体现在对孩子金钱的获得上，就是中国的父母倾其所有给孩子钱，而很多西方父母对孩子说：“钱要凭自己的本事去赚”，看以下这些国家：

“挪威的孩子靠打工挣的钱挺多的，能上外国转上一圈。高中毕业就打一假期的工，到大学第一年不上了，先去旅游，或是第一年上完，第二年去玩儿，到各国旅游。打工的工作也不难找，端端菜、刷盘子，可以天天去，也可以根据学校的时间灵活安排，打工的工资也高。孩子小的时候钱是父母给的，到后来自己可以打工挣钱了，就不再找父母要钱了。"

"在德国，18岁以下孩子的钱都是父母给，18岁以上都是非常独立的，很少找父母要钱。自己打工挣钱，挣多少父母不干涉，钱如何分配是自己的事。但如果某项花费很大，比如购买汽车，这项费用父母就得担负一部分了。"

芝加哥西北郊外是美国首富地区之一，这里的居民常常是百万富翁。但在一个炎热的夏日里，有3个七、八岁的孩子在路边卖25美分一杯的柠檬汁。路边树下一位富态的妇女倚在躺椅上，一边念书，一边不时地观望3个孩子的买卖。每当小孩子们又赢得了一位路过的顾客，他们便会大声地向那中年妇女喊道："妈妈，又是25美分！"眼睛里闪着兴奋与骄傲的孩子们，当天下午已经赚了五美元。这位妈妈不但为孩子们创造了一个真实的游戏，同时她也从一个小的侧面教会了孩子金钱与工作的关系。

据美国媒体报道，很多孩子，包括奥巴马总统的女儿萨莎和玛利亚，都通过帮忙做家务赚取一周的零用钱。奥巴马说，他只给自己的两个女儿（一个7岁、一个10岁）每人每周1美元，作为她们做家务的报酬，比如布置餐桌、清洗碗盘。

从以上这些事例中，我们可以看到，很多西方国家让孩子自己挣钱，这是让孩子从小形成独立的能力和合理的消费习惯的有利办法。

第一，让孩子自己挣钱，通过打工，不仅获得了报酬，解决了平时零花钱的问题，还培养了自立意识和能力。据说在美国，每年大约有300万中小学生在外边打工，他们有一句口头禅："要花钱就去打工！"

在美国，大部分小孩一般在快餐店端端菜或在书店摆摆书，打工的工作比较好找。他们会用自己挣的这些钱买一些必要的东西，再有就是跟朋友一起出去吃饭，其他没什么花费。

第二，有了钱，还要让孩子有储蓄的习惯，使之懂得存钱的价值，更明白金钱的来之不易，也就不会乱花钱了。

当孩子还小的时候，家长可以把做家务和酬劳挂钩，这是让孩子知道“钱不是按一下机器就印出来的，需要付出汗水；是让孩子忍住不吃巧克力，把零花钱攒起来买他吵着要的脚踏车；是让孩子明白30块钱不仅能买到一顿肯德基、一个飞机模型，还能买到一束送给母亲的康乃馨”的最好教育措施。

让孩子自己挣钱，更是帮助孩子树立正确金钱观的最佳方法，也让他们明白了劳动的可贵，这远比口头教诲更有作用。而最重要的是，让孩子自己去挣钱，有利于培养男孩坚韧的品质，让他在吃苦中成长，才能“宝剑锋从磨砺出”。

第 04 章
穷养的男孩有韧性：
经历挫折洗礼的男孩才能成器

英国汽车商约翰·艾顿说："苦难变成财富是有条件的，这个条件就是，你战胜了苦难并远离苦难不再受苦，只有在这时，苦难才是你值得骄傲的一笔人生财富。"

约翰·艾顿的话证明，苦难和挫折是促进人奋进的武器，是男孩成长过程中坚韧品质的打磨器，这是"穷养男孩"真经中的一部分，"穷养男孩"其实就是"逼"出孩子的潜能，激发孩子成长的本领。"穷途末路始奋起"，能经得起挫折洗礼的男孩最有出息，只有从小让孩子最大限度地体验生活，磨炼孩子，提高其耐受力才能促使其战胜未来生活中的种种困境，孩子也才能刻苦奋进，独立自强。

男孩成长最好的洗礼是苦难

“穷”养男孩的真正含义，并非是要男孩吃糠咽菜，忆苦思甜，让男孩承受不必要的非人折磨和痛苦，而是让父母减少对男孩的娇生惯养、包办代替，让男孩从小多一些经历、多一些锻炼，培养他们坚韧、顽强的性格。也就是让孩子经历一些挫折教育，孩子在成长过程中，总是要经历很多挫折，但挫折会激发男孩勇敢无畏的精神，使其积极面对遇到的困难。因此，作为父母，就必须让孩子遭遇“挫折”，鼓励其克服并战胜它。

家长要明白，温室里的花朵承受不了狂风暴雨的侵袭。含在嘴里怕化，捧在手里怕疼的爱子观，会促使男孩意志不坚强，心理承受力差，稍遇不顺心或挫折就走极端。没有人可以全然顺顺利利地走过一生，掌声的背后，其实都有一串不为人知的挫折的故事。在人的世界中总会有风有浪，父母不可能永远扮演孩子的避风港，提供他一切免予伤害的保护。

有一位赫赫有名的集团老总，在40岁以前，穷困潦倒，家徒四壁，没有人看得起他，包括他的妻子。但他只身下海，从小本生意开始，在短短的10年内，把一家手工作坊扩张成了资产达亿元的私营企业。有记者采访他：“如果你出生在城市，受良好的教育，有稳定的生活环境，你现在的成就会更大。”他沉默了一会儿，说：“也许可能。但我相信，如果我不是生活在农村，没有经受过那么多苦难，而像其他城市人一样有衣穿，有房住，有人看得起，我会心安理得地过下去，绝不会开办自己的家庭作坊。从这个意义上说，我要感谢生活。”

生活有时真的像魔术，会变幻出令人难以置信的结果。这位老总的经历告诉家长，苦难并不意味着永远苦难，幸福也并不意味着永远幸福。人们最出色的工作往往是处于逆境中出的，思想上的压力甚至肉体上的痛苦，都可能成为精神上的兴奋剂。

的确，人都有失意的时候。然而，“挫折与失败是人生最好的礼物”。人只有在遭遇挫折、被他人百般刁难、歧视、嘲讽时，才能“打醒自己”，让自己因“当头棒喝”而惊醒过来。这岂不是一生中最珍贵的礼物，以这样的心态教育孩子，父母就应该给自己定位好角色，可以是位提供挑战的人，也可以是帮助孩子面对挑战的智囊团，或者做孩子接受挑战时的休息站。

现在的孩子大都是在万千宠爱中成长的，被家长过多过细地照顾保护，造成孩子依赖性强，自觉性和独立性差。从孩子发展的需要看：生活中，挫折无处不在，可以说挫折伴随着孩子成长的每一步。有意识地让孩子“受点苦和累，受点挫折”，尝试一点点生活的磨难，使孩子明白人人可能遇到困难和挫折，有利于孩子敢于面对困难，正视挫折并提高克服困难的能力。那么，应该怎样对孩子进行挫折教育呢？

1. 引导孩子正确认识挫折

孩子生活中有不同的活动，当孩子面临困难时，我们应该让他直观地了解事物发展的过程，从反复体验中逐步认识到挫折的普遍性和客观性，从而真切地感受到做任何事情都会遇到困难，成功的喜悦恰恰来自于问题的解决。只有让孩子在克服困难中感受挫折，认识挫折，才能培养出他们不怕挫折、敢于面对挫折的能力。

2. 利用和创设困难情景，提高孩子挫折承受力

在孩子的生活、学习活动中，我们可以随机利用现实情景，或模拟日常生活中出现的难题，让孩子开动脑筋，根据已有的生活经验，经过自己的努力克服困难、完成任务。孩子在经历了由不会到会，由别人帮助到自己干的过程后，心理上会得到一种满足，同时，也锻炼了他们的自理能力。家长还可以创设一些情境，如把孩子喜爱的玩具藏起来让孩子寻找，让孩子到黑暗的地方取东西等。但是，在创设和利用困难情景的时候，要注意几个问题：

（1）必须注意适度和适量。设置的情景要能引起孩子的挫折感，但不能太强，应该循序渐进，逐步增加难度；同时，孩子一次面临的难题不能太多，否则,过度的挫折会损伤孩子的自信心和积极性,使其产生严重的受挫感,从而失去探索的信心。

(2)在孩子遇到困难而退缩时,要鼓励孩子,在孩子做出努力并取得成绩时,要及时肯定,让孩子体验成功,从而更有信心去面对新的困难。

(3)对陷入严重挫折情景的孩子,要及时进行疏导,防止孩子因受挫折而产生失望、冷漠等不良心理反应,在必要时可帮助孩子一步步实现目标。

3.利用榜样作用进行教育,增强孩子的抗挫折能力

在日常生活中,向孩子讲述一些名人在挫折中成长并获得成功的事例,让孩子以这些名人做榜样,不畏挫折;要注意父母和老师的榜样作用,在孩子眼中,父母和老师非常高大,无所不能,他们对待挫折的态度和行为会潜移默化地影响孩子的态度和行为;同伴也是孩子的“老师”,教师要抓住同伴的良好行为树立榜样,增强孩子的抗挫折能力。

4.多鼓励,改变孩子的受挫意识

孩子只有不断得到鼓励,才能在困难面前淡化和改变受挫意识,获得安全感和自信心。成人要多鼓励孩子做自己力所能及的事,一旦有进步,要立即予以表扬,强化其行为,并随时表现出肯定和相信的神态。成人的鼓励和肯定既能使孩子的受挫意识得以改变,又能提高他们继续尝试的勇气和信心。因为经常笼罩在这种挫折感中,会损害他们心理的健康发展。总之,在孩子发展的过程中,没有挫折不行,挫折过多、过大也不行,成人要正确引导,使孩子能正视并战胜挫折。

我们深知,钱会用光,地位会改变,父母总有一天也会离开孩子,但孩子在年幼时养成好的对待“挫折与失败”的习惯,是孩子一生最好的礼物,谁也抢不走。即使他失败了,也懂得爬起来再战,甚至明白什么时候应该再接再厉,什么时候可以另起炉灶。而这才正是挫折赋予孩子的未来本钱,它可以让孩子逐渐从容地应付复杂的狂风巨浪。

打磨棱角，让男孩成为一个有韧性的人

穷养男孩就必须“必先苦其心志，劳其筋骨，饿其体肤，空乏其身，行拂乱其所为”，这样的男孩才可“动心忍性，增益其所不能”，才具有坚韧的品质和性格，才能担当大任。

改革开放后，中国比以前富裕了，许多家庭的物质条件也大大提高。因为只有一个孩子，所以家长只是想方设法地让孩子尽量过得舒服些，孩子要什么就给什么，零花钱从来不断，生活上照顾得无微不至，生怕孩子吃一点苦。但是，这样养大的孩子不知道每一粒米来之不易，也不知道该如何料理自己的生活，将来如何自立于社会。更重要的是，在这样的环境下长大的男孩，很难具有一些受挫的能力和勇气，更不用说具有坚韧的品质。今天的呵护难以遮蔽明天的风雨，如果父母不让男孩从小吃点苦，受点穷，将来他也难以在充满挫折的人生路上打拼。

因此，家长要培养孩子的韧性，帮他磨掉棱角，我们说品质决定命运，是因为品质对一个人取得成功的过程无时无刻不在施加正面或负面的影响，进而影响最终的结果。品质的获得是以破除一些性格弱点开始的。因此，性格资本是一个人取得成功最大的内在资本。每个人的性格资本都是可以完善的，而不是固定不变的，只有不断修正自己的性格弱点，才能为自己迈向成功奠定坚实的内在基础，而由韧性培养出的坚韧品质，会使他受益终身，成为蕴藏在他内心深处取之不尽的资本。

各具特色的性格构成了异彩纷呈的性格世界，世界上没有任何事物是绝对完美的，人的性格也一样，每个人的性格当中都有或多或少的缺陷。这就需要采取各种办法帮助孩子打磨掉这些缺陷，那么，家长该怎么做呢？

第一 帮助孩子克制住自己的情绪

愿望得不到满足时，教会孩子控制自己的情绪，引导他想办法用其他合理的方式去达到目标。

如孩子执意要买一辆较贵的玩具车，如果家长拒绝，孩子一般都会哭闹。这时家长要一方面安抚孩子，让他平静下来，一方面要告诉孩子应该怎么做，父母才会给他买，并不断强化这种反应模式，使孩子在愿望暂时得不到满足时，会控制情绪，主动考虑通过其他方法努力实现愿望，而不是一味地哭闹，发泄情绪。长此以往，孩子也就能增强自控能力了。

第二 有意识地对孩子进行一些挫折教育 教会孩子如何面对问题 解决问题

挫折能磨炼人的意志，要努力把挫折变成生命中的财富。做任何事都会有挫折，要从挫折中吸取经验教训。挫折并不可怕，可怕的是经受挫折后一蹶不振。面对挫折是需要勇气的，战胜挫折需要顽强的毅力。战胜挫折，才能取得成功。因此，挫折教育至关重要，这是打磨孩子品质的必经过程。

以下是一个人的人生经历：

1816 年，家人被赶出了居住的地方，他必须工作以抚养他们。1818 年，母亲去世。1831 年，经商失败。1832 年，竞选州议员——但落选了。1832 年，工作丢了，想就读法学院，但进不去。1833 年，向朋友借钱经商，但年底就破产了，接下来他花了 16 年，才把债还清。1834 年，再次竞选州议员——赢了。1835 年，订婚后即将结婚时，未婚妻却死了，因此他的心也碎了。1836 年，精神完全崩溃，卧病在床 6 个月。1838 年，争取成为州议员的发言人——没有成功。1840 年，争取成为选举人——落选了。1843 年，参加国会大选——落选了。1846 年，再次参加国会大选——这次当选了！前往华盛顿特区，表现可圈可点。1848 年，寻求国会议员连任——失败了。1849 年，想在自己的州内担任土地局长的工作——被拒绝了。1854 年，竞选美国参议员——落选了。1856 年，在共和党的全国代表大会上争取副总统的提名——得票不到一百。1858 年，再度竞选美国参议员——再度落败。1860 年，当选美国总统。这个人叫林肯。

生下来就一无所有的林肯，终其一生都在面对挫折，八次竞选八次落败，两次经商失败，甚至还精神崩溃过一次。好多次他绝望至极，但他没有放弃人生这场跳高比赛，最终成为美国历史上最伟大的总统之一。夏衍说："种子不落在肥土而落在瓦砾中，有生命力的种子绝不会悲观和叹气，因为有了阻力才有磨炼。"挫折是一种人生财富，孩子坚韧品格的形成必须要经历一些挫折教育。

第三 要破除一些性格上的弱点

比如习惯性地依赖、多疑型性格、偏执性格、胆怯、急躁、孤僻等，其实这些性格的形成都和家庭有密切的关系，严重的还会导致性格的分裂，父母一定要注意，了解孩子的性格缺陷，并自觉主动地加以纠治，有助于孩子的身心健康；如果明知孩子的缺陷而放任自流，将会导致孩子的一生永远与成功无缘。

坚韧的品质，就是能经受得住各种挫折，经受得住人生路上的各种风浪，就是一种愈挫愈勇的精神，培养男孩坚韧的品质，正是穷养男孩的重要内容。而孩子在性格以及行为上的一些棱角，正是阻碍他获得这种品质的障碍，孩子的自我纠正能力有限，因而家长要有意识地帮助孩子更正、打磨孩子的棱角，久而久之，孩子就能获得韧性品质，这将助于孩子一生的成长，因为经历挫折洗礼的男孩最有出息。

没有永远的一份风顺，挫折是生活的一部分

谈及教育，最盛行的就是赞美教育。"告诉孩子，你真棒！"是我们这个时代爸爸妈妈们最熟悉的教育方式。但是现在的孩子却又普遍经受不了挫折，而穷养男孩，最重要的一点就是教孩子正确对待失败，在失败时要尽快调整好心理平衡，要让孩子明白挫折是生活中的一部分，因为孩子在成长的过程中必然会面对很多数不清的挫折，充分发挥自己的能力和潜能才能获

取成功。这种教育方式能强化孩子的坚强意志，增加他们的定力，为他们今后走向社会，在激烈的竞争中脱颖而出打下基础。

男孩要在未来的生活和社会竞争中取得成功，不仅需要掌握各种科学知识和职业技能，还要有肯吃苦、负责任的精神。男孩的天性让他们不喜欢坦然接受他人的帮助，但由于父母的娇宠和溺爱，很多在富裕生活中成长的男孩都经受不住挫折，依赖心理特别强。

让孩子明白挫折是生活中的一部分，最终并不是为了让孩子受挫，没有必要再人为地为孩子实行什么“挫折教育”，相反，在孩子遇到挫折时，家长应该认同孩子的情绪，帮助孩子找到解决的方法。

许多家长已意识到竞争日趋激烈的社会容不下娇滴滴的温室花朵，应当让孩子从小经受挫折，磨炼意志，提高孩子对挫折的心理承受力。于是，他们把孩子送到夏令营，参加所谓“自找苦吃”“以苦为乐”活动。其实，吃苦并不是目的，关键是通过适当受挫，使孩子对自己和社会都有信心，增强承受挫折的心理能力。所以，家长们不要简单地将“挫折教育”理解为故意让孩子吃苦，以为只要吃过这么一次苦，就可以解决问题了。其实，生活中挫折无处不在。孩子在成长的过程中，要经历难以计数的挫折，对物欲的限制、和伙伴相处的冲突、搭积木的失败、考试成绩差……应该是利用这些日常生活情境，通过自然方法妨碍或干扰孩子某些目标的实现，让他们体验挫折，从而使他们摆脱依赖，增强对困难的承受力，这也是让孩子明白挫折是生活中的一部分的重要目的所在。那么，作为家长，应该怎么做呢?

第一 不事事包办 注意放手 让孩子自己解决问题

我们常常看到一些孩子，遇事自己还没弄清，就急着找妈妈：“妈妈，怎么办!”妈妈成了他的拐杖。正确的方法是让孩子丢掉拐杖，自己去探索解决问题的各种各样的可能性。

很多孩子受不了挫折，家长应该反省自己的教育方式，如果家长平时注意放手，不事事包办，孩子是有很多机会进行各种挑战的。事事包办，这种做法就像是把一个孩子抱着，不让人家在该学走路时走路。

家长要明白，你不可能一辈子牵着儿子的双手走路，从小事做起，“挫折教育”并不需要刻意为之，也不是和“穷养男孩”相违背，生活中到处存在挫折，可以让孩子自己解决。

晨晨在玩一个塑料拼图玩具，把一个平面玩具零件一件一件剪下来，然后组装成立体的坦克、飞机等模型。一开始，晨晨兴致勃勃地照着图纸组装，装到半截怎么也装不上去，于是请求妈妈帮忙。妈妈说：“你别着急，慢慢试试，会行的！”晨晨又去试，试了半天，还是没有成功，晨晨终于不耐烦了，又去找妈妈。妈妈还是坚持说：“你自己来！”晨晨气呼呼地把玩具扔到地上，哭了起来。姥姥来哄晨晨，想帮晨晨组装，可是姥姥摆弄了半天，同样弄不出来。

中午，一家人都去午睡了，晨晨不睡，自己在那儿摆弄玩具。当大家午睡醒来后，发现一辆漂亮的组装坦克放在桌子上，晨晨伏在桌子上睡着了，脸上挂着甜甜的微笑。晨晨醒来后第一句话就是：“看！我自己组装的坦克！”神情中透着骄傲和得意。晨晨哭了一鼻子，终于逼自己完成了玩具组装。以后，他又学习组装飞机、汽车等其他造型的玩具。每当遇到困难时，他总是耐心地反复去试，有时家里人要帮忙，他却坚持说：“我自己来！”

晨晨在受挫中培养了耐心，学会了解决问题的技能，更重要的是培养了自己不怕困难、有毅力、有恒心把事情做到底的精神。

第二 让孩子有足够的心理承受能力

1.要让孩子适当受一点批评

我们常常看到一些孩子，因为别人说了自己什么，觉得自尊心受到损伤，就不愿与人家交往，即使是自己的过错，也没有勇气承认，被别人指出过错，就会产生被否定的挫折感。这主要也是和父母的教育有关，有的父母总怕自己的孩子受委屈，即使孩子做错了事，也从不说孩子的不是，久而久之会使孩子养成只听得进赞扬的话而不能接受批评的坏习惯。

但批评孩子也要适当，批评过火反而更使孩子有挫败感。

2. 激励孩子战胜挫折，让孩子“藐视”挫折

一天深夜，爱迪生的实验楼突然火光冲天，烧成一片废墟，他研究有声电影的所有资料和样片也都统统化为灰烬。他的太太伤心地说：“多少年的心血让火烧了个精光，这可怎么办呢?”爱迪生虽然也很伤心，但他绝不会在挫折面前低头。发明电灯时，他先后试验了7600多种材料，失败8000多次，从未后退过，终于获得成功。眼下的火灾也同样不能使他后退。

爱迪生宽慰太太说：“不要紧，别看我已经67岁了，从明天早晨起，一切重新开始。”

父母也可以用这种激励方式，让孩子从挫折中走出来，重新开始。总之，让孩子学会吃苦、学会做人不是一件容易的事，更不是一个简单的过程，需要父母“狠”下心来，加强对孩子的吃苦教育，帮助孩子树立敢于吃苦的坚定信念。

如果孩子能明白，挫折只是生活中的一部分，并逐渐能从挫折中吸取教训，不因犯错误而沮丧，就会有热情及胆量去面对现实，从挫折中培养奋进的勇气，学习面对挫折的正确态度，那么，穷养男孩的目的也就达到了。

帮助男孩建立起战胜挫折的勇气

随着物质生活水平的提高和对文化知识的重视，很多父母把眼光放在了男孩衣、食、住和学习成绩上，而忽视了对孩子的独立生活能力、吃苦耐劳精神和向困难挑战勇气的培养。殊不知，各种困难、失败、艰苦、挫折，以及战胜这些困难和挫折的能力，对于成长中的孩子们来说，才是应该给予他们的。人生就像一次航行，在大海上航行的船没有不带伤的。穷养男孩成了现代父母必须学习的一种教育方式，而穷养男孩，并不是常规意义上的对孩子节衣缩食，而是应该教会孩子临危不惧，处变不惊，百折不挠，逆流而上。

但父母要注意的是，一味地给孩子吃苦头，只能让孩子过早地承受打击，会严重挫伤孩子的自尊心和意志，从而影响孩子的心理健康发育。正确的挫折教育，是培养男孩战胜挫折的能力和勇气。

挫折教育是为了教孩子学会应付挫折事件，培养孩子的坚强意志，提高耐挫力。挫折，有利于耐挫力的培养，但孩子毕竟处于心理成长期，在面对挫折的时候，如果没有家长的鼓励，很可能会适得其反，将会造成孩子的自卑感，使孩子畏惧挫折，遇事不敢去做，变得缩手缩脚。有些孩子甚至会由此变得冷漠、忧郁、情绪过度紧张。所以，家长必须要注意孩子的可接受性，及时给孩子以鼓励。

妈妈觉得很奇怪，非非这段时间什么也不爱干，光喜欢吃东西，越是训斥他，他越是爱吃东西，多吃勤吃，体重持续增加。殊不知，孩子在受挫时，如果得不到别人的理解和安慰，会感到忧郁、紧张、急躁。在孩子的记忆中，吸吮奶汁是快乐的，可以使内心得到宽慰，吸奶时的快乐和在妈妈怀中被妈妈紧紧搂抱的美好回忆和联想，促使孩子努力从食物中去寻觅安慰。于是，非非在受挫时，喜欢吃东西，“食物味道好，吃下去马上就有舒服的感觉。”

其实，父母要让孩子懂得，有了缺点并不可怕，只要改正了就是好孩子。但有不少家长将挫折教育简单地理解为给孩子吃吃苦头，这是十分错误的，正如非非的妈妈一样，孩子在受挫以后，不给予鼓励，孩子只好选择了自我安慰的方法——吃东西，这只是比较轻微的发泄方式，会导致孩子发胖，影响健康，更为严重的，很多孩子因此一蹶不振，甚至走向人性的反面。

那么，作为家长，应该怎么样鼓励孩子战胜挫折呢？

第一 让孩子认识挫折的必然性

父母应该让孩子明白，挫折总是难免的，人生活在社会上，由于自然因素和社会因素，不可能全是掌声和鲜花、成功和荣誉，更多的是泪水和挫折，比如天灾、人祸、疾病、地震、火山爆发、朋友的背信弃义、理想的突然破灭。让孩子树立正确的挫折观，进行早期的挫折教育可以增强孩子抗挫折的能力。

第二 让孩子明白失败的价值

孩子遭到失败挫折、情绪低落时，父母不应该以怜悯的态度对待，或心痛地抱着孩子长吁短叹，更不应该从此把孩子呵护得更紧。正确的方法是，告诉孩子人人都会经历失败，失败是可以理解的，是值得同情的，但勇敢的人应该懂得从失败中学习，从失败中吸取教训。

第三 让孩子用正确的方式发泄自己的受挫感 比如 锻炼身体

当孩子受挫后，适度的“劳累”反而有利于孩子的健康。如节假日带孩子徒步郊游、爬山、逛公园等都是很好的锻炼身体的方法，能让孩子从中体验到劳累，体验到艰辛，知道生活中只有付出，才会有所收获。

第四 善用生活中的事例给孩子树立榜样

孩子的思维具有直观性，生动活泼的形象往往更容易打动孩子，因此，父母可以利用生活中的事例来教育孩子。父母也要以身作则，以自己的行动为孩子树立榜样，教育孩子勇于面对困难，面对挑战。当然，也可以用一些走出困难和挫折的名人激励他们，他们更相信已经成功的案例。

父母要善于根据孩子的性格进行正确的挫折教育，如果自己的孩子自尊心较强，爱面子，那么在遇到挫折时就容易产生沮丧的心理。对于这类孩子，父母千万不要过多地埋怨、批评，而是点到为止，重在多加鼓励，要根据孩子的承受能力进行教育。

对于承受能力较强的孩子在遇到挫折时，家长应重在启发，让他们清醒地发现受挫的原因，放手让他去解决问题。

经历一定的挫折对形成孩子的坚强意志是极为有益的。孩子摔倒了之后再爬起来，对孩子来说，是一个非常重要的磨炼的过程。但家长始终要记住，放手让孩子经历挫折，目的在于教育孩子，而并不是为了让孩子“吃苦头”，鼓励孩子，也并不是过多地干涉孩子的成长，而是一种引导，可以让孩子产生一种求胜欲望和信心，长此以往，孩子就能通过用自己的力量去办成某件事情，积累某些经验，然后凭着自己的努力去克服它，战胜它，就会为以后克服更大的困难和挫折奠定基础。

培养男孩受打击后的恢复能力

对于成长中的男孩来说，困难和挫折是一所最好的学校，在这所学校里，孩子能历经磨炼。“艰难困苦，玉汝以成”，没有尝过饥与渴的滋味，就永远体会不到食物和水的甜美，不懂得生活到底是什么滋味；没有经历过困难和挫折，就品味不到成功的喜悦；没有经历过苦难，就永远感受不到什么叫幸福。尽管每位父母都不想让儿子去经历苦难，希望他们的人生路上充满笑脸和鲜花，但生活是无情的，每个人的人生路上都会有各种各样的苦难，畏惧苦难的人将永远不会有幸福。

对男孩进行挫折教育是有必要的，但父母还需要注意挫折教育中的重要一环，那就是增强男孩受挫后的恢复能力。父母创造条件让男孩经受挫折是挫折教育的一种方法，但过多的挫折也会让他们失去自信，所以，父母还要引导孩子学会正确地面对挫折，培养孩子受挫后的恢复能力和自信心。让孩子在将来的生活中，独自面对挫折时，能够泰然处之，永远乐观。

可能很多父母有这样的想法：“他的心事为什么这么重？我怎么才能让他恢复到以前的状态，还有，怎样才能够培养他遇到挫折也不灰心，能够克服困难呢？我不希望他遇到一点小小的挫折就心事重重，情绪低落，我愿意他做一个开朗坚强的男孩。”

被誉为“全球第一 CEO”“最受尊敬的 CEO”“美国当代最成功、最伟大的企业家”的通用电气原 CEO——杰克·韦尔奇在全球享有盛名。回忆起成长中的事情，他这样说：“虽然我从来没有缺乏过自信心，但是 1953 年秋天，我在马萨诸塞大学的第一个星期，却过得不是很好。我非常想家，以至于母亲只得驾车 3 个小时，从家到学校来看我。她想给我打打气，使我能重新振作起来。”

他的母亲这样告诉他"看看周围的这些孩子,他们从来没有想过回家。你和他们一样优秀,而且还要出色。"尽管韦尔奇当时并不是很出色。

母亲对这一切只字不提,而她那些激励的话确实奏效了,不到一星期,韦尔奇便信心十足不再忧虑了。他挣扎着度过了大学的第一年,在考试中他的成绩还不错……

母亲坚定的话语和信任,让韦尔奇"在黑暗中看到了光明",受到了极大的鼓舞,帮助他从被挫折击垮的状态中重新爬了起来。母亲的话让韦尔奇看到了希望,增添了他继续前进的动力。

从韦尔奇的经历中,家长在教育孩子的时候应该有所启发,男孩在受挫后,应该帮助孩子树立信心:人生没有过不去的坎,跌倒了再爬起来,重新整理好自己,勇敢地去迎接挑战,就能赢得属于自己的辉煌。

具体来说,可以这样帮助孩子增强受挫后的恢复能力:

美国的心理学家曾经教给父母们一个叫做"3C"的办法来帮助孩子们度过困境。所谓"3C"是指 control(调整),challenge(挑战)和 commitment(承诺)。

"调整"是为了帮助孩子了解"困难并不等于绝境"——"我知道没评上小红花你很不高兴,但我相信你下学期会更努力,一定能得到小红花,可能还能评上'好孩子'呢。"

而给孩子"挑战"的感觉则是为了让他学会在不高兴的事情中看到快乐的一面——"转到一个陌生的幼儿园是很让人不开心,但我知道你不管到哪里都能交到很多好朋友。"

最后一条是"承诺",用"承诺"的方式帮助孩子看到生活更为广大的目的和意义——"爸爸没来看你跳舞你一定很伤心,但我们都知道爸爸希望你能跳得非常非常好。"

对于涉世未深的男孩而言,困难和挫折是在所难免的,如何引导男孩,从挫折后的失落情绪中走出来,进行心理调整和心理恢复,是家长必修的一课。

当男孩面对挫折时，家长要及时对孩子进行心理诱导，从尊重、关心孩子的角度出发，同情、理解孩子，用孩子的思想谨慎地接触他们的心灵，别让孩子长时间处于受挫的心理状态下，造成一些悲剧。

李刚从小学到初中，成绩一直非常优秀，每年都被评为“三好学生”，还是优秀学生干部。因此，他一直生活在赞美和成功的光环之中。父母一直希望他能考上重点高中，他自己也认为这是十拿九稳的事。但或许是压力太大，或许是偶尔的失误，李刚没有考上重点高中，他只能到就近的一所普通高中就读。周围亲友见了摇头，父母长吁短叹，李刚更觉得羞愧难当。习惯于被赞美和表扬的他，仿佛到了世界末日，一气之下，跳楼而亡。

面对中考和生活的考验，李刚没有输在智力上，而是输在了抗挫折能力上，可以说，这与其父母的教育有着很大的关系，他的父母没有及时给孩子排遣内心的受挫感，因而毁了孩子。

另外，针对不同的挫折情况，可以适当教授孩子一些抗挫折的方法，让孩子从挫折中站起来，自尊自信，自我解脱，去创造未来。

1. 引导男孩合理释放

发现孩子受挫后，家长要采用适当的形式，让孩子宣泄受挫的苦闷心情，不要让孩子把苦闷压在心里。家长也可以用交谈或书信的方式提醒孩子，向亲人、老师、同学或朋友倾吐内心的压抑之情，取得他们的理解和帮助，以缓解心理压力。也可以鼓励孩子通过写日记的方式，把心中的不快宣泄出来，从而理清思路，稳定情绪，维护心理的健康。

2. 教男孩学习使用目标转移法

孩子受挫后情绪往往不稳定，常常被挫折所困扰，或是急躁易怒，或是闷闷不乐。家长可以引导孩子转移注意目标，消解他们的紧张心理。如陪儿子外出散步游玩、一起听听音乐或谈论他们爱好的足球、篮球明星等，分散他们的注意力，稳定孩子的情绪，抵消他们心中的烦恼，减轻消除孩子的挫败感。

这些方法都能帮助男孩尽快从受挫的郁闷中及时走出来，恢复朝气蓬勃的精神状态,使经受挫折后的他们能以更加饱满的情绪迎接新的挑战。

告诉男孩,失败的经验比成功更可贵

新世纪的教育宗旨是,要求受教育者学会求知、学会做事、学会合作、学会做人,还有学会生存、学会关心、学会发展等。目的是要受教育者全面发展,既要学习掌握科学知识,又要学会做人;既要有扎实的文化理论功底,又要有多种能力和强健的体魄。这也就是我们常说的素质教育,也就是综合能力的培养。

21 世纪对孩子的教育提出了更高的要求,实施素质教育是发展的趋势。但能否顺利实施,实施效果如何,不在于孩子,而在于成年人,放到家庭教育中,就在于父母。如果父母没有把好第一关,那么对孩子的素质教育将是一句空话。

穷养男孩,就是培养男孩综合能力的重要方法,这其中就包括如何正确看待人生挫折和失败的能力。家长要让男孩知道,失败也是一种财富。丘吉尔说:“被克服的困难就是胜利的契机。”

因为苦难并不意味着永远苦难,幸福也不意味着永远幸福。逆境出人才的事例早已屡见不鲜,美国曾对一千位富翁做了抽样调查,结果发现,他们大都出生在普通人的家庭,甚至有一部分人童年时是在贫民区里度过的。失败和挫折之所以是一种财富,具体说来是因为:

第一 挫折能使孩子对未来看得更清楚

生活中的每一个人都不喜欢挫折,但挫折又是有意义的,因为挫折会使你看得更清楚,使你明白,这条路走不通,而你必须寻找其他更有效的方法去获得成功。

黑暗就如人生的挫折，挫折会使一个坚强的人更加成熟起来，它能丰富人生的阅历，教会人生很多处世和奋斗的哲理。

因此，家长要告诉孩子，每个曾经遭受过挫折和失败的人，都要善待挫折，因为唯有挫折才会使你看得更远，更清楚。日常生活中，很多小事上的失败也能让孩子找出不同的解决方法，而这样的孩子能对自己的未来有更明确的定位，从而更有目标。

第二 有利于培养孩子的优秀品格

一个人要想成功，除了要依赖他的知识、能力以及机遇，还必须要求他具备一种优秀品格，那就是坚韧不拔的精神。

成功是来之不易的，成功需要坚韧的品德。在生活中，经历一些失败，有利于男孩逐渐增强心理承受能力。面对学习上的种种失败，生活中的种种不如意，也就不会一蹶不振。

第三 失败和挫折中总有成功的契机 失败有利于培养男孩探究钻研的精神

有位名人说过："苦难并不可怕，可怕的是你没有认识到苦难本身蕴涵着无尽的契机，如果你认为它是一道减法题，那么答案你已经知道，它将减去你所有的一切，包括生命。如果你认为它是一道加法题，那么演算的结果可能就是一个无穷数。苦难是一笔财富。"

家长要孩子明白这些道理，从而让孩子对于失败和挫折有一种正确的态度，培养孩子的韧性，把挫折变成人生的财富，而不是苦难，让男孩在受挫时减轻挫败感，这样能帮助男孩在困难面前不退缩，正确对待困难，克服困难，战胜困难。培养孩子乐观地正视、处理受挫，在受挫中获取知识，增长见识，体会快乐，并抓住机遇走出困境，在挫折中再次崛起。这样，将来无论他们面对任何困难和挫折时，都能从挫折中解脱，重新振奋，要知道能经受挫折的男孩才能在竞争日益激烈的现代社会掌握立身处世的本领和能力。

让男孩知道,勇敢面对是战胜困难最好的方法

现今社会中,培养孩子的情商要比培养孩子的智商重要很多,让孩子接受挫折教育,无论对一个人完整人格的塑造,还是对促成其事业的成功,都具有相当积极的意义。“播下的是龙种,收获的是跳蚤”,基于这样的教训,很多家长决定穷养男孩。于是,挫折教育成了十分走俏的一种教育方式。的确,只有放开手脚,让孩子自己在人生的海洋中去搏击,孩子才能经得住风浪,而不至于被淹没。走出替代的误区,这已经是现代父母必须具备的素质。遗憾的是,大部分人在实施时只追求热闹的外在形式,忽视了人才培养的根本要素和这种教育方法可能导致的消极作用,使挫折教育步入误区,那就是帮助孩子走出受挫的心灵阴影。

心理学家们为挫折这样定义:“挫折是一个人从事有目的的活动时,由于遇到障碍和干扰,其需要不能满足时的一种消极的情绪状态。”既然挫折是一种消极的情绪状态,家长就该帮助孩子积极起来,应该告诉孩子,战胜困难最好的方法是勇敢面对。

成功地进行挫折教育,要由家长们在日常生活中潜移默化地进行。因为孩子不会正确评价自己而依赖于他人,尤其是父母。孩子往往把父母的期望当作标准衡量自己的成绩与言行,由此得出自己好与坏、有无能力的结论。受挫后,孩子会因自己实现不了父母的期望而感到挫败,得出自己“无能”的结论,感到自卑。如果家长不注意孩子的身心动态,孩子会感到事事失败。这一次次失败就像溃堤的蚁穴,严重侵蚀着孩子的自信心。

对待孩子的受挫心理,很多家长持“避而远之”或干脆“拒之门外”的态度,这都是错误的,家长要做到的是,给孩子足够的勇气,勇敢面对,才能使其抛弃受挫的阴霾。

生活中的失意随处可见,作为家长,不能为孩子承担一切,但是应该给

足他勇气，培根说过："一切幸福都并非没有烦恼，而一切逆境也绝非没有希望。"只要能鼓足勇气面对，挫折与苦难便是人生的老师。

帮助孩子勇敢面对挫折的方法有：

1. 对生性懦弱的孩子，父母应注意以下几点

（1）帮助孩子正确认识"挫折"。如通过给孩子讲英雄人物成功前经受的挫折或爸爸妈妈小时候遇挫折的故事，让孩子懂得生活中随时可能会遇到挫折，只有勇敢地去克服困难，本领才会越来越大。

（2）教会孩子对待挫折的方法，和孩子一起分析挫折原因。教给孩子一些对待挫折的方法，如自我鼓励："这次虽然没得到第一名，但比在中班有进步了"；再如补偿法："我跳舞不行，可画画不错，要努力画，争取参加书画比赛。"

2. 对娇生惯养的孩子，父母不妨让他受点冷落

要注意利用一些机会赞扬其他孩子的优点，慢慢让孩子习惯"有人比他更行"的事实。对孩子的缺点，不管他如何吵闹不听，也要坚决制止，帮助其克服。在日常生活中有意识地设置一些困难，如让他自己穿衣、系带、铺床、收玩具等，鼓励孩子自己的事自己做，不会的事学着做，让孩子得到些磨炼。

3. 家长应为孩子提供获得成功的机会

要根据孩子的个性特点、能力水平提适当的要求，让孩子做力所能及的事，通过成功自我激励，体验成功的喜悦，获得信心。再根据孩子的实际水平，设置一些经过努力能够克服的困难，使孩子在克服困难中不断前进，正视"挫折"。

另外，不管什么原因，当孩子不能面对挫折时，父母应以乐观的情绪感染孩子，如"啃，这点小事怕什么，让我们一起来想办法。"而不是一味地打压孩子的信心，或者嘲讽孩子，应该鼓励孩子自己动脑动手克服困难，不断提高抗挫折能力，慢慢地，孩子就能自己面对困难和挫折。

跌倒了，让孩子自己爬起来

父母培养孩子从小学会应对挫折，会使孩子终身受益。实践告诉我们，要教育好下一代，除了要教孩子掌握一定的科学文化知识和技能外，还必须帮孩子提高思想素质，人只有经历过挫折，从小培养顽强的意志力、忍耐力、坚韧不拔及不屈不挠的精神，最终才会获得成功，才能在竞争中立于不败之地。让孩子经历一点挫折，对孩子的一生是大有益处的。放开手让孩子独立面对生活的各个方面，让其自己解决，孩子几经如此“折磨”，将来就不会像温室里的豆芽那样，一碰就断。

所谓挫折教育是指以增强孩子适应能力和坚强意志为指导，根据孩子的身心发展特点和规律，创设或利用日常生活情境，通过自然方法妨碍或干扰孩子某些目标的实现，从而对他们进行经受挫折、摆脱依赖、增强对困难承受力的教育。挫折教育也就是要教孩子懂得什么是生活，怎样生活。教孩子学会面对困难，面对挫折。

而受挫并不是挫折教育的真正目的，如何让孩子面对挫折，战胜挫折才是一堂重要的人生课，只有学好这一课，孩子才能具备成功者的素质，才能具有生活勇士的坚强毅力，从而成为一名真正的生活强者。

有个人，在他的一生中遭受过两次惨痛的意外事故。

第一次不幸发生在他 46 岁时。一次飞机意外事故，使他身上 65% 以上的皮肤都被烧坏了。在 16 次手术中，他的脸因植皮而变成了一块彩色板。他的手指没有了，双腿特别细，而且无法行动，只能瘫在轮椅上。

谁能想到，6 个月后，他亲自驾驶着飞机飞上了蓝天！

4 年后，命运再一次把不幸降临到他的身上，他所驾驶的飞机在起飞时突然摔回跑道，他的 12 块脊椎骨全部被压得粉碎，腰部以下永远瘫痪。但他没有把这些灾难当作自己消沉的理由，他说：“我瘫痪之前可以做 1 万种事，现在我只能做9000种，我还可以把注意力和目光放在能做的9000种事上。我的人生遭受过两次重大的挫折，所以，我只能选择不把挫折拿来当成自己放弃努力的借口。”

这位生活的强者就是米契尔。正因为他永不放弃努力，最终成为一位百万富翁、公众演说家、企业家，还在政坛上获得一席之地。

米歇尔的经历告诉家长，男孩只有在挫折教育下才能成长为健康快乐、优秀卓越的男人。但前提是，男孩在跌倒的时候，要学会自己爬起来，正如张海迪所说：“即使跌倒一百次，也要一百零一次地站起来。”失败并不可怕，可怕的是一蹶不振，一个人不仅要有天资、勤勉、进取之心，还要有一种经受得住挫折和磨难的韧性，这样才会使人生臻于完善。

所以，当孩子做不好事情或遇到困难时，父母应该做的是鼓励，而不是替代，更不是求全责备。可是，有些父母往往不能明智地对待孩子，他们处心积虑，唯恐照顾不周；宁愿自己受苦，不愿孩子受累。也有一些父母，当孩子面临挫折时，又显示出置之不理的态度，如此状态下的孩子不但四肢不勤，而且受不得任何挫折和困难。

父母作为孩子的第一任老师，不论希望孩子将来干什么，都要培养孩子从小学会面对困难、面对挫折，不能一味地将他们视为掌上明珠，不让他们受一点委屈，以为多给孩子方便，少让孩子遭受挫折就是爱孩子，实际上是过早地剥夺了孩子的吃苦精神和创造力培养的机会，只能让他们长大后陷于平庸和无能。但是家长还要考虑到孩子有一定的依赖性是正常的，对孩子放手固然正确，但要适度，孩子对挫折的承受能力有限，孩子在受挫时，必要时候家长要告诉孩子：跌倒了，自己爬起来。这就给了孩子一种能力的肯定，此时的挫折教育才是有意义的。

挫折是一种珍贵的资源，也是一种人生的财富。古今中外的理论和实践都证明：挫折教育可以增强孩子的适应能力，磨炼意志，形成自我激励机制，有着其他教育所无法替代的作用和价值，这正是孩子成长所必不可少的“壮骨剂”。但挫折教育也需要家长的引导，父母应引导和培养孩子在不同情境下战胜挫折的应变能力，激发孩子的知识积累和大脑潜能，激发他们探究未知事物的兴趣，提高他们解决问题的能力，并从中获得可贵的人生智慧和坚忍的意志品质。

父母要想让孩子在充满竞争的社会中立足，必须对孩子从小进行挫折教育，培养他们坚韧不拔的意志和毅力，教会他们敢于面对挫折，不怕失败，跌倒了自己爬起来，勇于接受艰难困苦的磨炼，这也是父母应尽的义务和责任，是穷养男孩的最终目的。

第05章 穷养的男孩能自制：

帮助男孩提升自我控制的能力

“穷”养男孩的意义在于通过对“穷困”和“艰苦”的切身感受，对孩子意志、品质、性格、心态进行磨砺。自我控制力的获得是一个男孩成长、成熟、自立、自强、承担责任的重要保证。

生活中，我们经常听到有些家长抱怨自己的儿子不能控制自己：上课时不是做小动作，就是窃窃私语；一回到家就看电视，一写作业就坐立不安；课外作业马虎了事，甚至时常打折扣；喜欢吃零食，乱用零花钱……说到底，孩子缺乏自我控制能力。其实，孩子自我控制能力的形成有一个过程，那就是从“他制”到“自制”。穷养男孩，就是“自制”的形成过程，“穷”养的男孩自制力强。长期对男孩进行穷养的教育方式，就让男孩逐渐养成了一定的自制力，对于他们以后的成长和发展有极其重要的积极作用。

从小锻炼男孩抵抗诱惑的能力

只要在这个世界上生存，就会接触到来自各方面的诱惑。抵制诱惑并不是每个人都能做到的，因为每个人都有许多需要，有衣、食、住、行的需要，也有爱的需要。如果这些需要既符合我们的眼前利益，又符合长远利益，我们就应该努力满足这个需要。比如，求知的需要就是这样的需要。然而，有些需要只是暂时需要，长期持有却造成长远的和重大的损失。如果这个需要吸引着我们，这就是诱惑。如吸烟、喝酒、赌博等，这些嗜好只能满足我们的一时快乐，从长远角度看，对我们有害无益。

处于成长阶段的男孩，如果对来自社会各方面的诱惑缺乏一定的自我控制能力，很容易步入误区。现代社会，大部分家庭因为孩子是独苗苗、独生子，害怕孩子受到任何伤害、吃一点点苦，于是包办孩子的一切，但家长忽略了诱惑的存在，温室中长大的孩子对诱惑没有辨别力，更谈不上抵制诱惑了。

处于身心发展过程中的男孩，有些活动虽能带来一时的满足，却可能贻误终生。所以，遇到的诱惑格外多，主要有以下几种：

1. 玩的诱惑

游戏机、体育活动、电影、电视，有的孩子不顾一切地去玩，从不想玩过之后如何面对老师和家长；还有的男孩玩过后总后悔，但每次都经不住诱惑。

2. 考试作弊的诱惑

一些孩子希望考出好成绩，可又不知努力，经常在考试中作弊，他们表面上有了一个好成绩，却在中考、高考中露了馅，最后只能是自欺欺人。

3. 早恋的诱惑

青春期的男女之间产生爱慕与吸引，但这种吸引常常会妨碍学习，所以，处理不当也是一种诱惑。

4. 享乐的诱惑

社会上的流行时尚、美酒、美食、名牌服装等，也是一种诱惑，一旦满足了这些需求，孩子们就会丧失进取的动力，不能安心学习。

这些诱惑是不易抗拒的，因为它们能给人带来巨大的满足和快乐，可从长远立场看，它们造成的损失与痛苦远远超过了暂时的满足。所以，男孩必须抗拒诱惑；也只有抗拒诱惑，才能走向成功。

古希腊神话中有一个奥德赛船长，路过一个海峡时，受到了女巫的诱惑。女巫的声音如此好听，以至于所有的人都会将船驶向她的方向，并因此而触礁沉没。奥德赛船长知道自己的意志力难以抵御女巫的歌声，于是想出一个两全其美的办法，他让船员把自己绑在桅杆上，然后把船员的耳朵堵上，使之听不到女巫的歌声。而自己虽能听到声音却无法指挥水手，后来，船只安全地渡过了海峡，船长也听到了歌声。

从这则故事中，家长可以发现抵制诱惑对于一个人的重要性，但抵制诱惑并不是一件易事，那么，作为家长，该怎么样帮助孩子抵制诱惑呢？

第一 要让孩子知道为什么要抵制诱惑

不抵制就可能沾染不良习气，就可能让自己受到伤害或者伤害别人，就可能因此产生不良后果而影响自己的生活甚至以后的人生。

第二 要让孩子知道应该抵制哪些诱惑

一切可能让自己偏离方向，产生不良后果的，都应该抵制。如色情信息、江湖义气等。

第三 要让孩子知道怎样抵制

这也是最为重要的：要从内外两方面抵制，既要抵制自己的不当想法和不良行为，又要抵制外界对自己的不良渗透和诱导。

具体说来，父母应该引导孩子做到以下几点：

1. 用知恩感恩抵制自私自利

自私自利的孩子更容易被诱惑。自私自利会让孩子变得一切以自己为核心,而不顾及别人的感受。长期如此就会培养出损人利己的个性,会诱发出很多不良习惯,并造成诸多难以挽回的后果。让孩子认识到哪些是来自家庭和社会各方面对自己的帮助、关爱和恩惠,并懂得用一颗友善的心来感恩、回报。这将培养出更能令外界接受的人格魅力,有利于日后人际关系的确立和自身的发展。

2. 用知责担责抵制放纵任性

孩子放纵任性大多是因为缺乏责任教育。很多孩子不知道自己来到这个世界上,是有使命、有责任的。要让孩子知道对自己、对家庭所担负的责任,知道自己不恰当的行为会出现不良的后果,并必须为此承担一定责任。孩子的责任感强了,放纵和任性心理就会削弱,就会在主观上要求自己避免做出过格的事情。例如责任感会避免孩子过早发生性行为。

3. 用善良慈悲抵制施害作恶

孩子的本性都是好的,告诫孩子不当行为会给别人带来痛苦,并会使自己背负罪责。引导孩子用善良和慈悲心对待事物,为人处世尽可能换位思考,多考虑对方的感受,多考虑是不是会伤害到别人的利益。只有努力使自己做一个"己所不欲勿施于人"的人,才能让自己远离罪恶、减少过错。

4. 用意志品质抵制渗透诱导

孩子抵制不住诱惑,主要是缺乏顽强的毅力和想去抵制的意愿。抵制诱惑和不良渗透,也是磨砺孩子意志品质的一个过程。诱惑越大,需要的抵制能力就越强。帮助孩子培养顽强的毅力和坚强的意志,才能更好地抵制诱惑,才能避免因被"拉下水"而出问题。

穷养男孩,也就是要增强孩子的意志力,这是抵制诱惑的根源。当然,还需要一些方法,比如,家长要为男孩鼓劲,及时与老师沟通交流,努力提高孩子的学习能力,以争取更好的成绩。学习成绩对于一个学生来说还是很重要的,好成绩会带来更好的成绩,从而步入一个良性循环;相反,挫败感会使新的失败接踵而来，从而步入一个恶性循环。因为成绩差孩子会产生厌学心理，破罐子破摔，再加上过剩的精力，必然使男孩产生一些不良嗜好，步入种种诱惑的陷阱。

所以，家长要帮助男孩树立必胜的信念，增强他们抵制诱惑的信心，久而久之，孩子对诱惑也就有了一定的免疫力。

戒骄戒躁，让男孩保持平心静气

男孩作为未来社会的主力军之一，必须要有踏实务实的品质，这是穷养男孩的要求之一。成长中的男孩最忌心浮气躁，经过穷养的男孩，肯努力，做事认真，毛主席说："世界上怕就怕认真二字。"如果男孩能安下心来认真做一件事情，就没有做不好的。而浮躁是一种冲动性、情绪性、盲动性相交织的病态社会心理，它与艰苦创业、脚踏实地、励精图治、公平竞争是相对立的。浮躁使人失去对自我的准确定位，使人随波逐流、盲目行动，对组织、国家及整个社会的正常运作极为有害，家长一旦发现孩子心浮气躁，必须予以纠正。

浮躁心理是当前一些青少年的通病之一，主要表现为：

（1）心神不宁。面对急剧变化的社会，不知所为，心中无底，恐慌得很，对前途毫无信心。

（2）焦躁不安。在情绪上表现出一种急躁心态，急功近利。在与他人的攀比之中，更显出一种焦虑不安的心情。

（3）盲动冒险。由于焦躁不安，情绪取代理智，使得行动具有盲目性。行动之前缺乏思考，只要能赚到钱违法乱纪的事情都会去做，这种病态心理也是当前违纪犯罪事件增多的一个主观原因。

可以说，浮躁是男孩成长路上的大敌，比如，有的孩子看到歌星挣大钱，就想当歌星；看到企业家、经理神气，又想当企业家、经理，但又不愿为了实现自己的理想努力学习。还有的孩子兴趣爱好转换太快，干什么事都没有常性，今天学绘画，明天学电脑 ，三天打鱼两天晒网，忽冷忽热，最终一事无成。

浮躁心理的产生主要有以下原因：

1. 家长的影响

家长在教育孩子的时候，总是患得患失，心神不安，甚至包容孩子的错误，而放手让孩子自己成长，又怕孩子受伤害；在事业上，也有的家长急于脱贫或改变生活的现状，表现出急功近利，出现急躁的心态，这种心理也可能影响到孩子。

2. 与遗传有关

心理学的研究表明，具有强而不灵活、不平衡的神经类型的人，容易急躁，沉不住气，做事易冲动，注意力易分散。

3. 意志品质薄弱

有的父母只知给孩子灌输知识，却不知培养孩子的意志品质，因而造成有的孩子在学习上怕苦怕累，做事急躁冒进，缺乏恒心。

为了改变孩子的浮躁心理，父母应指导孩子注意以下问题：

1. 教育孩子立长志

俄国伟大作家托尔斯泰说过："理想是指路的明灯。没有理想，就没有坚定的方向；没有方向，就没有生活。"父母只有帮助孩子树立远大的理想，才能使孩子明确生活的目的和对崇高理想的追求，具有对生活和学习的高度责任感，这对防止孩子浮躁心理的滋生和蔓延是十分有利的。父母在帮助孩子树立远大理想时，要注意两点。一是立志要扬长避短。有的孩子立志经常不考虑自身条件是否可行，而是凭心血来潮，或看到社会上什么工作能挣大钱，就想做什么工作。这种立志者多数是要受挫的。父母应该告诫孩子，根据自己的特点来确立目标（最好和孩子一起分析孩子的特点），才会有成功的希望，千万不要赶时髦。二是立志要专一。俗话说："无志者常立志，有志者立长志。”父母要告诉孩子立志不在于多，而在于“恒”的道理。要防止孩子“常立志而事未成”不良结果的产生。正如赫伯特所说：人不论志气大小，只要尽力而为，矢志不渝，就一定能如愿以偿。

2. 重视孩子的行为习惯

一是要求孩子做事情要先思考，后行动。比方出门旅行，要先决定目的地与路线；上台演讲，应先准备讲稿。父母要引导孩子在做事之前，经常问自己这样一些问题：“为什么做？做这个吗？希望什么结果？最好怎样做？”并要具体回答，写在纸上，使目的明确，言行、手段具体化。二是要求孩子做事情要有始有终。不焦躁，不虚浮，踏踏实实做每一件事，一次做不成的事情就一点一点分开做，积少成多，积沙成塔，累积到最后即可达到目标。

3. 有针对性地“磨炼”

父母可以采取一些措施，有针对性地“磨炼”孩子的浮躁心理。如指导孩子练习书法、绘画、弹琴、解乱绳结、下棋等，有助于培养孩子的耐心和韧性。此外，还要指导孩子学会调控自己的浮躁情绪。例如，做事时，孩子可用语言进行自我暗示，“不要急，急躁会把事情办坏”“不要这山看着那山高，这样会一事无成”“坚持就是胜利”。只要孩子坚持不断地进行心理上的练习，孩子浮躁的毛病就会慢慢改掉。

4. 用榜样教育孩子

身教重于言教。首先父母要调适自己的心理，改掉浮躁的毛病，为孩子树立勤奋努力、脚踏实地工作的良好形象，以自己的言行去影响孩子。其次，鼓励孩子用榜样来对照检查自己，督促自己改掉浮躁的毛病，教育培养其勤奋不息、坚韧不拔的优良品质。如革命前辈、科学家、发明家、劳动模范、文艺作品中的优秀人物以及周围一些同学的生动、形象的优良品质。

总之，家长要恩威并用，要磨炼孩子的意志力，也要鼓励孩子，在保证科学的前提下和孩子一起实践，一步步地监督他们完成规划的目标。帮助孩子提高自控力，克服心浮气躁，让孩子一步一个脚印地逐渐稳重、成熟。

不要让男孩养成粗心大意的坏习惯

马虎粗心是人类性格中的一个缺点。无论成人或孩子,因为马虎粗心而造成不良后果的事件很多。男孩在未来社会要承担更多的责任,而马虎粗心就是缺乏责任心的表现,要培养男孩的责任心,训练其缜密的思维,注意细节问题,才能在未来社会的竞争中立于不败之地。

孩子马虎、粗心的毛病,多半是家长没能在小时候多加培养,没有使儿童养成细心认真的好习惯所导致的。粗心的毛病容易给人带来麻烦,不但影响孩子的学习成绩,还有可能给人们的生活带来不幸,给社会带来灾难。"小马虎"从表面上看似乎不是什么大毛病,但若不及时纠正,却可能造成严重后果。穷养男孩,就要及早地在孩子还小的时候,纠正孩子马虎粗心的缺点,不要使其成为习惯。要纠正孩子马虎粗心的习惯,首先要找出他们马虎粗心的原因。

引起马虎的原因,多与家长的教育有关系,如果在儿童时期没有对他们进行过系统的训练,或是常让孩子一心二用,边看电视边写作业,或是让孩子在一个嘈杂混乱的环境里学习,都有可能养成儿童粗心马虎的毛病。而最重要的原因是父母责任心教育的缺失,现在的孩子多数是独生子女,凡事父母包办得太多、关照得太多、提醒得太多,从而导致孩子责任心的减弱,养成了马虎粗心的习惯,相反,穷养的男孩,更有责任心,也更有自制力。

那么,怎样让男孩不养成粗心马虎的习惯呢?

第一 从培养孩子的责任心做起

孩了的马虎粗心,最根本的原因是缺乏责任心所致。一个有很强责任心的人,做任何事情都不可能马虎、不可能粗心。所以要纠正孩子马虎粗心的习惯,要从责任心的培养做起。因为有了责任心,他自然能够小心谨慎地对待每一件事情,避免马虎。

家长们应少一些包办、少一些关照、少一些提醒，让孩子自己处理自己的事情；让孩子多承担一些家务劳动，多做一些力所能及的事情，以培养孩子的责任心。有时候家长要狠得下心来，让孩子吃苦头、受惩罚。

比如，上学前让孩子自己整理该拿的东西，如果他忘了，你也不要给他主动送去，而要让他受批评、受教育。再比如，孩子外出之前，让孩子自己准备外出所带的食品和衣物。家长只做适当的提醒和指导，不要大包大揽，也不要将自己的意志强加于孩子，等他少带了食品，少带了衣物，或落下别的什么东西，在外吃了苦头的时候，他自然会吸取教训，责任心自然而然会加强。等下一次外出的时候，肯定不会粗心，不会丢三落四了。

第二 从培养好的生活习惯做起

如果一个孩子的房里一团糟，鞋子东一只西一只，他的作业往往字迹潦草、页面不整，做事丢三落四、凭兴致所至，观察没有顺序、思考缺乏条理，表现出典型的马虎粗心的特点。因此，从生活中的小事做起，培养孩子良好的生活习惯，能减少孩子的马虎粗心。常用方法是：让孩子整理自己的衣橱、抽屉和房间，培养孩子仔细、有条理的习惯；让孩子安排自己的课余时间和复习进度表，培养孩子有计划、有秩序的习惯；通过改变孩子的行为习惯来改变他的个性。天长日久，孩子的马虎粗心就会渐渐减少。

第三 培养孩子集中精力学习的好习惯

有的家长不管孩子是不是正在学习，都把电视机开着，或者自己打牌搓麻将，这些做法都会造成对孩子的干扰，使他不能集中精力去学习，久而久之，孩子便养成了一心二用的坏习惯，有的孩子放学回家以后，总是先打开电视，然后边看边写作业，或者耳朵上戴着耳机，一边摇头晃脑地唱着歌儿，一边做习题。试想，这样怎么能聚精会神呢？

第四 引起孩子对考试的重视

虽然家长和老师不应过分看重分数，不应给孩子增加太多的考试压力，但这并不意味着让孩子轻视考试，对考试漫不经心，考试毕竟是检验孩子学习状况的一种手段，应该让孩子重视起来。对考试重视的孩子，也能在做其他事上认真起来了。

第五 培养孩子认真的习惯

有些孩子马虎是和性格分不开的，一般来说，马虎粗心的孩子开朗、心宽、不计较。这是他们性格中的优点，应该加以肯定、保护，但性格外向的孩子更易患马虎大意的毛病。所以，更需要家长在性格上多加培养，引导他们遇事认真、谨慎。

认真是任何人要做好一件事情的前提，如果对什么事情都敷衍了事，草草出兵，草草收兵，必然做不好。然而认真、不马虎是一种习惯，要孩子克服马虎的毛病，需要家长的指导和帮助。光靠说教不行，要靠平日里的习惯培养，久而久之，孩子也就有了自我控制的能力，把认真当成一种习惯。

不能懒散，男孩要避免坏习惯的养成

“现在的男孩知识面广，脑子灵，就是有点‘懒’。”这是很多家长对孩子的评价。当然，男孩懒散的原因是多方面的，但主要是因为现代社会家长对孩子的娇宠，在衣来伸手、饭来张口的家庭生活中，孩子因缺乏劳动习惯而变得懒散，久而久之，导致动手能力差，做事缺乏毅力和耐力。而男孩作为社会的接班人，必须发挥先辈们艰苦奋斗的作风，不能让懒散成为成长的绊脚石，这就告诉家长，要破除男孩做事不肯钻研、怕苦、怕烦的坏习惯。

当然，良好的行为习惯要从小培养，若不想自己的孩子成为小霸王、小懒虫、小磨蹭，明智的做法是不做“有求必应”的父母。

生活中懒散的孩子可不少，懒惰是孩子学习乃至生活中的天敌。懒散会导致孩子抗压能力差的性格缺陷，给以后的学习和生活带来很多困难，懒惰的孩子喜欢成天闲荡，听课精神不振，不做作业也不温习功课。那么。作为父母，怎样帮孩子改变懒散行为呢？

第一 帮助孩子合理安排时间

懒惰常常与生活散漫分不开。养成有规律的生活节奏是矫治懒惰习性的第一步。日常生活井然有序的人，做事就不会拖拖拉拉、疲疲沓沓。

第二 学习上 激发孩子学习兴趣

兴趣是勤奋的动力，一个人对某项事物产生了兴趣，便会积极主动地投入，消除怠惰。有位同学原来对课本学习不感兴趣，上课随便讲话，做小动作。班主任老师在一次家访中，发现了他爱饲养小动物。于是老师有意让他参加生物兴趣小组，并委托他饲养生物实验室的金鱼。由于他的兴趣得到合理引导，使得他不仅在课外活动中主动积极，而且生物课学习也表现得十分认真。

第三 让孩子独立解决问题

依赖性是懒惰的附庸，而要克服依赖性，就得在多种场合提倡自己的事情自己做。家长不要做孩子的贴身丫鬟，面对懒散、抗压力差的孩子最好的方法是不要为他们做得太多，安排好所有的事情其实是害了他，让他自己面对生活必须做的事情。比如，独立地解一道数学题，独立准备一段演讲词，独立地与别人打交道等。

第四 培养孩子的自理能力

自理自立能力对孩子自我意识和独立人格的形成有重要影响，不少孩子对家长都有很大的依赖性。如何让孩子克服这种依赖性呢？

(1) 家长要根据不同的年龄阶段，不断地教会孩子生活的本领。要正确对待孩子学习中表现出来的“笨拙”，对孩子的失败要有足够的耐心和宽容。

(2) 凡是孩子力所能及的都尽量让孩子自己去做，孩子应该自己管好自己的东西。家长要教给孩子一些应付意外事件的办法，如迷路时应向何人求援等。

(3) 孩子面临不知如何处理的事情时，不要立即帮助他，应从旁观察出现困难的地方，然后鼓励他、提示他、协助他自己解决，从而树立他的自信心。

第五 不回避挫折

生活是最好的老师，逆境中学到的东西往往比顺境时多，你帮孩子回避挫折，就让孩子失去了学习的机会，他将来要花更大的代价去补习。

第六 培养孩子勤奋作风

学习懒惰是一种不良的行为习惯，也反映了一个人对生活、对学习的一种态度和观念。所以，要使孩子认识到勤奋是人不可缺少的美德。勤奋可以改进自己的学业，勤奋可以使人事业成功、生活幸福。勤奋的人比懒惰的人有更多的人生乐趣。

第七 让孩子加强体育锻炼 保持情绪上和体力上的活力 克服懒散习惯

有些孩子学习懒惰是因为身体虚弱或疾病，致使身体容易疲乏，学习难以持久。应鼓励他们多参加体育活动，改善营养或积极治疗，以增强体质，增强生命的活力。

一位母亲说："我可以用很懒散来形容儿子。他睡瘾很大，白天也爱睡，书看不到半小时，他就开始打瞌睡。想让他帮忙做点事，我还没开口，他先喊累，没有小孩子应当有的朝气。我认为他之所以懒散，是因为缺乏活力。于是，我先帮他采取'分段学习'法，学习半小时休息十分钟，背英语课文也一样，背两段休息一会儿。复习迎考时，我与他用问答方式整理资料，避免他一个人学习时打瞌睡。做完作业，我会赶他下楼和他踢足球、打羽毛球，使他保持活力。坚持的结果是：儿子在中考中取得了意想不到的好成绩，考上了重点高中。他尝到了甜头，情绪很高，对未来也信心十足。"

第八 做孩子的坚强后盾

鼓励孩子学会处理自己的事情，当遇到挫折时，告诉他"无论发生什么事，我都会在你身边"。比如：

(1)多用三个字的"好话"：好可爱！好极了！好主意！好多了！真好呀！做得好！非常好！祝贺你！了不起！很不错！太棒了！

(2)多用四个字的"好话"：太奇妙了！真是杰作！那就对了！多美妙

啊！我好爱你！继续保持！你很能干！做得漂亮！

(3)多用五个字的“好话”:做得好极了！继续试试看！真令人惊讶！真令人感激！真的谢谢你！你办得到的！你帮得很对！你真的可爱！你走对路了！

家庭作为具有血缘关系的社会群体,以其先入为主的重要性、多维性、家庭群体中交往接触的密切性,成为男孩接受教育的第一所学校,形成男孩最初的观念,成为他们接触其他现实影响的过滤器,良好的家庭与家庭教育将为个人成材提供有利的基础。穷养男孩的目的之一就是要让孩子养成勤劳奋斗的作风,而家长要明白,懒惰的原因是多种多样的,家长要根据不同的起因灵活采用不同的纠正方法。另外,懒惰是一种不良的行为习惯,“冰冻三尺,非一日之寒”,所以,孩子的懒惰行为不是一朝一夕就能改变的,家长要鼓励孩子持之以恒,这样才能改正懒惰的行为,为男孩适应未来激烈的社会竞争做准备。

男孩从小要学会控制欲望

人的欲望是无限的,但作为一个身心健康的人,一般都能控制自己的欲望,而被欲望控制的人将没有幸福感,控制自己的欲望,需要从小学习。否则,年龄越大,越难控制。随着物质生活的丰富,现在的独生子越来越容易得到物质上的满足,导致孩子的欲望越来越强烈。很多时候,家长很宠爱孩子,对孩子的要求百依百顺。哪怕孩子要天上的星星,我们都恨不得找到一个可以登天的梯子上去摘几颗下来。可是,这样对待孩子真的是为了孩子好吗?

一个初中男孩,跟爸爸妈妈要钱去网吧上网遭到拒绝。就在父母睡觉的时候,偷了爸爸的钱,然后把厨房里的煤气打开,就出门上网去了。等到三天后,他回到家里时,发现父母双双死在床上。

这不得不让人痛心,类似这样的事情时有发生,这些悲剧就是因为做父母的一次次地满足孩子,从不对孩子的欲望加以控制,不让孩子学会控制欲望,以至于孩子有了欲望,就会不择手段地要达到。

穷养男孩必不可少,这种教育方法能让孩子学会如何靠自己的双手去获取幸福,脚踏实地、一步一个脚印地追求梦想,而不是被欲望控制,成为欲望的傀儡,具体说来,家长可以从以下几个方面帮助孩子控制自己的欲望。

第一 要让孩子懂得一切事物都有个度

让孩子明白欲望无止境,这主要是让孩子进行心理暗示。让孩子体会到控制欲望从而拥有幸福感的快乐。也要让孩子学会对比,要告诉孩子,不能买的东西,就是不买。不能因为孩子的任性就满足孩子。有些时候,想要的东西,不一定就非要得到。不该要的东西,就不能要。让孩子知道,有些欲望是不能满足的。

有这样一个寓言故事:

一只生活在原始森林里的猴子常听人说天堂里的生活最美好。于是,它决心要找到天堂。经历了千辛万苦的跋涉,终于有一天,猴子来到一个美丽的小镇。这里有五彩缤纷的花园,奇特的建筑,喧闹的街道,诱人的美味。猴子高兴极了,它结交了不少朋友,每天和小动物们做游戏,搞比赛,听音乐,真是无比的快乐。它觉得这就像是自己要找的天堂。可是,让猴子感到美中不足的是,这里的规矩太多。就说在花园里玩吧,那么多好看的花儿不让摘。在家乡可不是这样,高兴的时候,猴子经常采摘一大把鲜花,编成花环戴在头上玩。可是,在这里,猴子刚刚摘了一朵花想闻闻香不香,就被小白兔看到,狠狠地批评了它一顿,还被罚在花园里干半天活儿。还有,猴子吃完香蕉,随手把香蕉皮扔在路边,又被大公鸡看到,被罚扫一天街道。猴子倒不是怕劳动,它感到太不自由了,处处受约束。终于有一天,猴子在因为一点小事和黄狗打架而被罚做五天公益劳动时,愤然离开了小镇。猴子想:“这里肯定不是天堂,天堂里的生活应该无拘无束。”于是,猴子又开始了寻找……

猴子的愿望就是无法满足的，家长可以用这样的故事告诉孩子，人应该学会控制自己的愿望，只有脚踏实地、放弃虚无的愿望才是幸福的。

第二 通过激励的方法 锻炼孩子控制欲望的能力

家长可以采取适当的奖励来鼓励已形成的自制能力。当孩子有了好的变化时，如果得不到及时的关注和激励，这种行为可能会退缩，回到原来的状态。家长可以采取以内在奖励为主、外在物质奖励为辅的手段来对孩子进行奖励。内在的奖励，比如用赞赏的语气对孩子说："你真的长大了，如果你坚持下来的话，你一定会成功的！"尤其是那些平时很少跟孩子交流的家长，家长的关注会让孩子更加坚定上进的信心。外在的物质奖励不要过于频繁，而且最好用于结果而不是过程。比如，当孩子通过一段时间的努力，不再对购买玩具有强烈的欲望时，你可以对他进行适当的物质奖励。

第三 家长要帮助孩子设立适宜的目标 这有利于让孩子形成一种满足感 成就感 这对于帮助孩子控制自己的欲望也是有帮助的

当然，孩子的自我期望要建立在符合自己的实际情况、切实可行的基础之上。男孩应该有理想、有志向，但这种理想和志向，不能是高不可攀的，也不应当是唾手可得的，而应该是通过一定的努力，可以实现的适宜的目标，应该符合个人的个性特点和实际能力。

从心理学的角度讲，为了要达成一个大的目标，不妨先设定一个小的目标，也就是阶段目标，这样会比较容易操作和实现。因为许多人会因为目标过于远大，或理想过于崇高而心灰意冷，从而放弃追求，这是很可惜的。家长应该从中吸取教训，可以帮助孩子设定阶段目标、近期目标，孩子便会很快获得令人满意的成绩，在他逐步完成小目标的过程中，他自己就有了很强烈的心理满足感，心理的压力也就会随之减小，大目标经过个人的努力，总有一天也一定会实现。

但家长要注意，帮助男孩学会控制自己的欲望，是一个循序渐进的过程，因为自制力不可能是一念之间产生的，也不是下定决心就可以立时形成的，其形成需要一个过程。如果你给孩子规定从明天开始就要好好学习，他们达不到目标时往往会产生挫折感和无能感，丧失改变自己的信心。所以，自制力的形成不要期望一蹴而就。比如，你可以让孩子在第一周时每天学习1个小时，少玩15分钟，倘若做到这一点的话，第二周每天学习1个半小时，少玩20分钟，再做到这一点的话，就可以每天学习2个小时，少玩30分钟。当行为变成一种习惯时，这种控制欲望的自制力也就自然而然地形成了。任何坏习惯的改变或好习惯的形成都可以采取这个方法。请记住，循序渐进，有利于培养孩子的自信心，并且不会给孩子造成过大的心理压力，使他们能轻松地锻炼自制力。

做一个不说脏话的好男孩

一个人的素质很大一部分表现在语言是否得当、得体上，一个具备良好素质的人，绝不会满口脏话、言语粗俗，这也是判断好男孩的标准。可随着物质生活水平的提高，很多家庭把更多的教育重点放在了男孩的文化学习和生活质量的提高上，娇惯孩子，而忽略了孩子的身心发展，导致很多孩子满口污言秽语，而穷养的男孩，他们在意志、品质、性格、心态上都有比较全面的发展，好男孩拒绝脏话，对于说脏话，也就有一定的自控力。

孩子其实不懂“脏话”的意义，出于好奇，就模仿着大人说，有些咒骂的话和俚语，孩子很容易就学会，即使谨言慎行的父母，只要偶尔冒出一句，孩子立刻就模仿，并且这类话语在同伴间更是热切交流，父母越显出惊讶孩子就越觉得有趣。这时，有的父母感到震惊，立刻施与体罚，严禁他说；有的父母则觉得好笑，骂孩子两句，也就算了；还有的父母习以为常，没加理睬。这三种情况不但都解决不了问题，反而会强化孩子使用这样的词汇。

对于孩子说脏话，比较科学的做法是：

第一 分析脏话的内容 告诉孩子 说脏话是不对的

父母在听到自己的孩子说脏话时，不要显得惊慌失措，也不要气急败坏地责骂，更不能置之不理，要冷静，严肃而不凶悍，以和缓的语气和孩子说话。例如：

“孩子，你刚才说的那句话，用的词汇很不好，你知道我说的是哪个词汇吗？”

“这是大人说的，你是孩子，不能说这个词语，知道吗？”

“为什么不能说呢？因为你是孩子，你说了，别人会说你不会说话，说你学习不好，看不起你。”

“你愿意让别人看不起吗？”

“那么，你应该怎么说？说给妈妈听。”

“对啦！这样说才是好孩子。”

家长最难做到的就是“不生气”。你生气，孩子就听不进你说的话了。而另外一些家长则喜欢和孩子说大道理，让孩子不耐烦，反而失去教育的功效。

第二 以身作则 杜绝孩子学习脏话的来源

生活中大多数情况是这样的，大人有时也会语出不雅，但都习以为常，不会觉得有什么异常。而脏话从孩子嘴里说出来，就特别刺耳，要是他们在大庭广众之下冒出些脏话，父母更是想找个地洞钻下去，其实，家长也应该拒绝脏话。在家里建立互相监督的制度，如果父母不小心在孩子面前说了不文明的词句时，一定要向孩子承认错误，以加深他不能说脏话的印象。

第三 用故事来帮助孩子改正错误

孩子有时说脏话，说的时候兴高采烈，好像是件有趣的事。如果仅仅是打骂教育，这种管教方法会强化他的错误。孩子们爱听故事，精心选几个有趣的故事，从正、反两面告诉他说脏话为什么不好。由于故事的主人公都是他喜欢的，他乐意接受，说脏话的毛病不知不觉就改了。

第四 孩了说脏话 千万别强化

孩子说脏话，多半是模仿、好玩，是为了显示他的某种本事。碰到这种情况，你千万别笑，更不要流露出惊奇的神色，有时严厉的训斥也是无济于事的，因为这些反而会强化他的行为。其实孩子并不一定知道脏话的含义，主要是为了得到父母对他的反应或注意。孩子从小伙伴那儿学了几句骂人的话，在家和学校中一边说，一边开心地大笑，这时，父母心里挺恼火，但也应强忍着不显示出任何兴趣。只有这样，他才会觉得索然无味。久而久之，那些不好听的字眼或脏话就会逐渐被忘掉而消失。当然，也可以寻找比较恰当的时机，告诉孩子，说脏话很难听，只有坏人和不学好的人才讲脏话。在日常生活中，孩子有时能用自己的语言来赞赏或描述他喜欢的人和事，这时，我们一定及时鼓励表扬，让他感觉到美的语言是令人愉快的。

第五 训练孩子使用 幽默 的词汇来代替 脏话 以表达自己的情绪

例如："×××，你说话像放屁，昨天说今天还我钱，怎么不还？"告诉孩子可以这么说："你昨天说今天还我钱——昨天是四月一号吗？"如果对方知道四月一号是愚人节，立刻就明白你的意思了。

当然，孩子还小，"幽默"需要较高的语言水平，但也不妨试一试，让孩子有个努力的目标，就不会再去说脏话了。

第六 用积极的情绪感化孩子

许多父母常常会在工作繁忙时忽略了孩子，没有和孩子定时互动，这样孩子以为父母亲不爱他，便会故意说脏话来引起父母的注意，所以，要防止孩子养成说脏话的习惯，最有效的办法就是：每天至少给孩子半小时。这半小时，说说笑话、玩玩小游戏、一同读故事书，或者谈谈天。总之，做什么都好，让孩子感受到亲子相处的愉快，就不会染上说脏话的坏习惯了。

总之，家长想让男孩拥有良好的品质和素质，就用正面的方法杜绝孩子养成说脏话的习惯，家长也要注意自己的言行，千万不要在让孩子不说脏话的同时自己却脏话连篇，甚至用脏话来制止孩子说脏话，也不能放任自流。以教育和引导为主，让孩子明白，好男孩拒绝脏话不说粗口，久而久之，孩子也就能形成一种自我控制能力了。

告诉孩子吸烟的危害

我国的烟民为世界之最，而且数量还在不断增加，烟民的年龄也越来越低龄化。很多在学校的男孩也加入了吸烟一族，成了“瘾君子”。随着社会的发展，许多家庭的生活也越来越富裕，给予男孩的零花钱也越来越多，这无疑给孩子吸烟创造了物质条件。家长应该明白男孩过早抽烟带来的危害，要让男孩远离香烟，健康成长。

过早吸烟容易让男孩养成乱花钱的习惯，容易导致男孩精神不振，学习成绩下降，心理出现不同程度的障碍，甚至出现心理变态，看问题极端偏激，对社会极端仇视等，由此而走上吸毒、违法犯罪活动道路。调查发现，吸烟行为与青少年学习困难、学习成绩差、对学校持消极态度、情绪郁闷以及其他问题有非常明显的关系；而且，吸烟的青少年更多地参与非组织的社会活动，较少参与学校的课外活动或有组织的活动。因此，无论怎样，男孩都不能过早吸烟。

其实，孩子抽烟是有一定的心态原因的，主要有以下几种：

1. 好奇型

在家里，许多家长茶余饭后往往朝沙发上一躺，继而点上一支香烟，吞云吐雾的，还美其名曰：“饭后一支烟，赛过活神仙。”在社会上，待人接物、走亲访友等社会活动，无一不是烟在搭桥。在学校，有的教师一下课，立即就点上一支香烟。这一切都强烈地吸引着涉世未深的男孩，使他们产生了想尝试一下的欲望，于是就开始尝试着吸烟。

2. 欣赏型

成长期孩子的模仿能力极强，对电视、电影中的明星盲目崇拜，觉得他们吸烟很神气、有风度、有气质。对于爱追星的男孩而言，抽烟也就见怪不怪了。

3. 时尚型

在男孩眼里，吸烟已经开始成为了一种讲排场、显示身份的时尚，有的学生甚至因为完全没有抽过烟，而被同学嘲笑为跟不上时代的发展，缺少男子汉气概等。有的学生本来不喜欢抽烟，但由于看到身边的同学都在吸烟，固有的从众心理、不平衡心理驱使其在开始并不很愿意的基础上，自觉不自觉地加入抽烟一族的行列。

4. 消遣型

一些男孩因厌学、父母离异、受到挫折、无聊等诸多原因，于是整天沉溺在吞云吐雾的日子里，想借此来缓解内心的痛苦。这类孩子后来大多成了"瘾君子"。寝室、厕所、旮旯处就成了他们抽烟的好处所。

针对这些心态，建议家长采取以下应对策略：

第一　让孩子对抽烟产生一种厌恶感

采取一定的措施，如给孩子放映吸烟死于肺癌的电影，或其他现身说法的教育，或提醒法，或正面法等，根据当时的情形，来选择具体的方法。让他们看后、听后确实感到害怕，感到吸烟的危害性，从而厌恶吸烟。

第二　价值改变

许多男孩吸烟是为了自我显示，表示自己具有真正男子汉的成熟形象，很有风度。因此，采取改变与吸烟有关的价值观念，使吸烟的中学生感到吸烟有损于中学生的纯真形象，吸烟只会让他人产生恶感，显示出的是不良品行的倾向，他们就会在新的价值观念的支配下，做到不再吸烟。

第三　切断消极影响源

一部分男孩是在同学或同伴吸烟行为的影响下，开始吸烟和逐步学会吸烟的。实际上，同学或同伴的吸烟行为成了一种强化吸烟的因素。现在采取割断消极影响源的措施，在一定时期内不让他们与吸烟的同学或同伴接触，实质上是让他们不再有复发吸烟行为的机会。经过一段时间的巩固以后，他们已有一定的分辨力和抵制力，不易再受别人吸烟行为的影响。

第四 消除吸烟有益的错误观念

有的男孩认为吸烟可以提神、消除疲劳、激发灵感，这是毫无科学根据的，实验证明，吸烟百害而无益，家长应该告诉孩子吸烟对自己身心健康的严重危害及成才的巨大影响，让他明白吸烟就是在自杀。

当然，这些措施都是在家长以身作则的前提下进行的，家长是孩子最好的老师和模仿对象，目前，中小学生的家长中吸烟现象是很普遍的。家长吸烟不但危害自己，而且使孩子容易沾上吸烟行为。研究表明：父亲吸烟，对儿子有很大的影响；而母亲若是吸烟者，其女儿吸烟的可能性就大。家长要让男孩远离香烟，就要切断自己的香烟源。

生活中，有不少家长对待已经有这种不良行为的孩子，只是一味地打骂，根本没有去了解孩子为什么去吸烟，没有分析孩子的烟瘾是如何形成的，或者只是睁一只眼闭一只眼，正是这种错误的态度使得青少年吸烟的人数越来越多。所以，家长要做好让孩子远离香烟的关键一环，并不是对他们放任自流，也不是暴力解决，而是要将严加管理与正确引导相结合，在孩子还没养成烟瘾之前，将他们从“烟井”旁拉回。

只有消除孩子爱攀比的价值观，锻炼孩子拒绝香烟的意志，加强男孩的自我控制能力，让男孩生活的环境少一缕毒烟、多一分清新，才能让男孩健康成长，成为未来社会真正的建设者。

男孩要学会控制自己不乱发脾气

家庭教育是一切教育的起点，家庭教育无处不影响着孩子的成长，良好的家庭教育能塑造孩子美好的品质，而当今社会，很多孩子都是独生子，许多家长对男孩的培养以宠爱为主，导致孩子的自控能力差，动不动就发脾气，相反，经过穷养的男孩，遇事能冷静思考，及时找出方法解决，控制住心中的不良情绪。穷养男孩的目的之一,就是要培养孩子的自我控制能力。

生活中经常会发生一些不愉快的事件,这些事件会影响人们的情绪,尤其是遭受挫折时,人们会沮丧、抑郁,男孩当然也不例外,例如孩子在学校没有考好,没有评上三好学生或者被同学欺负了等,这时孩子就会出现明显的挫折感,他们显得不高兴,就会找一种发泄的方法,发脾气就是其中最常见的一种,甚至有些性格懦弱的孩子还会哭闹。一碰到孩子哭闹,父母就觉得是不是自己没有做好,内心有愧疚;还有的妈妈听不得孩子哭,孩子一哭就要想办法制止;也有一些家长,面对孩子哭闹或是发脾气的时候,自己也按捺不住心中的怒火,或是训斥或是打骂孩子。这些都是错误的解决办法,只能强化孩子的这种消极心理。

溺爱孩子,就是认同孩子发脾气是正确的,而家长的认同是孩子的"通行令",只能增长孩子的坏脾气。父母对孩子比较粗暴,动不动就训斥孩子,孩子对各种事情没有任何解释和发言权,这样会使孩子减少或缺乏学习用语言正确表达情感的机会,也就有可能最终学会粗暴待人等不良习惯,这会对孩子的未来造成消极影响,不利于孩子以后的生活和事业。

那么,如何正确对待男孩发脾气,又该怎样帮助男孩学会控制自己的脾气呢?

第一 家长要首先管理好自己的情绪 给孩子做个榜样

如果家长自己都不能很好地管理自己的情绪,比如孩子哭闹时,自己先忍不住,要么逃避,要么以不耐烦甚至粗暴的态度面对孩子的话,孩子是不可能学会正确管理情绪的。这就需要家长明白几个道理:

(1)要想正确面对孩子的哭闹,首先我们需要了解,孩子为什么会这样做。家长需要认识到,哭闹和发脾气,是孩子心情不好时的一种本能表现,是孩子发泄心中负面情绪的一种方式。一方面,他们还小,不能很好地控制自己的情绪;另一方面,孩子需要学习其他更能够被别人接受的方式,让自己心情平静。

(2)小孩子的哭闹和发脾气,并不是坏事。小孩子的哭闹和发脾气从某个角度讲可能是好事，因为让负面情绪发泄出来，孩子的心理才健康。家长要做的不是压抑孩子、不让他们哭，而是要帮助孩子逐渐学习如何通过其他方式来发泄。由于孩子对自己情绪的控制能力比较差，他们时不时地发“小脾气”是常见的事情。

帮助孩子控制自己的脾气，这需要一个过程，因为孩子的自控能力不是一下子就能形成的。可能在很长的时间里，家长都需要耐心地面对孩子的哭闹，并逐渐引导孩子学会其他的发泄方式。中国有句老话：“孩子见了娘，没事哭三场”。确实，孩子在母亲面前，要比在别人面前更爱哭闹。这是非常正常的现象，妈妈们千万不要担心，别以为这样会把孩子惯坏。

第二 要认识到成功的沟通没有秘诀 和孩子的沟通能有效地帮助孩子控制自己的脾气

沟通没有通用的模式，与一个孩子沟通的方式不一定适合于另一个孩子。因此，父母必须根据自己孩子的特点，创造自己的沟通方式。比如：

一位母亲的儿子个性内向，沉默寡言，但脾气暴躁，一般的方法难以获得有效的沟通。于是，这位母亲根据儿子喜欢听音乐、写作和阅读的特点，经常与儿子一起到书店去，在那里听儿子向她讲述故事和书里的人物，以此了解他的想法和感受；她还和儿子一起听音乐、做儿子作品的第一个读者，不断进行鼓励。她的儿子最终慢慢地温顺了起来。

可见，成功的亲子沟通没有什么秘诀，只要你是有心人，就能找到适合自己孩子的沟通方式。

第三 帮助孩子找到合理的发泄情绪的方式

家长要帮助孩子学会用语言表达内心的感受。比如孩子因为妈妈不同意带他去吃麦当劳而哭闹的时候，妈妈可以说：“你现在一定很想去吃麦当劳，可是我们约定一周才能去一次，今天去不了，真遗憾，我也替你感到很伤心。”这样帮孩子说出来，孩子心里就会感觉好受一些。逐渐地，他也能够学会用语言代替哭泣来表达情绪。还有一点需要强调的是，家长要允许孩子哭闹，但是不能因为孩子的哭闹而纵容孩子，这也是与穷养男孩相违背的。

有的家长特别怕孩子哭，一看孩子哭，就会纵容孩子的某些错误做法，或者给孩子许诺，满足孩子的“无理要求”。比如孩子一哭就答应给孩子买糖买玩具什么的，这样做不仅不能解决问题，还会让孩子发现，哭闹能换来很多“好处”，以后他会更多地采用这一“秘密武器”。

孩子长大一些时，应尽量鼓励孩子用语言表达自己的情绪，告诉他遇到问题时要讲道理，说缘由，而不要动不动就乱闹、发脾气。

家庭是每个男人心灵的港湾，对于年幼的男孩也是。孩子小的时候，非常需要家长在他们不开心的时候帮助他们，甚至吸收他们的负面情绪。总之，让孩子学习控制情绪，首先应尽量做到使孩子在合理范围内有充分表达情绪的权利，因为孩子能够充分地、合理地表达自己的情绪，正是孩子心理发育健康的标志。但毕竟是孩子，他的情绪表达方式难免会有偏颇，有时会发生对自己和他人都不利的情绪过激现象。例如孩子因发脾气与别的孩子争吵打架，可能伤着自己和对方，冲着长辈和老师发脾气则是不礼貌的行为，或者脾气上来碰头捶胸、摔砸物品等都是不合情合理的。遇到这些情况时，父母不应视而不见，而要采取一致意见进行严厉制止，让孩子知道发泄情绪也应有一定的界限，自己发泄情绪不应损害别人的利益和损害物品，父母要努力成为孩子愿意倾吐秘密的对象，成为对孩子的事情感兴趣的人。只有这样，孩子才乐意向他们敞开心扉。慢慢的，孩子就学会控制自己的脾气了。有自控能力的男孩才能让自己成为情绪的主人，也才是真正的男子汉。

男孩穷养更容易培养自主做事的意识

“可怜天下父母心”，普天下的家长都希望自己的孩子能让自己“省心”，希望孩子能主动学习，也希望孩子之间能以健康的心态交往，能“吃得开”

"玩得转"，这样的孩子就是自动自发力强的孩子。所谓自动自发的孩子，是指他们无论是在学习、生活，还是在为人、处世等方面，在没有人告知的情况下，却在做着恰当的事情。他们所做的事情，没有人提醒，更没有人要求，完全是他们在自主意识支配下的自觉行为。

遍翻中外名人传记，大都记有儿提时较高的自主能力，这也是自制力的一种。自动自发力也是一个成功男士必备的素质和能力，凡事积极主动的男人才能抓住成功的机遇，并能得到他人的欢迎与尊重，于是，培养男孩的自动自发力成为每个家长的必学功课。

而现在我国的经济发展了，生活好了，很多家庭进入小康水平，但正是这样的环境，养出了很多的公子哥、败家子，更别说有自觉意识。现实生活中，也有诸多家长在抱怨孩子越来越难以管教，费尽九牛二虎之力，孩子依然不懂事、德行差、依赖性强、学习成绩不尽如人意等。他们一方面责怪孩子天生就笨，不争气，另一方面又埋怨自己教子无方，心有余而力不足。究其原因，不是孩子天生就笨，家长能力不够，也不是他们不爱自己的孩子，更不是他们不愿让孩子得到最好的教育，恰恰相反，正是家长这份爱，这份无边的爱"富养"了男孩。什么都为孩子包办，不仅使孩子缺少自主表露的机会，而且使家长在无怨无悔的爱的付出中忽略了对孩子自主意识的培养，扼杀了孩子自主自发、独立解决问题的机会。"穷人的孩子早当家"可能主要的原因也是来自于此。穷养男孩成为众多家长应该学习的教育方式。

那么，家长应该怎样帮助孩子获得较强的自动自发力呢？主要可以从以下几个方面着手：

第一 帮助孩子管理负面情绪

在美国有些中小学，在课程中加入冥想的练习，让孩子坐下，闭上眼睛，意念集中静坐20分钟。早早学会这些适合孩子的放松技巧，对他们未来的抗压能力就会有所帮助。另外，父母也可以鼓励孩子培养健康的兴趣和嗜好，来帮助他们排解压力。

第二 帮助孩子树立自信

自信的孩子,在面对别人的恶意攻击时能沉稳应对,并拥有良好的抗挫及抗压能力,在人际关系上也会得心应手。事实上,父母亲对孩子的评价,对其自信有着直接的影响,因此,若平时只是批评而极少给予表扬,父母亲就会在不知不觉中塑造了孩子心目中不佳的自我形象。所以父母亲可以坐下来,写下孩子值得欣赏的优点。而家长应该注意的是,这些优点不该是孩子和别人比较的成果,而是孩子他本身所具有的特质。比如,“很有爱心,对小动物很好;很有礼貌,会主动和朋友打招呼”等这些人格特质,而并非“每次都名列前茅”等建立在比较之上的结果。如果要称赞孩子的学习表现,“学习很认真、负责,会自我督促念书”会是更好的理由。多鼓励和肯定孩子,让他对自己有充足的自信,会让他的情商能力大幅度提高。

第三 培养孩子乐观积极的态度

对孩子来说,父母可以给他们的最佳的礼物就是:一份乐观的心态。心理学的研究发现,只要孩子对自己持正面的看法,对未来有乐观的态度,那父母就大可放心,这孩子这辈子不会离幸福太远。乐观孩子的重要表现之一,就是懂得对事情做正面的思考。有一个孩子,有次老师当众批评他的历史成绩。大多数孩子都会因此而觉得有失颜面而耿耿于怀。然而他做了心态上的调整,笑着跟妈妈说:“幸好老师批评的是我最烂的一门科目,如果我最好的一门科目还被他批评,那我不就更惨了。”这就是正面思维的能力,有这样的正面思维能力,就是乐观特质的精彩展现。正向思维能力是在日积月累中形成的,只要平时多花点心思,父母亲就能帮助孩子培养出乐观的正向思考习惯。

第四 培养孩子的人际互动能力

现在的男孩基本上是家里的独生子,所以父母应该多安排些机会,欢迎孩子的玩伴来到家里和孩子一起玩耍、学习,以及共同度过生命中的重要时刻,然后,家长可以借机观察孩子:在和别人的互动当中,他是主动和他人说话?还是害羞不开口?当别人跟他说话的时候,他是什么反应?万一与他人发生矛盾，他又是如何回应的？然后可以把这些记录下来。同时，也别忘了鼓励孩子主动向他人提供协助，这是团队协作能力中很重要的一个特质。

自动自发力强的孩子，具有高度的自觉意识，他们有主见、有创意、懂回报、有爱心、会学习、会思考、会交往，既乐观自信，又坚强不屈，而这种能力的培养，需要家长用穷养的教育方式，积极地进行情商教育，从而让其心理免疫力大大增强，得以迎接学习和生活中的低潮与挑战，让孩子有能力去经营一个成功与快乐并存的美好人生。

第 06 章
穷养的男孩早当家：
多给孩子创造自立自强的机会

古今多少教训告诉我们，同是教育男孩，有些变成了“龙”，有些变成了“虫”，俗语云：“穷人家的孩子早当家”，要想避免孩子成为家长乃至社会的寄生虫，要想培养孩子优良的个性品质，就必须穷养男孩，应把养成孩子独立性、克服依赖性放在最重要的位置。然而，孩子依恋父母，就像婴儿不愿脱离温暖舒适的子宫一样，孩子在自立的过程中，会带来痛苦、恐惧和焦虑不安，甚至愤怒和烦躁以及攻击行为等。

很多家长常教导孩子应该独立，对他们的依赖行为进行指责；或对孩子的自我管理能力表示担忧和不满；或者用比较极端的做法“干脆不管了”，逼着孩子去独立。这些方法或许出于家长的良好愿望，但孩子们却很难因此变得独立，反而在情绪和行为上愈演愈烈。怎样才能使孩子在情感上接受分离，变得独立，就成了许多家长困惑和关注的问题。其实，穷养男孩，让男孩自立，可以从日常小事开始，比如告诉孩子“自己的事情自己做”、多参加社会实践、培养孩子的理财能力、参加家庭讨论等，循序渐进，长此以往，孩子就能变得独立，就能早日担当一份责任。

让男孩树立“自己的事情自己做”的意识

现代社会，孩子由于受到家长的过分溺爱，造成了教育的“温室效应”，很多男孩任性固执、追求享受、独立性差，比如，习惯了家长包办一切，连生活中最基本的自理能力都没有，因为生活中很多家长是这样做的：

(1)早上快要迟到了，可孩子却是慢吞吞，受不了了，赶快帮他穿衣穿鞋。

(2)看他吃饭慢吞吞的，天又冷，算了，喂他吧。

(3)孩子说要自己洗澡，就怕他洗不干净，大了再说吧，还是我帮他洗。

(4)自己生病了，本来想让孩子自己泡个面，可营养不够啊，还是坚持给孩子做饭吧。

(5)上学的书包可真重，现在是长个的时候，帮孩子拿不为过吧。

(6)画画后桌面一片狼藉，可睡觉的时间又到了，算了，我来收拾吧。

(7)要出去旅行了，小家伙怎么懂得收拾行李，肯定是我来帮忙的。

这些现象在生活中随处可见，家长担任了孩子的保护伞，可家长似乎没有注意到，这样会导致孩子缺乏自立能力，将来在面对、解决困难时，都会表现出其缺乏自信和独立性的一面，更别说独当一面了。因此，家长必须引起重视，从小培养男孩“自己的事情自己做”的观念。著名教育家陈鹤琴先生说：“凡是孩子自己能做的事，让他自己去做。”这不仅对培养孩子的独立性、自理能力很重要，同时也培养了孩子的责任感，使孩子能对自己的生活、行为负责。从小开始，家长就应该让孩子做一些自己力所能及的事情，逐步养成爱劳动的生活习惯，这对孩子的一生都意义深远。

有位妈妈在谈到教育儿子的心得时说：“我们家里虽然是祖孙三代，可孩子的爷爷奶奶对儿子的独立性培养很重视。只要是儿子能力范围可以完成的事情，我们都让孩子自己做，其他人在旁边，在必要的时候给予孩子指导。突然有一天，儿子高兴地说：‘我自己会穿衣服了，你们都出去吧，我自己的事情自己做。’让我感到十分高兴的是，他竟然真的自己穿上了衣服。虽然穿得歪七扭八的。我不失时机地夸奖了他，他高兴得一蹦一跳的。”

和这位母亲一样，要教育出有出息的孩子，必须培养孩子的自理能力，这就要告诉孩子“自己的事情自己做”。因为孩子总有一天会长大的，小的时候受到一点挫折，凭借自己的力量解决，明天就会独立成长。孩子总要离开父母的怀抱，走进竞争的社会，家长放手越早，孩子成熟越早。早些让孩子自立，孩子的责任感会增强，逐渐有了自己的主见，也就逐渐能自立了。在这点上，家长应注意以下几点：

第一 父母首先要学会放手

培养孩子的自理能力，首先父母要有让孩子独立的意识，否则所有的行为都是一句空话。而所谓独立的意识，简单地说就是孩子能做的让他自己做，因为每个人的生活终将是自己过，家长不能在他幼儿时剥夺他独立生活的意识。只有这样，孩子以后才能走得好、走得让家长放心。

从孩子学走路的那一刻，就已走上自己独立的征途。对父母来说，孩子能自己走，哪怕走得歪歪扭扭，会摔跤，也要让他自己走。

第二 不要扼杀孩子的自理萌芽

其实，每个孩子都有自己动手的欲望与萌芽，不同的年龄段有不同的表现，比如1岁多时爱甩开大人自己走路、自己去抓饭来吃、自己穿鞋子等，因为他们对这个世界充满了好奇，想通过自己双手的触摸来探索。当孩子有这样的表现时，家长要鼓励，用笑脸来鼓励孩子去做。

第三 自己的事情自己做

孩子到了2岁，已经可以做一些事情，这正是培养自理能力的好时候，而从自己身上开始做、自己能做的事情自己做，这是一个很好的方法。比如自己喝水、自己走路、自己吃饭等。

第四 父母要有足够的耐心

生活中，我们经常见到这种现象：孩子在穿鞋子，穿了半天没穿好，妈妈冲到他面前，边数落边快手地帮孩子把鞋穿上。孩子动作都是慢的，因为这个世界对于他们来说就是新的，我们看上去很简单的东西，对他们来说则不是，都要去学，反复练习才能做到。所以，家长要有足够的耐心。

比如，父母在赶时间，但孩子还在磨蹭，解决这个问题的方法是：总结经验，把出门的时间提前一点，比如打算 9 点出门，从 8 点 10 分或 8 点钟就准备。这样就有足够的时间给孩子自己穿鞋穿衣了。可以给予奖励，但最好是口头上的奖励，比如摸摸他的头、冲他笑一下，或者给他一个大拇指，这样就够了。孩子从家长的表情、动作就可感知你的鼓励。每个人都是有惰性的，大人是，更不要说小孩了，关键看惰性来了时如何去引导。

总的来说，家长一定要让孩子多动手，告诉他“自己的事情自己做”，这有利于培养孩子自理的习惯和自立的能力。日常生活中，不要总是为孩子包办一切，纵容孩子的懒惰，凡事爱代劳的习惯妨碍了孩子自理能力的培养及锻炼，更是剥夺了孩子学会独立自理的机会。孩子能做的事让他自己做，在孩子做时家长要有耐心，要容许孩子犯错误，只有这样，才能培养出一个独立、自理能力强的男孩。

让男孩多参加社会实践活动

古人云：“读万卷书，行万里路”，学习的最终目的是学以致用，对于男孩来说，社会才是人生真正的战场，才能历练出一个真正的男人。

而实际情况是很多家长害怕外界社会的因素会影响男孩，使之误入歧途，于是，为孩子包揽一切，在温室中培育花朵。这是一种错误的教育方法，家长应该意识到，孩子不可能总生长在自己的呵护之下，温室的花朵再艳丽，也经不起风雨。现在不让孩子吃苦，将来孩子可能会吃更大的苦头；现在让孩子经历一些磨难，将来真正遇到困难的时候他们才能从容应对，才会真正让他们少吃苦。

“男孩要穷养”这句教子古训是有道理的，参加社会实践，对于一个男孩来说，也绝对不是什么形式主义，更不是走过场。他会在活动过程中，得到许多的乐趣，而这种乐趣正是家长平时无法给予孩子的。有家长认为参加社会实践会影响孩子的学习，那只能说明家长把学习的概念理解得太狭隘了。真正的知识是对于一种事物发展规律的正确认识和经验。如果孩子什么社会经验都没有，那他的所谓知识只能是书本上的“死”知识，而不是生活中真正的知识，这样的男孩也决不能自立，更别说经受得住社会的洗礼了。

与中国父母相反的是，为了验证实践出真知的道理，为了让孩子们学会珍惜生活，很多国外的父母经常让孩子参加一些吃苦的社会实践活动。例如：

现在，美国许多中小学校甚至幼儿园非常流行“吃苦”教育。为了使生下来就不缺吃不缺穿的孩子们明白生活中还有苦，世界上还有许多人吃不饱饭，还有许多需要同情和援助的人，有些学校甚至组织学生上“要饭课”，有意识地让学生们体验饥饿。

为了教育孩子们懂得珍惜粮食，学会同情穷人，一些学校将“忆苦教育课”设为必修课。位于马里兰州的温顿小学连续开设3天“要饭课”。吃午饭时，大多数学生扮成流浪汉、乞丐或者穷人，到学校开设的大锅前排队领取食品。他们要来的饭菜不仅不足以吃饱肚子，而且饭菜的质量也相当粗糙，有时只是些很难下咽的水煮土豆。学校还配合忆苦教育，给孩子们讲述美国普通人过去的生活，告诉孩子们即使在当今的美国，每年至少仍有100万无家可归者。而在全世界，生活在贫困当中、靠乞讨为生的贫困人群至少有2亿人之多。

旧金山市开展的“体验饥饿”活动，全校11~14岁的孩子们都积极参加。扮作穷人的孩子只能领到一份少得可怜的粗制面包。在体验活动中，孩子们不仅感受到了饥饿的滋味，而且还明白了不应该浪费粮食、应该同情那些生活在贫困线上的人们的道理。

走向社会是每个男孩必将经历的人生课题，参加社会实践，能让男孩在成长道路上既开阔视野，又增长智慧，最重要的是，能通过亲身经历感知社会现实状况，从而珍惜现在的生活，在穷养中逐渐独立起来，形成良好的品质和人格。

孩子力所能及的社会实践活动是值得倡导的，家长应给予支持，因为男孩还是需要在经风雨、见世面的社会实践中才能茁壮成长起来。

要想让孩子积极投入社会实践，并从中有所收获，家长可以尝试在假期给孩子找一份工作，主要是一些服务性行业的零工，如卖报纸、送报纸、当服务员、售货员、售票员等，因为这种服务性行业的打工对体力要求不大，只是对孩子的工作态度有一定要求，更重要的是这些工作可以与各行各业的人打交道，同时又可以获得一定的报酬，让孩子很容易获得一种成就感并体会到劳动的乐趣。在工作中，通过扮演不同的角色，可以让孩子亲身体验工作的辛苦，这样不但可以体会到父母的不易，并由此对父母更加尊敬和爱戴，而且还可以培养孩子勤俭节约的意识，改正乱花钱的坏习惯。从细小的工作中，还可以收获很多东西，可以体会到艰苦奋斗的精神，做事认真负责的态度，可以体会到为别人服务的乐趣，更能尊重和珍惜别人为自己服务所做的工作，还可以激励自己好好学习，争取更大的成功。

穷养男孩，就是让孩子通过亲身体验感受到生活的辛苦，进而理解父母抚养自己所付出的艰辛，从而激发他们好好学习的上进心和进取心，增强他们的社会责任意识。社会实践是孩子了解社会的一个窗口，在亲身体验的过程中，能够逐渐培养他们适应社会的能力和健康的心态。在长大以后，参加社会实践的经历，也会成为他们的一笔宝贵财富。

而让男孩自立，应从小事做起，从身边开始，让孩子从小就知道凡事不能眼高手低。培养孩子为社会服务的意识，这样孩子从小熟悉了社会，锻炼了自己，在他幼小的心灵中培育起对社会的责任感，也开阔了眼界，学会如何生存，学会与人交往，学习那些书本上学不到的知识，这样的男孩才能早日成才。

让男孩大声说出自己的真实想法

为人父母都希望自己的孩子能省心、听话，可是，这样的男孩只能生活在父母的臂弯里，因为他们没有主见，更不能自立。而男孩必须自立自强，因为社会赋予男人更多的责任，需要面对更大的困难，需要不懈的自我奋斗，可以说，成功男人的成长和成熟是一个不断挑战自我、艰苦奋斗的过程。穷养男孩，这是中国人教子的金科玉律，给男孩自立的机会，让他受受穷，才能独立地面对问题、解决问题。

诚然，男孩的听话让父母安心，因为这样的孩子在小时候可以避免许多不必要的危险和麻烦。男孩的听话也让父母欣慰，因为听话的孩子肯定不笨，理解力强，善解人意。然而，这是一个强调创意的年代，如果习惯于听话，在孩子独立面对世界的时候，他会迷失自己，因为当找不到权威的发话人，他不知道该听谁的。

那么，作为父母，要让一个习惯于听话的男孩表达出自己的想法，该怎样做呢？

方法一 减少对孩子 真乖 真听话 这样的评价

一位妈妈总是喜欢夸奖儿子“真听话”，慢慢地孩子便会事事按照妈妈的话去做。可是一旦让他自己拿主意，他就表现得无所适从。后来，妈妈不再夸孩子听话了，而是使用其他更具体的评价。比如，当孩子吃完零食，自己收拾垃圾时，妈妈就表扬他：“对，吃完东西就收拾干净，这样既整洁又卫生！”慢慢地，孩子开始知道自己该做什么，不该做什么，而不用等待妈妈的吩咐了。

方法二 尊重孩子的感觉

孩子都有自己的想法，尽管他们的想法可能是幼稚的，甚至是错误的，但我们不能轻易否定他,要尊重他的感觉和选择。

妈妈带着小胖去买衣服,小胖看中一件上面印有奥特曼的外套。妈妈一看,那是一件质量很差的衣服,做工非常粗糙。于是,妈妈给小胖选了另外一件。小胖很不高兴。妈妈耐心地跟他说:“那件质量不好,而且不适合你。这件质量好,比那件还贵呢!”可是小胖却说:“这件虽然好,但是没有奥特曼,不是我喜欢的。”

其实,孩子并不想买多么高档的东西,尤其是男孩,他们更注重自己的兴趣所在。只要孩子喜欢,就是买一件质量差的衣服又有什么关系呢?

方法三 给孩子一些选择的机会

在听话的孩子身边,往往有个细心、周到、能干且具有绝对权威的家长,他为孩子计划好了一切,却忘记了询问孩子的意见。父母应该多听听孩子的意见,多给孩子一些选择的权利。比如,家长可以问问孩子,“今天咱们是去游乐场呢还是去植物园”“明天奶奶过生日,咱们送给奶奶什么生日礼物好呢”。要记住,一旦你把选择的权利给了孩子,就要接受孩子的选择。

方法四 给孩子更多做事的机会

当儿子想要你帮忙拿挂在高处的东西时,你可以不直接帮助他,而是换个方式:“你自己有办法拿到吗”“如果站到沙发上,可能会站不稳……对,站在椅子上是个好办法”“我想这个椅子对你有些大,你可能搬不动……嗯,这个小椅子很合适”“哇,你居然用晾衣叉自己拿下来啦,真聪明”。

方法五 给孩子的自由规定原则

给孩子最大限度的自由,才能培养孩子的独立性。不过即使这样,我们也不能让孩子任意妄为。父母应该给孩子定下一个原则,在这个原则之下,给孩子充分探索、自由活动的时间和空间,不要紧盯孩子的一举一动。比如,父母可以定下规矩:在外面玩不能去马路上,只能在楼前的这片空地上玩。但至于怎么玩、和谁玩,由孩子自己决定。

家长是男孩的第一任老师,教育方式的正确与否直接影响着男孩的一生,古今中外的成功男士身上都有这样的优点,那就是有主见、有思想、有魄力，这样的人正是做大事的人，作为男孩的家长，“为孩子拿主意”的想法是永远行不通的，鼓励男孩大声说出自己的想法，才能让他慢慢自立起来，成为一个有用的人；

让孩子对自己的选择负责

一个男人的自立要伴随着各种各样的痛苦，就像婴儿出生一样，不经过痛苦的挣扎，就不能脱离母体成为自己。成长就是一个不断经历挫败、忍受痛苦、面对困难的过程，失败和痛苦是生命的必然。有的父母怕孩子承担痛苦，尤其是在遇到一些重大抉择的时候，他们会为孩子决定一切，以过来人的眼光为孩子打理好一切。久而久之，孩子会对父母形成一种依赖，面对选择的时候，就会有一种无助感，发现离开父母什么都不行，丧失信心和勇气，成为父母眼中“听话的好孩子”。

的确，谈及孩子的教育，几乎无不以孩子是否“听话”论成败。“听话”则出息，反之则不会出息。的确，一个“听话”的孩子看起来是那么令人满意：他听大人的话，不打架，不爬高，不惹事；他听大人的话，老师说什么就做什么；他听大人的话，从不违背父母的意志。

但试想一下，这样的男孩能真正自立吗？难道一个从小在“听话”中长大，从来不需要自己作选择、自己作决定，也就是从来不需要对自己负责，而仅仅只要“负责听话”“负责服从”就可以了的孩子，一旦走出校门，走出家门，就能够“独当一面，撑立门户”了吗？他能从容地去面对今后的各种打击吗？我们发现，那些一贯“听话的好孩子”到了社会上，他们的成就好像并不出色，甚至不及那些“不太听话”的孩子。

男孩要穷养，也就是要培养独立自主的孩子，在父母庇护下长大的男孩充其量也只是父母的乖儿子，而不是一个真正的男子汉。因此，作为家长，必须要接受孩子成长中痛苦的过程，让孩子自己作出选择，承担后果。

有这样一个华人，在美国一个家庭亲眼目睹的两个例子。第一个例子：饭桌上，2 岁多的儿子不肯喝牛奶，要像大人一样喝可乐等各种饮料。第二个例子：还是这个孩子，这时已 4 岁了。有一次在饭桌上，不知为什么事大哭起来。两次都是当着客人的面，类似的麻烦，很多中国家长可能是这样处理的：

(1)迁就型。因为客人在，图省事，迁就了孩子，只要孩子听话、不哭不闹，什么都可以答应。

(2)哄骗型。“你现在把牛奶喝了，听话！爸爸明天带你去儿童公园。”“你现在不哭，爸爸明天……”但你都是随口说说而已，自己心里不当真，但求孩子快点听话。

(3)回避型。“去跟妈妈讲，爸爸这里有客人。去，听话！”“××，你把他带出去一会儿！这小孩，太不懂事！”然后你朝客人苦笑、摇头，表示无可奈何。

(4)训斥羞辱型。“听话！不许喝(可乐)就是不许喝！不要以为有客人在，我会迁就你！”“不许哭，难为情不难为情？当着客人的面！”你拿出做父亲的权威，严格不迁就。

(5)说理型。对孩子说牛奶如何有营养，可乐怎么对小孩健康不利；对孩子说吃饭时候哭如何会影响身体健康；“客人看着，××是不是一个听话的好孩子”，有时还邀请客人配合说理，哄骗、吓唬。

那么，这位美国父亲是怎么做的呢？面对第一种麻烦，这位父亲每次都只有一句话：喝完了牛奶，可以在我杯里喝一口可乐。隐含的选择是：你可以不喝牛奶，当然也没有可乐喝。口气坚决，是告诉孩子除此之外没有商量余地；态度和蔼，是父亲认为 2 岁的孩子有这样的行为是正常的，不认为是“不乖”。孩子选择喝完自己的牛奶，父亲说话算数，当场兑现，笑眯眯地允许孩子在自己的杯里喝一口可乐。面对第二种尴尬，父亲同样是和颜悦色，但语气严肃：我们在谈话，要哭，你可以到你的房间里去哭；想坐在这里和我们一起说话，就别哭。他同样不觉得孩子的行为使自己“尴尬”，孩子选择了不哭。

可见，这是一位高明的父亲，他既没有批评责骂，也没有讲什么道理，他不强求孩子喝牛奶，也不直接制止孩子哭，他只是很具体地指出孩子可以选择的行为，以及每种行为的结果。在整个过程中，父亲对孩子的沟通是具体的、明白的、民主的。这位父亲并没有要求孩子“听从什么话”，只是要求他自己选择作决定。不管有没有客人，2 岁的孩子吵着要喝可乐，不要喝牛奶，是正常的；饭桌上，4 岁的孩子大哭也是正常的。父亲不会因此感觉“尴尬”“失面子”。

当然，让孩子自己选择，并不是一切由着孩子说了算，也不是父母在任何情况下都不能对孩子有命令性、强制性要求，在一些重大事情上，父母对孩子的强制要求、行为规范是必要的，父母不可放弃作为孩子法定保护人的职责。但父母要把握一个“度”，不可事无巨细。

家庭讨论要让孩子参与

著名儿童教育家斯霞说：“艰苦奋斗的传统失传了，独生子女宝贝得不得了，我们还能视而不见吗？我已在报上发表文章，赞成让孩子从小吃点苦，多经受一些磨炼。《较量》之争的关键是教育思想、教育方法之争。”她又说：“就连我们这样的学校，也有许多家长接送孩子。送到校门口仍不放心，还要看着孩子走进教室。平时孩子要什么给什么，无法无天。这算什么爱呀？这是害孩子！家教很重要。应当让孩子吃好睡好，但不可娇生惯养。穷人的孩子早当家，这是真理。”

的确，“穷人的孩子早当家”，穷养男孩也是现代社会教子的良方，“有十分幸福童年的人，常有不幸的成年”，这已在社会上达成共识。

世界球王贝利喜得贵子，有记者贺道："看他长得多壮，今后会成为像你一样的体育明星。"贝利不假思索地答道："他有可能成为一位优秀运动员。但绝不会有我这样的成功，就因为他很富有，缺乏先天竞争意识。而我小时候却非常贫穷。"

贝利从自己成长的道路总结出的道理确实是真知灼见。有钱难买幼时贫，美学大师朱光潜的至理名言饱含哲理。勤俭是美德，少时生活过分富有、舒适不全是好事，往往对其成才十分不利。吃苦的精神与良好的心态是从童年和青少年时期不断受挫和解决困难中培养起来的。只有让孩子不断经受苦难的磨炼，将来才能适应飞速发展、竞争激烈的社会。

但是，吃苦并不是目的，而是为了在不断受挫和解决困难中培养吃苦的精神与良好的心态，目的是为了让男孩能自立自强，将来适应飞速发展、竞争激烈的社会。吃苦教育浓缩在家庭教育中，家长可让男孩参与家庭讨论，制订重大的家庭决策。

鲁迅先生曾说过："小的时候，不把他当人，大了以后也做不了人。"孩子们也都很希望得到大人的认可，比如，让孩子参与家庭理财，商讨比较重要的采购，不失为促使他们迅速成长的一个好方法。

当父母的人总心疼孩子，不管家里发生大小事情，都不让孩子费心。孩子长期生活在这样的家庭环境中，很难培养对家庭的责任感。

其实，家长通过家庭讨论，可以让孩子明白：

第一　你其实是想说什么

很多家长和孩子之间缺少沟通，只是一味地给孩子安排。还有一些做父母的老爱念着一些夸耀自己、贬低孩子的"咒语"，诸如："你看，我就知道你会做不到。""我们那时候自觉得很，哪像你这样。"这些"咒语"潜移默化地内化为孩子对自己过低的评价，从而丧失了勇气和信心。家长可以经常通过家庭讨论，来帮助孩子更好地了解和表达自己的情绪。除了温和地询问：你其实是想说什么？你还可以给他一些参考答案。等孩子逐渐学会了解自己的内心感受，那么，即便你不在旁边，他也可以清楚地向周围的人表达自己的感受了。而家长与孩子之间的亲子关系也就更加密切了。

第二　你来试试帮我解决这个问题

这是个有魔力的句子,它可以让孩子感觉到自己是受欢迎和受尊重的,甚至肯定自己的能力,这样对增强孩子做事的信心是大有益处的。

第三　不同的人有不同的需要

“西西有洋娃娃,所以我也要一个。”“小明爸爸让他吃冰激凌,那我也可以吃。”“他可以,所以我也可以”……这是小孩子最常用来跟你讨价还价的简单逻辑。家长可以借家庭讨论清楚地告诉孩子:不同的人有不同的需要。你要让孩子了解:每个人只有在他真正需要的时候才能得到。

同时,也可以听听孩子内心的声音,比如,“我真的不喜欢你给我买的那件棉衣,下次能让我自己挑吗?”

孩子也是家庭的一分子,应该给他参与讨论家务事的机会。家里的椅子坏了,房间需要粉刷,是否要养宠物,这些事都可以在家庭会议讨论时让孩子帮忙出点子,再要求孩子说出为什么要这样做的理由,有时一个孩子会有他的惊人之见。

虽然名为家庭会议,但举行的方式可以是很轻松的,比方说选定每个月第二个星期天下午。大家可以一边喝茶,吃点心,一边讨论家务事,就算没有重要的事情需要商量,大家在一起聊天也很好,甚至可以玩成语接龙游戏、说故事、猜谜语,都可以在家庭讨论时进行。

请记住,家庭讨论的目的是要找个时间认真听孩子说话,如果有事要取消时,一定要先征询孩子的意见,让孩子有受尊重的感觉;并且让孩子重视家庭会议的重要性,一般不要随便取消;多听孩子说话,不急着反对孩子的意见,鼓励孩子勇于表达自己的意见,争取别人的认同。

穷养男孩并不是要让男孩节衣缩食,而是要让男孩自立自强。穷养的男孩早当家,从身边的小事开始,让他参与家庭讨论,他会明白生活的艰辛和持家的辛苦,而更重要的是,他能懂得如何经营一个家庭,这更有助于男孩独立自主能力的培养。

让孩子发表意见并听取孩子的意见

“衣来伸手,饭来张口”“万事包办”这是育儿大忌,这种教育方式导致很多男孩长大成人后依然不会做饭、不会洗衣、不会叠被,更别说有主见,这样的男人能接受社会的各种挑战吗?能有创造力吗?所以,男孩要穷养、要磨炼,才能自立。正如一位名人所说:“所谓成长,就是去接受任何在生命中发生的状况。即使是不幸的、不好的,也要去面对它,解决它,使伤害减至最低。所谓的成长,所谓的智能,所谓的成熟,都不过如此。”这样的男孩才能独当一面,成为一个自立自强的男人。

男孩早晚都要脱离父母走向社会,因此,在教育孩子的过程中,父母应把培养孩子的自立能力放在突出的地位,让他们离开父母的庇护也能独立生活,能够解决生活中出现的各种问题。父母如果心太软,对孩子的事情包办过多,往往容易造就懦夫和懒汉。“播下的是龙种,收获的是跳蚤”,这样的教训数不胜数。只有放开手脚,让孩子自己在人生的海洋中去搏击,孩子才能经得住风浪,而不至于被淹没。不要帮孩子扛所有的问题,走出替代的误区,这是现代父母必须具备的素质。

而一个人的自立,要从思想上开始,也就是独立的思考能力,教会孩子独立思考,要首先给孩子发表自己意见的机会,言由心生,父母才能了解孩子的内心世界,才能因材施教,才能慢慢地划清与孩子的情绪边界,让孩子做到思维和情感上的独立。家庭教育是孩子最早接受的教育,孩子是一个独立的生命体,而不是作为父母的附属品存在,让孩子发表意见,就能逐渐让孩子当家、自立。

那么,父母应该怎样做呢?

第一 尊重孩子

孩子不是可以任由父母摆布的“玩意儿”。在家庭教育中，家长应像尊重成人一样尊重孩子，把自己放在与孩子平等的位置上，遇到问题换个角度去想想，寻求与孩子心理上的沟通。当孩子从父母的尊重和爱护中找到自信和自身价值的时候，他们自然而然就学会了尊重父母、尊重他人。

家长要把孩子看作一个独立人，他们有权发表自己的意见，父母不必过多地限制，家庭生活中出现的一些问题，要让他们去尝试，自己去判断、思索、体验。当然，尊重孩子的人格和自我意识并不等于放任孩子。在他们成年之前，父母可以引导他们，帮助他们辨别是非，培养他们独立思考的能力，学会选择自己的人生目标。

尊重孩子，还要尊重孩子思维的个体差异。孩子间是有个体差异的，不要拿自己的孩子与别人的孩子作比较，每个孩子都是不同的。可有些家长总喜欢拿自己的孩子与别人的孩子比，当自己的孩子比别人强时，父母就沾沾自喜，反之就不停地数落、讽刺、挖苦孩子，这样很容易使孩子消沉、迷惘。孩子由于年龄小，见识少，他们往往以父母、他人的评价来评价自己，过多的批评、责骂容易使年幼的孩子迷失自我，更不敢说出自己内心的真实想法。父母要有足够的勇气承认并正视孩子间的差异，要怀着沉稳的心态耐心引导孩子，以他们自己的速度成长。

第二 学会满足孩子合理的心理需要

有位美国学者到监狱里面去访问50个罪犯，研究他们是怎么犯罪的。他发现了一件很有意思的事：有一个罪犯说他是从撒谎走向犯罪的。他为什么要撒谎呢？他小时候，家里面兄弟姐妹好几个，有一次分苹果吃，其中一个苹果又大又红，孩子们都想要那个大红苹果。老大说：“妈，大的红苹果给我吃。”妈妈瞪他一眼说：“你不懂事，你怎么带头吃大的呢？”

这个罪犯回忆说，当时他观察发现，谁越说要，他妈妈就越不给谁，谁不吱声或说了反话，谁就最有希望得到。这时他就撒谎说：“妈妈，我就要最小的苹果。”

妈妈说：“真是个好孩子，就把大苹果给你。”说假话可以吃到大苹果。

越想要就越不说，到时候，你“表现好”就可以得到。孩子为了吃大苹果，所以就说假话，这就是妈妈的失误。

每个父母都希望自己的孩子诚实守信，不喜欢撒谎的孩子。但是，许多孩子却表现得不尽如人意。究其原因，大多是由于后天的某种需要引起的，比如为了满足吃的、玩的需要甚至是为了逃避受批评、受惩罚。

所以，父母可以从孩子发表的意见中分析到孩子的需要，尽量满足其合理的部分。而满足孩子的时候应该用孩子的眼光来看待事物，要分析孩子的需要，认真倾听孩子的心里话，而不要以成人的想法推测孩子的心理。当孩子向父母讲述了他的需要后，父母应该跟孩子一起分析，让孩子明白哪些是合理的、正确的，然后及时满足孩子合理的需要；对于不合理的需要，则要对孩子讲明道理。千万不要觉得孩子还小，或者觉得事情无关紧要就放纵他。长此以往，孩子就会不断地强化不良行为，形成不良的品格，最终影响到他的人生。

现实生活中，很多父母看似为孩子包办一切，一切是为了孩子好，但听见孩子提出一些自己的想法时，却不分青红皂白地加以苛责、训斥，甚至打孩子，这无疑是给孩子精神上的打压，长期在父母的这种态度下生存的孩子又怎敢发表自己对于家庭建设的一些意见呢？因此，父母要想培养出一个有主见、独立创新的儿子，就要穷养男孩，就要做有心人，为孩子创造愉悦的发表意见的氛围，以感染孩子的心灵。孩子尽管年龄小，但他同样会体会到家长对他的尊重和信任，也就能自信地成长。

让孩子主动分担家务劳动

男孩要穷养，这是中国几千年来教子的金科玉律，而家庭是孩子发育成长的最重要场所，是孩子日常生活的出发点和归宿所在。因此，培养孩子的自立能力可以从家庭这块阵地入手，让孩子在学习之余承担一定的家务劳动，从而让孩子明白生活中不仅仅有享受，还必须负有一定的义务和责任，有助于孩子早日当家。

而随着物质生活的丰裕，很多家庭培养出的是“小皇帝”。以下是几个母亲的描述：

一位母亲说：“现在孩子的劳动意识真难培养，我儿子都三年级了，还是衣服脱到哪儿就扔到哪儿，更别说收拾整理了。我们像他这么大的时候都自己洗衣做饭了。”

另一位家长说：“我也觉得对孩子进行家务劳动教育很重要，但现在的孩子功课这么紧张，玩的时间也没有，再让他承担家务劳动确实于心不忍。”

还有一位家长说：“这种事情其实用不着这么着急，等到孩子大起来自然就会。我小时候也什么都不会做，现在生活的担子压在身上，还不是样样都会做。所以有时间还不如让孩子多玩玩，多看点书，多学点东西。”

恐怕这是很大一部分家长对男孩是否应该做家务的顾虑，但家务劳动是每个孩子应该接受的劳动教育的一部分，是素质教育中一个极其重要的方面。家务劳动是家长帮孩子树立正确的劳动观念和培养劳动习惯的最佳方式，对孩子将来成为国家合格的建设者，培养其高尚的道德意志和品质，发展其聪明才智及动手能力都有重要作用，也是穷养男孩这种培养方式中一个必不可少的环节。具体说来，家务劳动对于培养男孩自立的作用在于：

第一 参与家务劳动是孩子未来生活的必要准备

有位家长在谈到自己教育儿子的心得时说：“出于对自己成长过程的反思，我对儿子从小就比较注重独立能力的培养，要求他自己的事情自己做，按不同年龄承担一定的家务劳动。从幼儿园大班开始我们就要求他洗自己的碗，现在上学了，除了完成学习任务，家里扫地与倒垃圾两件事也由他‘承包’。当然一开始他也并不总是乐意去做这些事，这时我们就用适当的奖励方法鼓励他坚持下去，比如做一次就可得到一个五角星，积累一定数目的五角星就可以带他去吃一次肯德基，这样一来，他能不能得到他所想要的就完全取决于他自己的行为,这种‘他律’促使他一天天坚持下去并逐渐过渡到‘自律’,认为是自己分内的事而自觉地去做,慢慢形成习惯。”

孩子将来立足于社会,就必须具备独立生活的意识和能力,而从小学习做家务,养成一定的劳动习惯,这是在给他未来的生活做准备。

第二 家务劳动是孩子在学校学不到的生活课程

孩子在家里做一些力所能及的家务是理所当然的事,因为家里与学校毕竟是不同的。在家里通过做家务可以培养孩子的自理能力和劳动习惯,这些知识在学校里不能学到,而对一个人的成长来说又是非常重要的。

第三 家务劳动让孩子体味劳动的艰辛和欢乐 培养责任感

让孩子参与家务劳动是一种无声的教育良策。在劳动的过程中,孩子付出了汗水,也有了收获,在体会劳动辛苦的同时,也感受到其中的责任和乐趣。

第四 劳动习惯的养成有助于提高孩子的学习效率

很多男孩一到上学的时间,问题就来了:做事拖拉,不会整理书包,这些都影响学习效率。家长不妨从整理物品入手抓孩子的劳动教育。你可以先带他看乱糟糟的房间,让他考虑该从哪儿收拾起。同时制订一定的规则,比如每天整理书包,每周六收拾房间,换下的衣服放在固定的地方等,并督促他做到。原来边写作业边找东西的毛病改正了,专心致志地学习,效率当然高了。

基于以上这些原因,也有很多家长认为孩子应该参与家务劳动。但为什么孩子们的表现又总是令人不乐观呢?原因有三:

一是在孩子小时候对劳动表现出兴趣,喜欢模仿大人的举动时,家长没有引起足够的重视并给予及时的引导,反而嫌孩子碍手碍脚而削弱了孩子的劳动热情;

二是不信任孩子的能力或怕麻烦,在无形中剥夺了孩子的练习机会;

三是小时候没有养成一定的习惯,上学后又以学习为重,在时间上很难保证这种教育的进行和习惯的坚持。因此,家长在引导孩子参加家务劳动时，必须要从小引导，养成习惯。

有一个11岁的小男孩，负责倒垃圾已经6年了。在他5岁时，突然对倒垃圾产生了兴趣，一听到收垃圾的铃声，就提着垃圾桶去倒。他的父母为了保持他参加家务劳动的兴趣，培养他倒垃圾的责任感，对他倒垃圾的事予以表扬，说他能干、勤快，还经常当着男孩的面在外人面前称赞他，引起人们的赞誉。这样激发了孩子主动倒垃圾的自豪感，慢慢地形成了习惯，把这项劳动看成一种责任。

俗话说，播种行为，收获习惯。所有的习惯都从最初的行为开始，对孩子的家务劳动教育也要遵循这个规律。家长可以从以下几个方面着手：

（1）珍惜孩子最初的劳动欲望，放手让孩子去模仿去实践，提供参与练习的机会。

（2）尽可能以游戏方式加以引导，使劳动成为孩子的快乐体验，这对于年龄小的孩子尤其重要。

（3）手把手地教给孩子一些劳动的技能，只要求孩子做而不告诉他怎样做常常是无效的。

（4）合理安排家务劳动的时间，处理好学习、玩与劳动的关系。

对孩子来说，劳动过程就是一种娱乐、一种游戏，如果把纯粹义务性、没有任何兴趣的劳动安排给孩子，反而会引起孩子的反感而不利于劳动情感的培养。家长应该从孩子的兴趣入手进行引导，在劳动过程中融入游戏性，满足他们的童心与好奇心，鼓励他们参与劳动，同时提出一定的要求，慢慢养成良好的劳动习惯和能力。

让孩子积极地参与到家庭生活的方方面面，让孩子感觉到他不是家里的客人而是主人，当孩子体会到他在整个家庭中的重要性的时候，他对家庭的责任感也会油然而生。

给孩子适当独处的机会

人是社会的人，每个人都要离开父母的怀抱，去经历社会的洗礼，可以说，父母放手地越早，孩子独立地就越快。诚然，保护孩子是父母应尽的职责，而父母更应该给孩子“放行”，让孩子直面困难，处理发生在自己身上的事件，这样孩子才由自立变为自强，这也是穷养男孩的要点之一。

古时候，有个渔人捕鱼技术很高，在当地被尊为渔王。但是，渔王的3个儿子捕鱼技术都很平庸。渔王很纳闷，就去向当地的智者请教：“我的捕鱼技术这么好，儿子们为什么会这么差呢？从他们懂事起直到长大，凡是我总结出来的经验，都毫无保留地传授给他们了。可是为什么他们的捕鱼技术还赶不上比我差的渔民的儿子呢？”智者听完他的倾诉，问道：“你一直手把手地教他们吗？”渔王肯定地点了点头。智者说：“你的失误就在这里。你传授他们技术，却不放手让他们自己去捕鱼。”

渔王的失败在于只手把手地教给孩子自己的经验，却从不让孩子在实践中去经历挫折，吸取教训，直面失败。在现实生活中有很多的父母，像渔王这样千方百计为孩子遮风挡雨，不愿看到孩子有一点点失败和挫折。殊不知这样做却是在孩子成长的道路上埋下了一个温柔的陷阱，只有在实践中才能锻炼人的能力。

而现实生活中，有很多家长有这样的心理：

(1)“我经常不允许孩子做一些同龄人可以做的事情，因为害怕他会出事。”

(2)“我有些过分担心孩子的健康。”

(3)“如果孩子的游戏我不能够接受，我会说‘这个要求，我不能满足你。’”

(4)“当孩子没有按照我的期望去做的时候，孩子会感到不安。”

(5)“我对孩子的关心有时候被认为是过分夸大的。”

(6)“我喜欢孩子按照我的吩咐去做事。”

(7)“我在过马路、在外面吃饭的时候，常常会想起孩子。”

(8)“孩子常常向我抱怨，其他孩子是如何自由，他们的父母是如何宽松。”

(9)“我无法接受孩子从小要吃苦的观点，那是没有实际经验的理论。”

(10)“孩子就应该是孩子，我不会让他出现在和他年龄不符的场合。”

现在，一个家庭只有一个独子，许多家长“望子成龙”心切，肯于对男孩子进行智力投资。然而他们往往容易忽视最不起眼的、也是最重要的一点，就是培养孩子的自立能力。一些家长过分溺爱孩子，即使是孩子力所能及的事情，也总是越俎代庖，很少让孩子自己去做。可以断言，在这样的环境中长大的孩子一定是弱者。这样的父母看似爱孩子，实则害孩子，只能导致孩子做什么事情都离不开父母，让父母帮他作抉择。

孩子在幼年时能够亲自处理自己身边的各种事情，称之为自立。自立意识是儿童逐步走上成人之路、适应现代社会环境所必须具备的品质。孩子不可能永远是孩子，他们将来必定要走向社会，而未来的生活道路也不可能总是一帆风顺，没有坎坷的。一个自立能力强的孩子，在他未来的生活道路上，往往敢于搏击生活，主宰自己的命运；相反，缺乏自立能力的孩子，则常常表现出没主见，胆怯怕事，依赖性十足，意志薄弱，经不起一点小小的挫折。可见，从小注意培养孩子的自立能力是十分重要的。

培养孩子的自立能力，就要给孩子“放行”，给孩子一个“独行”的机会，专家建议：

第一 要给孩子提供独立活动的机会 场所和环境

让孩子独立活动，靠自己的能力去做力所能及的事。家长适时给予指导和鼓励，从而提高孩子的自信心，增强孩子的独立性，使其主动地去发展自己的能力。

“我的儿子7岁那年，干什么事还都离不开父母，后来，我有意地把一间小屋交给孩子安排。经过一段时间的训练，他不仅敢一人睡一间屋，而且还学会了铺床、叠被、整理房间，从依附向独立迈出了可喜的一步。他经常领小朋友到他的‘领地’来做各种游戏。那神情、那口吻俨然是一位‘小老师’，表现出一定的组织能力和表达能力。”

事实告诉家长们，为孩子创造独立活动的环境，能使孩子的独立性得到迅速的发展。

第二 要给孩子自己作出决定或承担责任的机会 提高孩子的 参与 能力

当今，男孩面临的是信息激增、竞争激烈的时代。家长要给孩子提供一定的机会，让孩子在实践中增强“参与”能力，培养孩子思维敏捷、善于独立思考和应变的心理素质。比如，有客人来访，可让孩子去拿些糖果、糕点招待客人，鼓励孩子与客人交谈、提问、请教，带客人的孩子去玩耍，这样可以提高孩子的社交能力。又如，在讨论家庭计划或节假日安排时，也让孩子发表自己的见解。当孩子讲得有道理时，做父母的不妨从旁叫一声好。这声“好”的作用很大，可以帮助孩子树立自信心，解除孩子心理或身体上的拘束以及口头表达能力上的障碍。同时，对孩子正确的意见予以采纳，保护孩子的积极主动性，促使其独立思考能力进一步发展。

第三 要扩大孩子的生活范围 让他们养成独立观察和认识事物的习惯

有些家长总对孩子不放心，对孩子的活动范围过多地加以限制，结果抑制了孩子主动性的发展，致使孩子习惯于一切坐等父母安排，生活自理能力差，遇到新环境、新情况不知所措。所以，让孩子经常参加一些活动，有助于他们在心理上摆脱对父母的依附，同时可以开阔孩子的视野，增长孩子的见识，培养孩子的责任感、事业心、钻研精神和独立能力等。如节假日带孩子去野外踏青郊游的时候，你可以让孩子留心大自然的景象及其变化，让孩子运用他自己学到的语文、数学知识来解释周围的现象，并不断提出“为什么”,家长适时给予点拨。可以任孩子去跑、去玩、去交往,让孩子仔细观察人们是如何进行劳动创造的,从而激发孩子的劳动热情和创造欲望,使孩子的想象力自由驰骋,逐渐成长为一个大有作为的人。

总之,给孩子放行,给孩子独行的机会,有助于培养孩子自立的能力,这比给孩子留下别的财富更为宝贵。

第 07 章
穷养的男孩有勇气：
小小男子汉要学会远离保护伞

现代社会，竞争激烈，男人要想取得成功，不但要有知识和才能，而且取决于男人的勇气。从目前来看，很多男孩基本是在爱和自由的环境中成长，如遇到困难或者失望就会哭，更谈不上有勇气自己调节和忍受，而那些没有那么多爱和自由、甚至是屡屡受挫的孩子却表现得更加坚强，更加勇敢，适应性和独立性更强，事实告诉我们，男子汉是穷养出来的，因此必须让男孩学会吃苦，因为吃苦精神是一种意志力，是在独立自主基础上战胜困难的勇气耐力和面对挫折的忍受力。具备勇气这一品质，男孩才能在未来社会的浪潮中激起浪花，成为一个敢作敢当、有勇气担当一切的男子汉。

做一个有勇气、有作为的男孩

男孩自从诞生的那一刻起，就被赋予了种种责任，所以男孩又被赋予了一个值得骄傲但又比较沉重的称呼——顶梁柱。父母都有望子成龙的心愿，都希望孩子能傲立群雄、有所作为。但究竟如何教育，才能真正让男孩成为这样的人呢？随着生活水平的提高，人们越来越忽视了“穷”对男孩的意义，在满足孩子很多物质需求的同时，却忽视了孩子精神上的“穷”教育。曾经有这样一个故事：

在“卡特里娜”飓风袭击新奥尔良3天后，卡特里娜·威廉斯决定从被洪水围困的家里撤离。当一个小型救援直升机最终降落在威廉斯一家的屋顶上时，飞行员告诉卡特里娜，由于座位不够，他只能先将几个孩子带走，回头再来接大人们。尽管不愿与孩子们分离，但看着不断上涨的洪水，卡特里娜还是流着泪将6岁的大儿子德蒙特和5个月大的小儿子达罗尼尔送上了直升机，此外还有他们的2个表兄弟和3个邻居小孩，年龄从14个月大到3岁不等。6岁的德蒙特自然成了他们中的孩子王。

德蒙特说起第一次坐直升机的经历还颇为兴奋，他说：“它的声音真的很大，当我往下望时，我看到所有的房子都没在水下。那些小孩子哭得一塌糊涂，但我没有哭。”当直升机降落在地势较高的考斯威大街上时，这些孩子在混乱中迷路了，不过这时德蒙特保持了冷静的头脑，并表现出了巨大的勇气。他紧紧抓住弟弟达罗尼尔，并让那些只穿着纸尿裤的孩子们一个拉着一个的手。当救援人员发现他们时，7个孩子没有走散，并且没有人受伤。救援人员将他们送到了临时避难所，并认为他们是孤儿。

在避难所里，这个6岁的男孩德蒙特将父母的姓名、住址、电话号码和许多有用的信息告诉了工作人员。最终7名孩子与他们的父母在圣安东尼奥团聚了。说起自己的儿子，母亲卡特里娜说："当我听说他所做的事情时，我感到惊讶，同时也为他骄傲。我告诉他，他是个小英雄。"德蒙特则说："人们叫我英雄的感觉很好。"现在德蒙特在圣安东尼奥上小学，他说自己喜欢艺术、科学和篮球，也许有朝一日，他会成为一名优秀的联邦紧急情况管理局官员。

这个小男孩才6岁，却能够临危不乱，从容面对，就其本源，是平时耳濡目染的结果，得到的是"男孩什么也不怕"的教育，所以在关键时候就能做出"不怕"的举动。

临危不乱是勇敢、坚强、智慧的集中体现。它的养成离不开在困难、挫折、失败和厄运中的磨砺。而这就告诉家长，要培养男孩的男子汉气质，就必须从家庭教育开始。家长应鼓励男孩去战胜成长中遇到的困难。在遇到问题的最初阶段，男孩会不知所措，也有可能因受到伤害，产生抵触情绪，而丧失了自己解决问题的机会。但这是一个男孩成功向男人转型不可缺少的阶段，男孩要想成为一个真正的男人，首先就应该有勇气，有独立解决问题的能力，要善于在失败中总结教训，在成功中积累经验。

而很多被父母"富"着养的男孩，在父母的照顾下，无需为生活而烦恼、忙碌，习惯并满足于享受，因此他们看不到也不愿看到生活的艰辛，也经受不到历练自己的机会。可以说，他们内心世界是空虚的，缺乏勇气，只能是父母呵护下的"乖儿子"，而绝非一个敢作敢为的男子汉。

可见，有勇气、敢作为的男孩能够做到临危不乱，在面对困难时往往表现出大将风范。临事之时，从容不迫，面不改色，非庸常之辈所能及，这种能力是通过后天的教育培养出来的。从小"穷"着养的男孩，有着直面困难的勇气；而从小"富"着养的男孩，往往习惯于让别人来为自己包办。因此，作为家长，要让孩子勇往直前，自己做主，毕竟父母的怀抱不能成为他们退缩的天堂。

勇气是男孩最耀眼的光芒

几千年孔孟之道的浸染，形成了中国人含蓄、内敛、宽厚、谦卑的民族性格。然而，在竞争激烈的当代社会，要求人们面对机会能勇敢、大声地说“我行”。因此，培养孩子自我表现的勇气和习惯，成了家庭教育的一个重要内容，对内向、胆怯的男孩尤为如此。有些孩子天生大胆，有些孩子天生胆小，但生活中我们看到的更多的却是被娇生惯养的男孩，被父母宠在手心里，遇到一点委屈碰到一点挫折就扑到父母的怀里哭泣，父母疼到心肝里，替他出头，安慰他，殊不知，越是这样，男孩越是胆怯、怕事，遇事就越发没有主见，这样的男孩怎能长成一个顶天立地的男子汉？

这就告诉那些宠爱孩子的父母，男孩不能富养，富养的男孩没有勇气，男子汉是穷养出来的，那么，作为父母，该怎样帮孩子克服胆怯心理，让他勇敢面对生活中的种种问题呢？

第一 让孩子树立自信心

父母应该让孩子知道，树立自信心是战胜胆怯退缩的重要法宝。胆怯退缩的人往往是缺乏自信的人，对自己是否有能力完成某些事情表示怀疑，结果可能会由于心理紧张、拘谨，使得原本可以做好的事情弄糟了。

因此，父母要教导孩子在做一些事情之前就应该为自己打气，相信自己有能力发挥自己的水平，然后按照想法自己去努力就可以了。

第二 扩大交际和接触面

一般来说，怯于表现的孩子面对众多目光只是觉得不安，并非讨厌赞美和掌声，你只要看看他们投向同伴的目光就知道了。因此，家长应有意识地扩大孩子的接触面，让孩子经常面对陌生的人与环境，逐渐减轻不安心理。闲暇时，带孩子和邻居聊上几句，帮孩子与同龄朋友一起玩耍，建立友谊；购物时甚至可以让孩子帮忙付钱；经常到同事、亲戚家串门；节假日，一家三口背上行囊去旅游，让孩子置身于川流不息的游客潮中……随着见识的增长，孩子面对别人的目光时，便会多几分坦然。

第三 让孩子尝试做一些不喜欢做甚至是不敢的事

一个小男孩正专心致志地拼装玩具超人，当他把超人拼装好时，被一个大个子男孩一把抢去，并把他推倒在地。小男孩从地上爬起来，跑到妈妈面前哭诉。

原本他认为应会去调查事情的真相，再严厉地批评大个子男孩一顿，然后安慰受伤的他，让抢玩具的孩子把玩具还给他，并且道歉认错。然而这位妈妈没有这么做，她了解了事情的真相后，对挨打的男孩说："不要哭，你去把属于你的东西要回来。"于是这个小男孩就跑上去夺回了自己的玩具。虽然过程很辛苦，但他最后胜利了，妈妈看到了小男孩拿回玩具时自信的笑容。

在生活中，家长往往教育孩子要学会谦让，或者通过成人的干预，为孩子解决难题，但却忽略了孩子应该从小懂得维护自己的权利和尊严，并在这一过程中获得自信。家长们，不妨放手，像那位妈妈那样，仅仅是给孩子一句鼓励，让他自己要回属于他的东西，但同时要注意让他使用正确的方式。

也有些孩子总是屈从于他人，不敢鼓足勇气尝试没有做过的事情，时间久了就会误以为自己生来就喜欢某些东西，而不喜欢另一些东西。应该让孩子认识到，什么事情都要敢于去尝试，尝试做一些自己原来不喜欢做的事，就会品尝到一种全新的乐趣。

第四 让孩子学会照顾自己

父母要时时处处注意培养孩子的独立性、坚强的毅力和良好的生活习惯，鼓励孩子去做力所能及的事情，让孩子学会自己照顾自己。当孩子遇到困难时，父母不要一味包办，而要让孩子自己想办法解决。

当然，开始时父母要予以必要的指导，使孩子慢慢学会自己处理各种事情，而不能一下子就不问不管，否则会使孩子手足无措，更加胆小。

第五 保持耐心和关怀

当别家孩子又唱又跳，聪明伶俐似小明星时，看到自家孩子畏缩地躲在一旁，家长难免恨铁不成钢。“没出息的东西，见不得人……”之类的话便脱口而出。也许家长很快能恢复理性，认识到对孩子发脾气是不对的。可对孩子来说，所造成的伤害又岂是家长几句宽慰的话能轻易抚平。当孩子与自己作斗争时，家长的鼓励就像一只温暖的大手，推动他们不断取得进步。

第六 多给男孩在众人面前表演的机会

有了家长的肯定，如果再加上外人广泛的认可，孩子的自信心会得到强化。带孩子走出小家，鼓励他迎着外人的目光勇敢地展示自己，这个过程可能较长，孩子的表现也会有反复，家长应有充分的心理准备。不妨先从孩子较为熟悉的环境入手，亲友聚会是个不错的选择，面对熟识的人孩子会比较放松。比如家长可以看准时机，轻声对孩子说：“今天是外婆的生日，如果为外婆唱首歌，她一定特别高兴。”要注意的是，家长不一定非得当众大声宣布，要给孩子留有余地，众人期盼的目光或是善意的笑声都有可能加重孩子的排斥心理。如果孩子还是拒绝，家长不要再施加压力，给孩子个台阶下：“是不是今天没有准备好呀？那下次准备好时再唱吧。”同时，为了减轻孩子的负面情绪，还可以给他一个微笑或拥抱，或找出别的理由对孩子进行肯定。

通过以上这些方法，当孩子获得赞美、体会到被肯定的喜悦时，自信心便会随之增强；而自信心的增强，反过来又会促使孩子勇于继续尝试。也许孩子一时并不能像那些天性外向、开朗的孩子那样乐于表现，但只要他能学会勇敢地展示自己，就是在把握机会，积极进步。长此以往，孩子自然也就不再胆怯了。

穷养男孩，并不一定是棍棒教育，也并不一定是对孩子节衣缩食，而是要运用正确的方法对孩子进行引导，引导孩子克服一些性格和品质上的弱点，让他成为真正的男子汉。

男孩要有敢于担当的好品质

有责任心、勇于担当是一个男孩最好的品质。“穷”养男孩，不光是在物质上给予男孩考验，更多的是对男孩品质的磨炼。影响一个人意志形成的因素有很多，家庭环境是十分重要的因素，家长的言行对男孩的非智力因素有潜移默化的作用。每个家庭的经济状况不能轻易改变，但是父母可以控制和改变男孩的教育方法。“穷”着养男孩，在艰苦的条件下让男孩懂得担当，成就美好的品质。

2006年2月《环球时报》曾经报道过一个5岁男孩救母的故事。他的名字叫萨契利。当时男孩的母亲驾车带着他和8个月的弟弟赶往父母家。在利镇的266号公路上，不幸发生了。他妈妈在摸手机时车子一下失控了，慌乱中，汽车的左侧重重地撞到树上。前后车窗都被撞碎，车门挤压变形。他妈妈当时就晕了过去，头上鲜血直流。孤立无援的小萨契利先爬到车后座，解开弟弟身上的安全带，然后抱起弟弟从车里爬了出来。他徒步走了将近1公里，敲了3户人家的门。而南希正是他求助的第三户人。当南希打开家门时，她被眼前的景象惊呆了，一个1米高的小男孩，光着脚，一脸恐惧，泪流满面，门廊上放着一个哭泣的婴儿。男孩冲着她大喊：“我妈妈在公路下面。”听完男孩的讲述，南希跳上车前去援救。消防人员也随后赶到。男孩妈妈被送往哥伦比亚医疗中心重症监护室。在昏迷了10天后，她终于睁开眼睛说话了。

这个故事的确令人震撼，一个5岁的男孩，还未对社会有全面的认识，怎能有这样的勇气？无疑，这是家庭教育的结果。父母亲是孩子的第一任老师，父母亲的一举一动都在无形中影响着孩子。试想，哪个长大了的孩子身上，没有家庭教育的烙印呢？或者说，哪个孩子的未来不能映照出父母最初教育的影子和痕迹呢？教育孩子勇于直面和担当，是可以或者说必须在童年，而不是少年，更不是青年。

可是，很多时候，中国父母是这样教育男孩的：

一个小男孩在玩一件玩具，但由于不小心把玩具弄坏了，孩子吓得哭了起来，很多家长会慌慌张张地把孩子抱起，然后狠狠地拍打玩具，再庄重严肃地说，不怪宝贝儿，是玩具坏，把宝贝儿吓坏了，妈妈立刻去给你买个更好玩的。遇到爷爷、奶奶、姥姥、姥爷就越发舍不得孙子哭，赶紧抱起来，拿一堆的好东西和一堆的承诺哄孩子。

当然，给孩子再买一个玩具也花不了多少钱，也可以很快终止孩子的哭声，这样一来，孩子长大后就会觉得自己的错误可以不必自己承担；如果指责玩具，孩子长大后就会为每次的失败找借口，不从主观找原因；如果把孩子骂一顿，甚至打一顿，就会让孩子长大后因为没有勇气坦白而永远把错误隐瞒甚至自己消化。当然，如果孩子用哭获得了补偿，他就学会了要挟，而且如果通过买东西来化解矛盾，无疑就冲淡了家长对孩子教育的持续性和权威性。

很多家长溺爱孩子，他们为了疼爱孩子，连他们在学校的一个小动作都不放过。处于父母保护下的男孩，他们长期生活在家长的“监控”下，无形中会有心理压力。他们每做一件事似乎都可以感受到来自家长的压力，他们不得不畏首畏尾，胆小怕事，这与孩子性格形成所需的自由、轻松的环境相背离，不利于他们个性的形成和智力的开发。幼儿园时期是性格形成的重要阶段，若是他们生活在家长的呵护、溺爱下，这对他们性格的形成和以后的长期发展是不利的。

真正的男子汉是敢于担当的，这是有责任心的体现，这事关孩子一生的成长，父母应该言传身教，让男孩体会到一个小男子汉身上的责任。

让男孩大胆向目标冲刺

人生是一场面对种种困难的“无休止挑战”，也是多事多难的“漫长战役”，但只要有勇气，勇敢向前冲，就能把这些挫折和阻力变成磨炼自己的动力。无论在学习上还是生活上，缺乏勇气的男孩在追求目标时，总是缺乏主动性和信心，所以可能因此而错过原本属于自己的成功和幸福，可以说，缺乏勇气是孩子成长和成功道路上的绊脚石。

每个人成长环境不一，因此而形成的性格和品质也不同，但现在很多男孩在父母这把“保护伞”下，越来越娇气，最终将成为永远长不大的男孩。作为父母要明白，穷养的男孩多会表现出勇敢、镇定、果断的一面，家长只有放手让自己的孩子独立行走，让孩子自己向前冲，他才会“拾级而上”，勇敢地追逐自己的理想和目的，成为一个敢想敢做的真男人。

一个1周岁左右的小男孩，被年轻的妈妈牵着小手来到公园的广场前，要上有十几个阶梯的台阶。小男孩却挣脱妈妈的手，他要自己爬上去。他用胖胖的小手向上爬，他的妈妈也没有抱他上去的意思。当爬上两个台阶时，他就感到台阶很高，回头瞅一眼妈妈，妈妈没有伸手扶他的意思，只是眼睛里充满了慈爱和鼓励。小男孩又抬头向上瞅了瞅，他放弃了让妈妈抱的想法，手脚并用努力地向上爬。他爬得很吃力，小屁股抬得老高，小脸蛋也累得通红，那身娃娃服也被弄得都是土，小手也脏乎乎的，但他最终爬上去了。年轻的妈妈这才上前拍拍儿子身上的土，在那通红的小脸蛋上亲了一口。

这个小男孩就是后来成为美国第16届总统的林肯，他的母亲便是南希·汉克斯。

林肯的父亲是个农民，家境极为贫穷。林肯断断续续地接受正规教育的时间，加起来还不足1年。但林肯从小就养成了热爱知识、追求学问、善良正直和不畏艰难的好品质。他买不起纸和笔，就用木炭在木板上写字，用小木棍在地上练字。他抓紧一切时间看书学习，练习讲演。林肯失过业，做过工人，当过律师。他从 29 岁起，开始竞选议员和总统，前后尝试过 11 次，失败过 9 次。在他 51 岁那年，他终于问鼎白宫，并取得了辉煌的业绩，被马克思称之为“全世界的一位英雄”。母亲南希在林肯 9 岁那年不幸病故。但毫无疑问，她用坚强而伟大的母爱抚养了林肯，使他勇敢而坚定地走向未来。

每个男孩的成长过程就像走楼梯的台阶，随着时间的推移，孩子走过的台阶就越多，是搀扶着上，还是抱着上？不同的父母会有不同的答案。显而易见，如果家长牵着、搀扶着孩子，就会使孩子产生依赖性，常常把父母当成拐棍而难以自立。如果家长抱着孩子上台阶，把孩子揽在襁褓里，那么，孩子就会成为被“抱大的一代”，不经风雨，不见世面，更难立足于社会。平时，孩子饭来张口，衣来伸手，上学接送，晚上陪读，甚至考上大学后父母还要跟着做“保姆”。孩子大学毕业后找工作，又得父母跑单位，这样的孩子是很难自立成人大有作为的。而相反，家长让孩子自己去登人生的台阶，告诉他：加油，要勇敢向前冲！即使他摔了很多次，但他在摔跤的过程中，积累了不绊倒的经验教训，也锻炼了他的意志，这对于他的成长是受益无穷的。

那么，家长应该如何穷养男孩，给足孩子勇气，让孩子勇敢地向前走呢？

第一，家长首先应该注重对其独立自主能力的培养，鼓励孩子独立完成力所能及的任务。让孩子学会自己照顾自己，当孩子遇到困难时，不要一味包办，要让孩子自己想办法去解决。当然，开始时父母要予以必要的指导，使孩子慢慢学会自己处理各种事情，而不能一下子不管，让孩子手足无措，更加胆小。

第二，家长可鼓励孩子与人交往。家长要鼓励和带领孩子多和别人交往，特别是与开朗活泼的同龄人交往，并带领孩子参加力所能及的社会公益活动。借助家庭、学校、孩子的伙伴、亲朋好友的作用，给孩子提供良好的社交平台。

第三，面对胆小的孩子，家长切忌与同龄孩子对比或辱骂孩子，应该不失时机地与孩子沟通，给孩子以鼓励和赞扬，帮助并引导孩子努力克服自身的弱点，尽可能避免孩子因胆怯所造成的心理紧张，促进孩子健康成长。

没有不爱孩子的父母，但要想把男孩培养成顶天立地的男子汉，就不能"富"孩子，不妨让孩子吃点苦，遇到"台阶"先给足他勇气，然后让他自己爬。

男孩要会拒绝，勇于说不

谦让是中华民族的美德，与人分享，才能得到别人的信任、支持和尊重，因此，父母们希望自己的孩子学会与人分享，养成慷慨、大方、谦让的美德。这也是作为一个男子汉必须有的品德。但任何事情都要讲究一个度，若是轻易承诺了自己无法履行的职责，将会带给自己更大的困扰和沟通上的困难，这就需要学会拒绝别人。

但有些孩子不会拒绝别人，究其原因是因为父母包办太多。比如，家里来了小客人，父母总是希望自己的孩子能表现得很好客。于是，当别的孩子想要这个玩具或者那个玩具，而自己的孩子恰好也喜欢，父母可能出于礼节觉得应该教孩子谦让他人，因此总是极力说服自己的孩子放弃需要，来满足小客人的要求。虽然这种做法被许多父母一直延续着，也确实能让父母面子上有光，但是，从孩子成长的角度来说，父母的这种做法也剥夺了孩子自己做主的权利。

也有一些家长"越俎代庖"，有些孩子虽然有不愿意的情绪，但是因为胆量较小，不敢自己去拒绝，这时，好心的家长往往会替孩子拒绝他人，从而维护孩子的权益。这样做的结果，就是使孩子失去了实践的机会，从而导致胆量越来越小，越来越不敢开口说"不"。

洋洋是个腼腆内向的孩子，他从不和小朋友争东西，哪怕是他自己的东西，只要别人要玩，他就会默默放弃。

这天,洋洋又拿着自己的小滑车出去玩了。其他小朋友都对洋洋的小车很感兴趣。洋洋就让小朋友玩,自己则站在旁边干巴巴地等,看着小朋友一个一个轮番上车,洋洋的脸上写满了无奈。

好不容易车子还回来了,可洋洋的手刚握住他的小车,脚还没有跨上去,又有一个小孩叫着要玩小车。这孩子的奶奶不由分说就把孙子抱上小车,推着就走。

在旁边看着的洋洋妈妈气不打一处来,想自己的孩子怎么这么窝囊,自己的东西自己都玩不上,如果被抢夺的次数多了,洋洋肯定会越来越惧怕别的小朋友,这会让洋洋更内向。

想到这儿,妈妈直接走到洋洋旁边,替洋洋吆喝着把车子要了回来。那孩子的奶奶还嘀咕了一声:“没见过你这么小气的妈。”其他小朋友一看洋洋妈妈在身旁,都退到了一边。

妈妈大声对洋洋说:“瞧你这个熊样,自己的东西,你想玩就玩,不想玩就不玩,怎么自己的东西反而被别的孩子抢来抢去,自己都玩不上!”

洋洋低着头,一声不吭。虽然后来洋洋玩着自己的小滑车,可他并不开心。

总结来说,男孩不敢拒绝别人是由于家长的错误教育,家长要把男孩培养成一个勇敢的男子汉,就必须穷养,给他历练的机会,学会拒绝别人,但这个过程也需要家长的引导,因为拒绝别人实在不是一件容易的事。有些孩子在拒绝对方时,因感到不好意思而不敢据实言明,致使对方摸不清自己的意思,而产生许多不必要的误会,同时也容易给自己的心理造成压抑。大胆地拒绝别人,是相当重要却又不太容易的事情。教会孩子学会拒绝别人,将使孩子受益终生。那么,作为家长该怎么做呢?

第一 教孩子泰然接受他人说的 不

在日常生活中,即便是在孩子小的时候,作为父母,你也应该在孩子头脑中强化一个概念:别人的东西不属于我。这样就令孩子明白了拒绝别人的必要。

第二 让孩子坚持自己的决定

有些孩子不敢拒绝同伴的要求是因为害怕别人不跟自己玩，害怕被孤立，于是，别人要什么东西，他就会拱手奉送，可事后他就后悔了。这种情况就是平常说的“没志气”，常发生在年龄较小的孩子当中。

这就需要家长逐渐培养孩子的果敢品质，自己说过的话、做过的事，就应该勇敢承担起责任来，自己拒绝同伴后就应该承担起受冷落的后果，而不是过后就反悔。

第三 教孩子正确认识 面子

孩子不敢拒绝他人还可能是为了照顾面子。比如，虽然自己的钱都是父母给的，但当别人来借钱去玩游戏时，为了面子还是借给别人。有些孩子甚至发展到别人叫他去做一些不合纪律的事情也会违心去做，而事后却遭到老师的批评。可见，让孩子学会拒绝就应该教孩子正确认识面子。

第四 教给孩子委婉拒绝的技巧

拒绝别人某些无法接受的要求或者行为时，妈妈要教给孩子应注意的方式、方法，不可态度生硬，话语尖酸。你要告诉孩子，先不要急着拒绝对方，可采用迂回委婉的方式说明自己的实际情况，既不违反自己主观意愿，还可以给对方一个可以接受的理由。

以下几种方法可供借鉴：

1. 让孩子学会用商量的语气和别人说话

告诉孩子，拒绝别人有时要和对方反复“磨嘴皮子”，直到对方认可。如此，就巧妙地拒绝了对方，避免了一场冲突。

2. 教孩子善用语气的转折

告诉孩子，当不好正面拒绝时，可以采取迂回的战术，转移话题也好，另有理由也可以，主要是善于利用语气的转折：首先温和而坚持，其次绝不会答应。

3. 教孩了学会推迟别人的请求

如果孩子不想答应别人的请求，父母可以教孩子用一拖再拖的办法，推迟别人的请求，比如说“我想好了再跟你说”“我再考虑考虑”等，这都是一种委婉拒绝别人的方法，别人也会从孩子的推迟中，明白他的意图，也不会使双方过于尴尬。

如果孩子能够在自己的权益受到侵犯时勇敢地拒绝他人，那么，当父母的就可以不用那么替孩子操心了。但当孩子没有勇气拒绝的时候，家长就可以尝试上面的几种方法。总之，父母所要做的，就是教会孩子如何平和地、友好地、委婉地、商量地拒绝别人的要求；同时泰然自若地接受他人的拒绝，而不是为孩子解决、包揽问题。教孩子学会拒绝，是父母对孩子独立性和自主精神培养的一个方面，敢于拒绝，勇于说不的男孩才是真正勇敢的男孩。

男孩拥有实力，自然不怕竞争

竞争，在字典里是这样解释的：为了自己的利益而跟别人争胜。良性竞争是发展自己、提高自己的动力，所以，倡导良性竞争是很有必要的，尤其在当今竞争如此激烈的社会里，只有学会竞争，才能更好地适应社会。

对于男孩来说，这也是有男子汉气概的表现，父母只有让男孩积极投身生活的激流，勇于竞争，克服重重障碍，勇往直前，才能让孩子“不输在起跑线上”。

然而，现实生活中，由于很多孩子是家中的独生子女，他们能够得到很多的关爱。尤其是男孩，更是娇生惯养，家长舍不得让孩子受一点委屈。这些从小在蜜罐里泡大的男孩就像温室里的花苗，没有竞争意识，从小不注重能力和实力的培养，经不起风吹雨打。于是，生活中出现了很多的“啃老族”，所谓的“啃老族”就是孩子到了成年还在吃父母，靠父母。这就是家庭教育的失败，没有父母的宠惯，不会有这样的孩子，尤其成年男孩子。因此，培养孩子的实力和勇气，才能让男孩在未来社会的竞争中不被打败。

有位母亲有这样的隐忧：儿子已经9岁，身体的发育超越了同龄的孩子，高高的个子，健壮的身体，帅气的面庞，可他的心理年龄依旧停留在小奶娃的阶段。尤其是在勇敢、独立和竞争方面让我着急，让我不知所措。儿子父亲因为工作原因常驻国外和外地，孩子的教育基本都是我在一肩挑，家里的住房面积比较大，空旷的房间里，楼上楼下就我们两个人，楼上有个窗动门响的，他就躲在我后面，手指着楼梯说："妈妈，你走前面，让我们上去看看！"一脸恐惧的样子。如果晚上他睡觉，半夜醒来，必定要拉开所有的灯，跑到我房间找我，然后倒在我身边睡觉，有时，我故意跑到客厅的沙发上睡，看他半夜起来，还找不找我。无可救药的是，他居然找到客厅，躺在地板上睡，也不回自己房间。

儿子在小区里有三四个要好的同学，他们经常到我家来玩电子游戏，比如赛车、三国，他们在一起很友好，但友好得让我有点担心，他们从不比第一。

这位家长的隐忧是有道理的，不愿意做元帅的士兵就不是好士兵，必须从小培养孩子的竞争意识，谆谆教诲他们适者生存。也有越来越多的家长认为，"乖"孩子已经不适应社会了，要想将来不被社会淘汰，就要从小具备竞争意识。为此，家长们纷纷出"奇招"为孩子在竞争中获胜创造条件，如带孩子参加招聘会、给孩子报名参加各种比赛等，让孩子从小体会到成人世界的压力，并将压力转变为学习的动力，让孩子具备实力，这样的孩子自然不怕竞争，在竞争中也就有勇气过五关斩六将，最终获得成功。

物竞天择，适者生存，当今社会更是一个处处充满竞争的社会，一个真正的男子汉除了血气方刚、敢想敢做以外，还要用知识武装自己的头脑，这样才能在失败中总结教训，在成功中积累经验，但"宝剑锋从磨砺出，梅花香自苦寒来"，作为父母，就必须穷养男孩，让他磨炼出这种品质和能力，让男孩在未来社会中做个勇敢、有实力的男子汉。

告诉孩子，天生我材必有用

望子成龙、望女成凤是父母最大的心愿，每位家长都希望自己的孩子能够成为社会上的有用之人，尤其是对男孩，因为毕竟男孩要承担更多的责任。但随着物质生活条件的改善，男孩们受到了不同程度的娇惯，许多孩子在家庭教育的呵护下，反而形成了自卑、封闭、孤独的心境。尤其是在遇到失败、遭到挫折以后，面对“恶劣”的环境无精打采，他们以自己是个“不行”的人为理由，选择逃避，说明自己已无能力解决所面对的问题。男孩产生这种心理的原因主要来自家庭，作为父母，必须重新审视自己的教育方式，穷养男孩，让男孩经受生活的历练，方能发现自己非凡的才能，明白“天生我才必有用”的道理。

那些认为自己无用的男孩大多有这样的表现和心理：有些孩子在人群聚集的场合无法参与谈话，想表达自己心里的想法，但又张不开口，甚至害怕自己的表达不好。他们开始讨厌自己，认为自己很没用，在整个交际过程中，他都处于一种紧张的状态。这对孩子的成长是十分不利的，这些孩子往往十分脆弱、自卑，他们摆脱不了挫折的阴影，或者干脆躲在阴影中看这个世界。

但实际上，每个人都有独特性，没有谁是没用的。很多男孩总是认为“自己无用武之地”，但其实，人生是一个不断探索的过程，发现人生价值并实现它也是一个漫长的过程。

永远失去父亲的那一年，哈兰·山德士还不足5岁，连自己的名字尚拼写不完整，家里的人哭作一团时，他觉得很好玩，因为一时间没有人能顾及他，他可以自由自在地满镇子去疯。

14岁辍学后回到印第安纳州的农场，上学时他不开心，干农活仍让他不开心，在电车上售票还是让他不开心，瘦削的小脸上罩满与年龄不相符的沉重与愁苦。

17 岁，他开了一个铁艺铺，生意还未完全做开就不得不宣告倒闭。

18 岁，他找到生命中第一个爱的码头，并栖身在此。但不久后的一天，他再回家时，发现房子里的东西被搬迁一空，人也不见了踪影，爱情以迅雷不及掩耳的速度流失，码头从此荒废。

他尝试过卖保险，失败了。他力争到一份轮胎推销业务，也失败了。他学着经营一条渡船，失败了。他试着开一家汽车加油站，也失败了。

他在几乎清一色的尝试与失败中晃到了人生的中年，这个中年的生命苍白无力到甚至无法从前妻那儿见自己的女儿一面。为了这日思夜想的一面相见，这个落寞的中年男人想到了绑架，绑架自己的女儿，然而，就连这荒唐之举，在他不惜弯下男儿之躯在路边草丛中潜伏守候了十多个小时之后也宣告失败了。这个几乎被失败判了死刑的人，又晃过了几十年无人知也无人欲知的岁月之后，一天，他收到了 105 美元的社会福利金，他用这点福利金最后开了一家想以此为生的快餐店——肯德基家乡鸡。随后的快餐史便是一部肯德基史。

天生我才必有用，哈兰·山德士的故事就说明了这个道理，没有人的成功是一蹴而就的，家长也要让男孩明白这个道理，因为真正的男子汉是有勇气、敢作敢为的。

那么，家长应该怎样克服男孩的这种错误心理，让儿子坚信天生我才必有用呢？

第一 要引导孩子正确认识自己 接纳自己

一个人要对自己的品质、性格、才智等各方面有一个明确的了解，方可在生活中获得较为满意的结果。除此之外，不要讨厌自己，不要以为自己羞怯就容忍自己的短处。一个人不要看不到自己的价值，只看到自己的不足。

第二 要让孩子学会正确与人比较

这一类孩子往往拿自己的短处跟别人的长处比，其实，这样越比越泄气，越比越自卑，有的孩子因为学习不好而产生“无用心理”就是这个原因。

如果自己的孩子学习不好，家长就不应该将孩子与学习成绩好的同学相比。如有的父母经常说:“你看看隔壁的小刚,年级和你的一样,他的成绩就这么好,为什么你的成绩就这么差?”这种比较只能使孩子越比心情越糟,在比较中扬孩子的长、避孩子的短往往更能增强其自信心。

第三 给孩子适当的鼓励

(1)在生活中要注意并善于发现孩子的优点和点滴的进步,并不失时机地给予肯定和表扬。

(2)不要总拿孩子的缺点和别人的优点做比较,更不要贬低孩子。

(3)不管你的孩子表现如何,都不能随便作出“没有出息”之类的负面判断,也不能任意给孩子贴上“窝囊废”之类的灰色标签。

(4)不要单纯抽象地用貌美、聪明、学习成绩好等夸奖来满足孩子的自我表现欲,而要尽可能地在不同层次上让孩子看到自己特有的优势,从而实现高质量的自我满足。

(5)要教育孩子重视自己每一次的成功。成功的经验越多,孩子的自信心也就越强。

(6)要让孩子知道,只要付出,就会有收获;付出得越多,收获就越多。

总之,家长要努力塑造孩子勇敢、坚强的个性。要让你的孩子知道:只有自信才能挖掘自己的潜力,才能有勇气正视自己的优点,也才能发挥自己的价值。勇敢、做事不畏首畏尾、相信自己的男孩才是真正的男子汉,家长在穷养男孩的时候,适当地引导孩子,也是这种教育方式的要义之一!

让男孩知道失败并不是什么大不了的事

“有志者,事竟成,破釜沉舟,百二秦关终属楚;苦心人,天不负,卧薪尝胆,三千越甲可吞吴。”这句励志名言告诉无数失败的人,失败并不可怕,只要有勇气承担失败,然后从失败中站起来,即使屡战屡败,也会自强不息。

而这种承担失败奋起的勇气就需要经历人生的磨炼方能获得，是否拥有钢铁般的意志，是父母培养男孩成才不可忽视的问题。古之立大事者，不唯有超世之才，但必有坚韧不拔之志。如今很多家长都希望自己的孩子成绩优异，只要孩子好好学习，对孩子的要求尽量满足，但却忽视了意志力的培养，没有坚强的意志，男孩很难拥有与挫折抗争的勇气和决心。从小培养男孩坚强的意志，才能够比一般人更有勇气去迎接困难、挑战困难、战胜困难。

因此，男孩必须要穷养，人生不顺，但这种经历也是一种财富。生命中的每个挫折、每个伤痛、每个失败，都有它的意义。很多父母已经意识到这个问题，于是，出现了很多对孩子进行“吃苦”教育的夏令营活动、“带孩子去上班”等，还有新近兴起的“磨难教育”“学军学农”，在日本，甚至许多家长鼓励孩子从事冒险活动，其目的无非是让孩子多经历一些坎坷，这样可以培养锻炼孩子们接受挫折和战胜挫折的能力和意志力。

长大去打 NBA，这是所有爱打篮球的美国少年最向往的梦，“我长大后要去打 NBA。”当年幼的博格斯向同伴说出这句话时，同伴无不捧腹大笑，竟然有一个笑得跌倒在地。博格斯长得太小了，他在同伴中是最矮小的一个。他身高只有 160 厘米，这样的身高即使在东方人里也算矮子，更不用说是在两米都嫌矮的 NBA 了。

博格斯没有因为同伴的嘲笑而放弃努力；相反，他热爱篮球，下定决心要打 NBA。他天天和同伴奔跑在篮球场上。其他人回家了，他还在练球；别的孩子都去享受夏日的凉爽，他依然在篮球场上挥汗如雨。他在篮球场上花了比别人多几倍的时间。

他深知像他这样的身高，要想进入 NBA 必须要有过人之处。他充分利用自己矮小的优势：行动灵活迅速，像一颗子弹一样；运球的重心最低，不会失误；个子小不引人注意，抄球常常得手。

终于，他成功了。在 NBA 中，博格斯是夏洛特黄蜂队中表现最杰出、失误最少的后卫之一。他不仅控球一流，远投精准，甚至在高人阵中带球上篮也无所畏惧。他像一只小黄蜂一样，满场飞奔。

博格斯不仅是现在NBA里最矮的球员，也是NBA有史以来创经录的矮子。他把别人眼中的不可能变成了现实。这就是勇气，使之能一次次接受失败，然后从失败中寻找出自己的优势，重新站起来，迎接新的挑战。

男孩怕苦，就不会成功，就不会搞好学习，遇到困难就后退，悲观地对待生活，这样很难适应社会的竞争。作为男孩的家长，注意实践磨炼是让孩子直接理解人生、融入社会、锻炼意志、培养自信的最重要手段，对于一个人的成长非常重要。那么，父母该怎样通过穷养来培养男孩接受挫折和失败的勇气呢？

第一 男孩要自立

这其中最重要的是要让孩子在心理上独立。家长不能代替孩子去考虑问题，要让孩子自己去思考，尊重孩子的意见，使孩子有主见，从而为孩子以后的成功打下基础。

第二 设置生活挫折和障碍

在生活中，设置一些挫折，让孩子去面对，也可以让孩子参加社会实践，或者让孩子到外面打工，锻炼自己，接触社会，培养吃苦精神。

第三 家长主动与孩子吃苦

由于现在的家长忙，与孩子的沟通少，造成父母与孩子的代沟越来越大，去弥补这个缺陷，只有靠家长多与孩子在一起。所以家长可以与孩子参加晨跑，参加体育运动，如一起打球，一起游泳，一起旅游，这样可以增加与孩子沟通的机会，同时让孩子得到了锻炼。

父母应该相信男孩自己的判断力，当男孩失败后，给他足够的时间调整自己的心态。而强迫他接受你对他的帮助，会使他产生真正的挫折感。男孩接受现实后，会自己进行调整。即使失败了父母也要相信，下次孩子一定可以做得更好。

总之，家长不要错过让男孩学习、锻炼的每一次机会，努力提高男孩接受现实的勇气，为今后生存打下良好的基础。未来是属于孩子的，未来的路要靠他们自己去走，未来的生活要靠他们自己去创造。因此，家长要做有心人，绝不能“富”着养男孩。

第 08 章
穷养的男孩有担当：
让孩子为自己的行为负起责任

有责任感自古以来就是男人身上最吸引人的气质，责任是男人肩头的“徽章”。因敢于担当，不推卸责任，才让男人更显魅力。社会、家庭对男人的期望值都非常高。但随着计划生育只生一个好的政策，很多家庭都只有一个独苗苗，造成了全家上下围着一个孩子转，让男孩觉得自己是受保护的对象，造成了孩子责任意识淡漠，这对男孩的成长极为不利。父母对男孩要从小进行责任心的教育，让孩子在“吃苦”中明白什么是责任感，该怎么担当责任，让他们未来能担起家庭和社会的双重责任，成为一个顶天立地的男子汉。

男孩必须知道责任是什么

人是一种社会性的动物，责任是对人的一种制约，所谓责任心，是指个人对自己和他人、对家庭和集体、对国家和社会所负责任的认识、情感和信念以及与之相应的遵守规范、承担责任和履行义务的自觉态度。每个人都肩负着责任，对工作、对家庭、对亲人、对朋友，我们都有一定的责任，正因为存在这样或那样的责任，才能对自己的行为有所约束。社会学家戴维斯说："放弃了自己对社会的责任，就意味着放弃了自身在这个社会中更好的生存机会。"

责任心对于一个男人来说至关重要。男人最重要的品质就是责任感。事业有成者，无论做什么，都力求尽心尽责，丝毫不会放松；成功者无论做什么职业，都不会轻率疏忽。这就是一份责任。男人的责任感必须从小培养，父母在这个过程中发挥着极为重要的作用。影响一个人意志形成的因素有很多，家庭环境是十分重要的因素，家长的言行对男孩人格发展有潜移默化的作用，"穷"着养男孩，让男孩从小磨炼出一种勇于担当责任的品质，才会把男孩培养成一个真正的男子汉。

一个 11 岁的美国男孩踢足球时，不小心打碎了邻居家的玻璃。邻居向他索赔 13 美元。那是在 1920 年，当时 13 美元可是笔不小的数目，足可以买 125 只生蛋的母鸡。男孩没有办法，只好去向父亲承认错误，请求父亲的帮助。然而，父亲却斩钉截铁地说，男孩必须对自己的过失负责。

"我哪有那么多钱赔人家？"男孩非常为难。

"我可以借给你。"父亲拿出 13 美元，"但一年之后你必须还我。"

于是，男孩开始了艰苦的打工生活。经过半年的努力，男孩终于挣够了 13 美元，还给了父亲。这个男孩就是日后的美国总统里根。他在回忆这件事时说："通过自己的努力来承担过失，使我懂得了什么是责任。"

作为男孩的家长，应该从身边的小事开始，培养男孩子的责任意识，让孩子意识到责任的重要性，而这就不能富养男孩。“富”着养的男孩，从小就被父母“保护”起来：他们在生活上接受了过多的照顾和包办，行为活动受到了过多的限制和干涉，在需求上也给予过多的满足。这样造成了男孩子越来越娇气，生存的依赖性强，心理素质差，自然就不知道什么是责任了。

作为家长，一定要让男孩从小历经生活的磨炼，让他明白什么是一个男人应该承担的责任。

第一 父母的教养态度和行为对孩子责任心的形成具有重要作用

对孩子采取民主的态度，鼓励孩子独立思考，允许他们表达自己的观点和看法，有利于孩子形成责任心。娇惯、过度保护孩子，让孩子从小养尊处优、自私自利、为所欲为，孩子成年后就会缺乏对社会和他人的责任心。让孩子绝对服从的教育方式只能培养出唯命是从、毫无主见、不敢负责的人。

第二 孩子心中有爱 关心他人 善待他人 这是培养孩子责任心的基础

比如，要求孩子主动关心老人、病人和比自己小的孩子。父母生病的时候，让孩子学会照顾父母；让孩子知道父母的生日，鼓励孩子给父母送上一份生日礼物。

第三 让孩子做力所能及的家务劳动 培养孩子对家庭的责任心

和孩子进行协商，向孩子解释他们应该做某事的理由。把每件要求孩子做的事情对孩子交代清楚，保证孩子能完全理解。耐心指导孩子做家务，以鼓励、表扬、奖励等方式对孩子进行积极的反馈。

第四 让孩子信守诺言 要对自己的言行负责 父母为孩子做出遵守诺言的榜样

父母无论作出什么许诺，都要尽可能地实现，如果不能实现的话，一定要向孩子说明。告诫孩子不要轻许诺言，一旦许诺，就必须遵守。积极支持孩了参加学校的公益劳动和集体活动，培养孩子对集体的责任心。

但责任心的培养，最终目的还是要让男孩学会担当，“担当”的意思是：

接受并负起责任,意在强调行动的重要性。

曾经有篇报道,讲述了一个16岁的农村少年,以优异的成绩考取了师范学校,面对着瘫痪在床无人照顾的父亲,无奈之下卖掉了全部家产,背着父亲走进校门,开始了漫长而艰辛的求学之路。

一个“背”字,不仅体现了父子之情,也体现了孩子对家庭的责任,这个少年就是“担”起了家庭的责任。

责任不需要整天挂在嘴边,这是一种意识,我们希望男孩明白,在遇到事情的时候必须承担后果。男孩从小学会“担当”,长大了自然就会有责任心。

因此,家长要穷养男孩,从生活中的小事开始,让“责任”作为一种品质植根男孩的心灵,这样才会培养出一个愿意担当、又能担当的男子汉。

在生活中培养男孩的责任感

生活水平一代比一代好,男孩从长辈那获取的关爱也是越来越多,如今四个老人、一对父母疼爱一个孩子的现象已是不争的事实,可在这种家庭环境下教育出来的男孩却好逸恶劳,凡事默然。试想,一个不爱劳动的孩子又怎能积极主动地做其他事情?那些从小就主动自己打扫卫生的男孩,在参加班级及校内外活动方面都表现出了高度的责任感。家长不光要让男孩学习好、身体好,更重要的是要从小让他们具有承担责任的良好素质,长大后才能承担起对家庭、对社会的责任。

曾经看到过这样的报道:几位求职者面对主考官提问时,侃侃而谈,但经过考场门口时,却因为没把横在门口的一把扫帚扶起来而遭淘汰。主考官事后说:“从一把倒地的扫帚可以看出这个人是否有爱心,能否为别人着想,小事都不愿做,又何谈做好工作?”

的确,通过是否热爱劳动,就能看出一个人责任心的强弱。通过劳动,可以培养孩子的责任感。其实，好逸恶劳本来不是孩子们的天性，而是家庭教育的结果。一般来说，家庭教育中就忽视了劳动教育，甚至还轻视劳动的价值，不少家长只是认为孩子上学就是学习知识，就是为了上大学，从而脱离劳动。我们都知道，孩子很小的时候，刚刚会动作，就想做点什么。我们会看到很多孩子会跟着父母忙前忙后，可往往得到的不是表扬，而是指责，埋怨碍事，埋怨添乱。其实，人都是要从自己所做的事情当中体现出自己存在的必要和价值来的，培养孩子的责任感，进行劳动教育，也正是从这一点入手。

我们都知道著名的魏书生老师，他曾经带过一个所谓刺头儿的学生。当这个学生转到他班的时候，第一次和学生谈话，魏书生让这个学生谈谈自己的优点，这个学生说自己没有优点，全是缺点，打架骂人、不好好学习、不遵守纪律等。但魏书生一定让他找到自己的优点，学生想了几天，好不容易想到"自己的心眼好"。魏书生老师就借着这一个"好心眼"大做文章，引导学生想，如何能够让同学们都感觉到自己的"好心眼"。后来这位学生想到，自己可以为班级修理桌凳，得到老师的肯定后，这位同学就经常检查同学们的桌凳是否坏了，如果发现有不好的，就马上修理。后来，魏老师不仅肯定了这个学生为班级作贡献的光荣劳动，还引导学生遵守纪律，热爱学习，使其不仅成为班级中的优秀学生，学习成绩也进入班级前五名。

魏老师教育这个学生的方法，就是从劳动方面加强孩子的责任感，家长在教育孩子的时候也要这样，帮助孩子树立"劳动光荣"的理念和态度，具体说来，家长可以这样做：

第一，男孩还小时，要培养生活自理的能力，慢慢长大的同时，要学习承担一些家庭劳动。父母可以根据男孩的年龄及能力，给男孩布置一些任务，随着男孩年龄的增长，赋予他们的责任也该相应增大。例如上幼儿园的男孩要学会自己穿衣服、吃饭，帮妈妈拎购物袋；七八岁的男孩要学会自己收拾房间，自己叠被子、整理、修补自己的玩具、图书，帮助摆放全家用的餐具，饭后扫地、倒垃圾、打扫楼道等。不论是什么任务，父母都应该用孩子能理解的方式给孩子讲明，使他意识到自己有责任将它做好。

第二，劳动的时候孩子表现得如何，家长要记在心里，尤其要想一想，要肯定的是哪些方面，要表扬的是哪些方面，应该提醒孩子注意的又有哪些，当孩子体会到劳动的快乐、获得家长肯定的时候，能从劳动中获得自我价值的肯定，同时，也有了“要把一件事做好”的意愿，这就是让孩子形成了一种责任意识。

第三，家长要让孩子明白，一次没有做好，没有关系，关键要引导孩子想，以后该怎么做，让孩子劳动，不是单纯地为了劳动，而是一种教育，要形成规矩，养成习惯。有些事情虽然父母可以做，也要让男孩坚持自己做。比如让八九岁的男孩去给奶奶送东西，告诉孩子，这一周爸爸妈妈很忙，你去替爸爸妈妈买些东西给奶奶送去；向提出一些问题，引导孩子独立思考和选择，大胆发表自己的见解，使其认识到家庭的美满幸福要靠爸爸妈妈和自己的共同参与等。

简言之，只有家长给男孩劳动的机会，让孩子树立一种责任感，然后教会孩子承担的能力，男孩才有承担的可能，这是一个循序渐进的过程。如果家长能够逐步放手，给予男孩相应的信任，男孩的责任心就会随着年龄的增长循序渐进地培养起来。如果家长不懂得及时放手，男孩克制自己积极向上的一面，变得越来越冷漠，心怀敌意而难以管理，男孩的责任心也就逐渐丧失了。

让男孩成为一名合格的家庭成员

每一个男孩身上都寄托着家庭对他的无限期望，要成长为一个真正的男子汉，男孩要学会对家庭负责、对父母负责。作为家庭中的一名成员，孩子既应该享受权利，也应承担一定的家庭责任，包括建立家庭中的岗位，承担一定数量的家务劳动。如果一个孩子在家庭中的责任心难以确立，将来走上社会后也难以向社会的责任心过渡。

有一对双胞胎姐弟，当他们回答别人的询问时，总是姐姐回答，弟弟只是做些简单的补充，姐姐的性格大方开朗，并且很有责任感，弟弟则性格内向、腼腆，有些胆小怕事。这两种不同性格的背后，则是奶奶常对他们说的一句话："你是姐姐，要爱护、保护弟弟，这是姐姐的责任。"正是姐姐的责任，让姐姐从小担起保护人的角色，而弟弟则是被保护人的角色，不同的角色造成了二人不同的个性品格。

姐弟俩接受的是不同的培养方式，姐姐总是充当着保护弟弟的角色，使这个小男孩有依赖感，胆小怕事，这样的男孩很难有责任心，而责任心是男孩健康成长的基石，也是男孩成为绅士最基本的条件之一。这样没有责任心的男孩，他的成长是不完整的而这份不完整，将会极大地限制他将来的人生走向和生活模式。

时下很多家长都是越俎代庖，包办一切，使男孩产生依赖感。在培养孩子的责任感方面往往有这样一个误区：孩子小的时候，父母会因为孩子小而把所有的事都帮他做，使孩子失去了主动、独立做事的机会。一旦孩子长大了，到了小学高年级或是中学，想让他独立地做一些事，这时孩子却并没有这个能力。于是，父母开始埋怨、着急，认为孩子不懂事，自己的辛苦没有得到回报。

家长要让男孩明白，他必须做一名合格的家庭成员，承担起家庭的一部分责任，这样他才有能力在未来的家庭生活中承担起一个男人的责任。那么，家长应该怎样从家庭开始，培养男孩的责任心呢？

第一 给予男孩充分的信任

当男孩被信任，被认为有能力并被接受的时候，他会关心更多的事物，没有什么比信任更能促使男孩建立起责任感了。反过来，信任的缺失最终也必将导致男孩责任感的缺失。

生活中，很多家长处处对孩子包办代替，这不是在帮助孩子，而是在坑害孩子。家长们毕竟不能包办男孩的一生，当男孩走入社会、独自面对风雨的时候，谁来替他包办呢？他们总认为孩子还小，处处不放心，给予孩子过度的保护，什么事都替孩子安排好、处理好，不让孩子做任何事情，替孩子解决所有的问题……包办的背后其实是对男孩的不信任，而这样的男孩，其责任感在萌芽状态就被扼杀掉了，又如何期待他们“顺理成章、水到渠成”地承担起责任呢？

第二 家长要以身作则 尽到自己做父母的责任

家长自身对家庭、对社会的责任心如何，对孩子来说是一面镜子，父母的责任心水平可以折射出孩子的责任心。一个对家庭、社会毫无责任感的父母，不可能培养出有责任心的孩子。

家长要给男孩树立一个好榜样。父母在男孩心目中一般都具有绝对的权威，所以父母的言行举止对男孩的影响是深远和巨大的。一个在生活中处处表现得不负责任的父母，即使想教育男孩做事要有责任心，男孩也会很不服气，很不以为然。反之，如果对待学习、工作都是很认真负责的态度，孩子也会受到耳濡目染。此外，父母可以时常有意识地与孩子谈自己的工作，把自己完成一项任务、克服一个困难后的愉快和成就感传达给孩子，使孩子能具体地感觉责任意识在生活中的重要性，从而主动、积极地养成责任习惯。

第三 让孩子养成动手的好习惯 自己的事情自己做 还要承担一定的家庭劳动

责任心的培养要通过孩子自身的实践体验，家长越俎代庖是无济于事的。有的家长代孩子整理书包，帮助孩子检查作业，这是责任心的“错位”和“越位”。让孩子自己承担失责的后果，孩子才能懂得上学读书不是个人的私事，而是对家庭和社会的一种责任。

对孩子家庭责任心的培养还应该大处着眼，小处着手。要让孩子在家庭岗位上感受责任的分量，倒一次垃圾、洗一块手帕都应给予表扬鼓励，失责时应给予批评和惩罚。只有这样，才能让孩子走出自我中心，强化对他人和周围环境的责任心。

总之，父母可通过鼓励、期望、奖惩等方式，督促孩子履行职责，培养责任心。父母包办代替，其实是剥夺了男孩为家庭承担责任的机会，不利于男子汉气概的获得。为了让男孩坚强起来，父母有时要心“狠”一点，让男孩在承担责任中磨炼自己。对家庭负责的意愿和能力，是从小培养起来的，放手让孩子承担一定的家庭责任，这极有可能为孩子将来的发展打下良好的基础。

男孩要学会为自己的错误道歉

责任心是孩子健全人格的基础，是能力发展的催化剂。责任心培养应遵循这样一个规律：从自己到他人，从家庭到学校，从小事到大事，从具体到抽象。遵循这样一个过程，我们发现，家庭在培养孩子的责任心方面发挥着无法替代的作用，其次，责任心的培养有一个起点，那就是先要为自己的行为承担责任。修身、齐家、治国、平天下，修身是一切成功的基础，连自己都管理不好的人，无法承担更大的责任。要想成为一个负责任的男子汉，就要让男孩学会承担责任，首先对自己的行为负责。当孩子做错事的时候，家长一定要让男孩学会道歉。

美国著名心理学盖瑞·查普曼博士提醒说：“孩子在小时候就能学会道歉的语言，随着年龄的增长，他们对道歉的重要性会有更深的领悟和理解，为今后的道德和人际关系发展奠定基础。”

每个人都生活在一定的关系中，谁也避免不了在与人交往时会伤害别人或被别人伤害。做错了事说声“对不起”是一种符合社会行为、体现人的素质、增进人际交流必不可少的行为标准之一，尽管大多数伤害是无意的，但学会道歉和学会接受道歉，是打开通向原谅和恢复关系大门的最有效钥匙。

通常，我们都需要经历一个漫长的过程才让孩子明白，当他的行为让别人受到身体的或者情感上的伤害时，他应该表示道歉。而一旦孩子能够发自肺腑地说出“对不起”，那么他不仅仅是掌握了一项社会技能，更重要的是，他同时学到了怎样去补救自己的过失，怎样对自己的行为负责，怎样照顾他人的情感。那么，家长该怎样学会这门教育真经，让男孩在伤害对方的时候，为自己的行为负责，向对方道歉呢？

第一 让孩子学会认错 这是让孩子学会道歉的第一步

孩子没有学会道歉，可能是因为不懂得是非概念，不知道生活中什么是对的，什么是错的，为什么是错的，更不知道自己应该怎样改正错误。因此，父母切不可对孩子动辄责备，应耐心地告诉孩子为什么错了，错在哪里。认错需要一定的勇气，孩子不敢认错，可能是害怕承担后果，父母应给孩子一种安全感，告诉孩子每个人都有犯错误的时候，只要改了就是好孩子，避免孩子产生畏惧感。

第二 当孩子做错事时 父母应及时地给予教育并纠正

让孩子知道错误不是不可挽救的，只要改好了，就可以得到原谅。父母千万不要在孩子做错事后，一味地批评、指责孩子，这样易导致孩子产生逆反心理，以后犯错时就会总想找借口推托。对懂得道歉但又频繁犯错的孩子，父母不仅要注意孩子的言语道歉，更要关注孩子改正错误的行为。因此，如何处理孩子所犯错误的方法，比孩子犯的错误更值得父母思考。

第三 可教会孩子一些真诚地向别人道歉的艺术

(1)教会孩子用一些小礼物表达自己的歉意，这就是“尽在不言中”的妙处。孩子之间的矛盾不是什么“深仇大恨”，只要有一方主动示好就能化解。

(2)让孩子切记道歉并非耻辱，而是真挚和诚恳的表现。

(3)除非道歉时真有悔意，否则对方不会释然于怀，道歉一定要真诚。

(4)告诉孩子道歉要堂堂正正，不必奴颜婢膝。想把错误纠正，这是值得尊敬的事。

(5)让孩子明白，应该道歉的时候，就马上道歉，越耽搁就越难启齿，有时会追悔莫及。要抓住时机不要放过机会。

当然，家长要以身作则，给孩子树立好榜样，自己做错的时候，也要真诚道歉。让孩子对自己的行为负责，不能让孩子成为一个敢作不敢当的懦夫，责任感的缺失会导致人格的缺失。相反，一个真正的男子汉不仅是一个勇者，也是一个能屈能伸、能为自己行为负责的人。为自己的行为负责，这是男孩责任心培养的重要方面，是男孩担当家庭责任、社会责任的前提。

男孩要学会承担应负的责任

在一个人的成长过程中，每个人所要学习的东西很多很多。其中，学会承担责任是孩子人生成长过程中必经的一个重要步骤，是人生旅途中非常重要的一堂课。而这堂课，就需要家长给孩子上。因为责任感不仅要让孩子有责任心，还要让孩子勇于承担责任，这才是教育之根本目的。

让孩子成为一个敢担当、能担当的人，是穷养男孩重要的内容之一。如今，在孩子的教育问题上，不少家长都感到很头疼。出于对孩子的疼爱，有些父母，尤其是爷爷、奶奶、外公、外婆，往往会一味地怕承担责任，而忽略孩子所犯的错误，甚至纵容孩子。让孩子长大后成为一个正直、有所担当的人，家长的责任重大。作为父母，在孩子犯了大错时，父母要勇于承担自己做父母的责任，为孩子做出很好的榜样，让他们明白做错事就要承担责任，要知错就改。为孩子包揽一切，甚至是过错，这不是爱孩子，而是害孩子，在教育孩子的方法上这是个败笔。

那么，家长应该怎样教会孩子承担呢？

第一 让孩子做事有始有终 自己酿成的苦果自己负责

男孩与女孩不一样，他们不会“安分守己”，好奇心强，什么都想去摸摸，去试试，但是随意性也很强，经常做事虎头蛇尾或有头无尾。所以交给男孩的事情，家长要有检查、督促以及对结果的评价，以便培养孩子持之以恒、认真负责的好习惯。

明明去少年宫排练节目，由于走时匆忙，忘了将排练时用的音乐磁带拿上。明明发现后连忙给妈妈打电话，恳请妈妈快快把磁带送来，以免耽误了节目排练。

“不行！”妈妈说得斩钉截铁，“自己的事情自己负责！”

“时间来不及了，妈妈，求求您了！”明明急出了满身大汗。

“这事没商量！”妈妈说着，便挂断了电话。

其实，当时妈妈正在家里休息，她并不是没有时间送去，而是要儿子承担这个责任。明明只好跑步回家拿了磁带，又急匆匆赶回了少年宫。老师的批评、同学的斥责，使明明自责而内疚。

从那以后，明明每次出门，都要检查自己的东西是否带齐。妈妈的一次理智而“狠心”的拒绝让明明知道，如果再犯类似的错误，别人是不会帮助他的，一切都要靠他自己。更难得的是，明明明白了，他不仅要对自己负责，还要对老师和同学的信任负责。

第二 让男孩学会做自己不喜欢做的事情

英国王储查尔斯曾说：“有很多事情我们都不喜欢做，但我们不但要做，而且要做好，这就叫做‘责任’。”“做好你不愿做的事情”是人成熟的标志之一，没有兴趣也要用心去学习，绝不可放弃，这依然是责任。

第三 有意识地为孩子设置一些生活障碍 让孩子自己担当

有一天，门铃响了，这家主人汤姆打开门，见一个小男孩站在门前，他自我介绍叫亨利，并指着斜对面那栋漂亮的房子，告诉汤姆那是他家。然后问：“我可以帮你剪草坪吗？”汤姆看着他那瘦小的身材，很难相信他能够剪这前院、后院面积颇大的草坪，不过，既然是他主动要求做，就点点头说：“好啊！”

男孩很高兴地推来剪草机，开始工作。他把笨重的机器推来推去，剪得相当整齐。

完成工作后汤姆付给他 10 美元，好奇地问他：“你挣钱做什么用？”男孩说：“上个星期我过生日，爸爸给我买半辆自行车的钱，我要赚另一半的钱。

如果下个星期再让我给你剪草坪，我就可以去买了。"

从那以后，汤姆家剪草的工作就给男孩承包了。慢慢地，附近几家的草地也都包给他去做……

在家庭教育过程中，只要父母掌握好"扶"与"放"的尺度，让孩子承担起他应负的责任，他就能走向独立的人生之路。

能独立担当责任，意味着男孩的成熟，家长在教育男孩的时候，应该做个有心人，帮助孩子从小事做起，从有责任意识开始，到能独立担当，这样男孩的责任意识和能力才会上升，才会树立远大的理想，才能把个人的奋斗目标与国家、民族的前途命运结合起来，自觉承担起时代赋予他们的历史使命。总之，教会男孩作责任的主人，信守承诺，勇担过错及所造成的后果，学会反思自己的言行，更好地履行责任，男孩才会在承担责任中不断地成长。

纠正男孩爱找借口的习惯

每个人的成长是在不断犯错误、体会、反思、锻炼、学习中完成的，成长需要付出代价。人的一生也是从无助和依赖到独立担当，这是人类的心理成长过程，这个过程如果进行得不好，无论处于什么年龄，都会停滞在某一阶段而内心不能成长。

生活中，很多父母一看到孩子犯了错误或者看着孩子面临失败，就会非常心痛，然后把原因归结于外在，比如，刚刚学会走路的孩子，摔了一个跟头，站在一旁的妈妈会马上扶起孩子："都怨这块石头绊倒了宝贝，妈妈给你打它。"这样哄孩子的事很多家长都做过，孩子的认知过程是在家长引导下完成的，喜欢找理由或借口来逃避责任是父母给孩子带来的恶习。这不是爱孩子，而是抑制了孩子的人格发展，造成孩子经常找借口的坏习惯。俗话说："人非圣贤，孰能无过？"一个人犯了错误并不可怕，可怕的是不认识错误，不承认错误，不改正错误。当我们面对失败时，不要一味寻找借口，而应该实事求是找出失败的真正原因，这样才能进一步完善自己，提升自己，发展自己。

穷养男孩，就是要孩子在不断磨砺的过程中形成一种完整的品格，如果没有这种磨砺的过程，孩子的品格就一定有不完整的地方，孩子会缺失很多能力，包括爱的能力。一切对他们的照顾，他们都认为心安理得，而不知道该怎样才能把自己的爱传递给别人，即便他们非常想去爱别人。

找借口除了无助于自己的成长之外，也会造成别人对我们能力的不信任。坦诚地面对自己的失败，拿出足够的勇气去承认它，不仅能弥补错误所带来的不良后果，而且能更好地得到别人的谅解。松下幸之助曾说："偶尔犯错误无可厚非，但从处理错误的态度上，我们可以看清楚一个人。一个集体需要的是那些能够正确认识自己的错误、及时改正错误并加以补救的人。"

让孩子自己面对、为自己的行为负责，可以培养孩子们多方面的能力，如对事物的判断能力、选择能力、解决能力、为人处世的能力等。

那么，家长应该怎样引导孩子克服经常找借口的坏习惯呢？

第一，以身作则，我们千万不能把这个恶习再通过"言传身教"传给孩子，让他们从小养成一个凡事爱找借口、缺乏自我反省意识和喜欢逃避责任的习惯。这样的孩子不仅长大后难以担当大任，就是生活中的"小任"也可能承担不了。

第二，家长要学会倾听，然后让孩子积极面对。孩子天生都是开放活泼、积极主动的。但很多孩子一犯错，家长不问青红皂白就先下一阵"冰雹"，他们哪还敢认错？倾听不是为了听他辩解和寻找借口，而是听前因后果，帮助他分析问题，告诉他错在哪里，该怎么办。

第三，别让自己的无所不能造成孩子的一无是处。在很多孩子眼里，父母无所不能，父母能搞定一切。如果家长对孩子比较放心，不过分在意，这样家庭的孩子是很独立的；如果家长对孩子保护得很周到，怕孩子出事，那么这样家庭的孩子也是最弱的，是最容易受到伤害的孩子。

有句话说得好：成功者找方法，失败者找借口。可以这样说，一个人成熟的程度，最简单的方法可以用担当责任的程度来度量。不找客观理由而能及时反省自己，这一点也是要从小培养的，它和建立自信其实并不矛盾。事实上，越是有能力反省的人，越是有自信的人。

作为家长，唯有让孩子去解决更多的难题，训练他担当的能力，孩子的心智才能健康发展。

父母也要勇敢为自己的错误行为道歉

日常生活中，大人和孩子都避免不了做错事，但是这个过程中，我们发现，孩子向父母道歉的情况比父母向孩子道歉的情况要多。因为一般都觉得孩子容易做错事，对于孩子来说，他们通常都不知道父母有错，也觉得父母不会那么容易做错事。父母则认为自己一般能做对，即使做错事了也不需要道歉，他们觉得自己处在一种比较高的地位。其实，这样做的直接后果是给孩子树立了一个不负责任的负面形象。

现代教育要求家长穷养男孩，但并不是要把父母和孩子放在绝对两极的位置。有些家长知道是自己错了，还是硬撑着、扮强势。其实，向孩子说一句“对不起”，不会有损父母的权威，反而会构建起一个平等的交流平台。而更为重要的是，家长起到了以身作则的作用，给孩子树立了一个负责任的形象。

小明的妈妈发现钱包少了50元钱，就一口咬定是小明拿了。小明说没拿。妈妈不信，先是“启发”孩子：“需要钱可以向我要，但不能自己拿！”后来就越说越生气，警告小明：“不经允许拿妈妈的钱，也算是偷！”小明不服气，母子俩就吵了起来。这时小明的爸爸回来了，忙解释说：“钱是我拿的，还没来得及告诉你呢。”妈妈这才停止了对儿子的逼问，但又补上一句：“小明，你可要记住，花钱要管妈妈要，可不能偷偷地自己拿啊。妈妈的钱可是有数的！”小明觉得受了不能容忍的侮辱，一气之下，离家出走了。

小明的父亲急了，明天就要期中考试了，小明不在家自习，上哪儿玩去了？过了会儿，小明回来了。父亲没等小明解释，就数落开了。小明没言语，进屋学习去了。过了几天，隔壁的张叔叔忽然登门向小明表示谢意。原来那天张叔叔家来了电报，小明想一定有急事，于是赶紧把电报送到了张叔叔单位。电报上说，张奶奶病危，让张叔叔速归。就这样，张叔叔终于在妈妈临终前见了老人一面。小明爸爸一听才恍然大悟，十分后悔，那天不该如此武断地批评孩子。晚上，小明爸爸请小明坐下，十分诚恳地做了自我批评，向孩子道歉。这事之后，小明更爱爸爸了。

上面两个事例，一反一正，给人以启迪。在家庭生活中，家长说错了话，办错了事，甚至冤枉了孩子，都是难免的，关键是发生问题后家长怎样处理。家长和孩子相处，应该是民主平等的，不能摆家长架子。错怪了孩子，就该动道歉，而且态度诚恳，不敷衍。有些家长认为这样做会有失尊严，其实不然，孩子是明理的。父母向孩子认错，给孩子树立了有错必改的榜样，会使孩子由衷地敬佩父母的见识和修养，并学会勇敢地为自己的行为负责，让孩子从小形成一种责任意识。同时，孩子也会更加信任父母，使一家人和睦团结，为孩子创造健康成长的良好环境。家长的威信不但不会降低，反而更高了。

可见，家长做错了事，肯不肯向孩子道歉，不仅影响着两代人的情感，也关系着孩子的进步与成长。

在现在的家庭教育中，家长如果从不向孩子承认自己的缺点、过失，孩子就会产生“父母永远正确而实际上总是出错”的观念。久而久之，对父母正确的教诲，孩子也会置之脑后。如果对孩子做错事后，父母能郑重地向孩子认错、道歉，孩子就会懂得承认错误并不是一件可耻的事，就会提高分辨是非的能力，尝到原谅别人的滋味。故此，为了让孩子能树立责任意识，父母不妨做到：

第一 父母如何向孩子道歉视年龄不同 方法不同

相对于年龄小一点的孩子来说，父母其实不用讲太多的道理，只要用一些行动，例如手势、表情、做法等，很自然就可以让孩子知道在这件事上父母做错了，而且父母在向他们道歉。这并不需要说太多的话。如果孩子知道这种做法是错误的，那么他们一般就不会再犯这样的错误。但是对于年龄大一点的孩子来说，父母向他们道歉，就必须向他们讲明这件事错误的原因，为什么做错了，这也是一种间接教育的方法。

第二 注意道歉的态度

父母道歉的态度也是很重要的，不能太过于生硬，或者轻描淡写。这些错误的态度，即使道歉了也不能挽回什么，只会加深误解，因为年龄大的孩子能明显感觉得到父母态度的不同，意识到父母是不是在敷衍。因此，父母应用真诚的态度来道歉，不要碍于面子或者身份，不愿意对自己的孩子道歉，或者只是略微地说一下。父亲撞到儿子，这时候，父亲与其说“我不是故意的”，倒不如真诚地对他说“对不起，孩子，我撞伤了你”。父亲这时候大大方方的道歉比不真诚的辩解更能够得到孩子的尊重。

总之，家长在教育男孩的时候，要言传身教，向孩子认错、道歉，是培养孩子成为一个有责任感的男子汉的重要方法。孩子最早的学习是从模仿开始的，他们在很小的时候就会将看到、听到、感觉到的东西“融化”在正在发育的大脑里，并在以后的生活中不知不觉地加以模仿，不仅限于行为举止，而且包括思维方式、情感取向以及个人性格等。在生活中处处表现得不负责任的父母，即使想教育男孩做事要有责任心，男孩也会很不服气，很不以为然。所以，当孩子做错事时，家长更应该以身作则，使孩子能具体地感觉责任意识在生活中的重要性。

别逼孩子必须成功，不做扼杀孩子的杀手

穷养男孩，要对孩子的意志和能力加以磨炼，很多家长已经意识到它的重要性，但事实上，很多父母却片面理解了它的含义。

生活中，我们常常听到这样一些语言：

（1）侮辱——你简直是个饭桶！垃圾！废物！跟你那笨爸爸一样！

（2）非难——叫你不要做，你还要做，真是不可救药！

（3）压制——不要强词夺理，我不会听你狡辩！

（4）强迫——我说不行就不行！还敢顶嘴！

（5）威胁——你再不学好，妈妈就不爱你了！滚出去！

（6）央求——我求你看一会儿英语吧，儿子！

（7）贿赂——只要你这次考100分，我就给你1000块零花钱。

尽管这是家长为了孩子好，希望杜绝孩子犯错，但这些语言都是对孩子破坏性的批评，会让男孩产生逆反心态，让男孩放弃关心他人，变得厌烦一切，难以管教并产生学习问题。在这个过程中，孩子的责任意识也就流失了。

小张的父亲为了锻炼他的意志品质，在每回小张犯个极小的错误后都教育他说："你第一次犯错我不打你，但是如果第二回又错了叫我怎么原谅你呢?"可是小张毕竟太小，第二回第三回还是没做对，父亲就会教育他说："你看你以前犯错我都没打你，可是你这回又错了，要是再不打你怎么让你进步呢?"刚刚懂事的小张，每次到这时就羞愧万分，觉得自己真是错了。

小张爸爸的这种教育方法到底好不好呢？他到底培养起小张的意志品质了吗？经过爸爸这样教育的小张，在学校里总是唯唯诺诺，显得很胆小，而且老师一说他就哭。他好像并没有出色的意志品质。

小张爸爸的这种做法可以遏止孩子犯错误，但从某种角度看，这样的家

长反而是扼杀孩子责任感的杀手。孩子不可能被打得不犯错误，而是越打性格问题越多，所以，如果不允许孩子犯错就好像不允许孩子成长，成长总是要犯错的，如果一犯错就被惩罚，会导致孩子不敢犯错，干脆不去尝试新知识新领域，这样教育出来的孩子，创造力差，胆小怕事，更谈不上为自己的行为负责了。

有个不满4岁的孩子拿着一把钥匙，笨拙地试着插进锁孔中，想打开卧室的门，可怎么也打不开。他的叔叔主动过去想帮助他一下，谁知他的母亲马上阻止说，让他自己先犯些错误吧，琢磨一会总能打开的。果然，那孩子折腾了一阵子，终于如愿以偿。

孩子的错误，大体可分为两种，一种是必须立即纠正的，如乱丢垃圾、欺侮弱小等。这类错误，一旦放任，就难以收拾；而另一种，即孩子能够自行纠正的那一类错误。这类错误，应该允许犯一犯。孩子不断犯错误的过程，其实正是不断承担错误、改正错误、学习技能的过程。假如不给他这类机会，非但剥夺了孩子寻求正确方法的乐趣，也会使他们变得懒于动手、养成依赖父母和不负责任的坏习惯。

每个人都难免犯错误，怎能苛求孩子不犯错误？正确的做法是将孩子犯错误过程中的不利的、消极因素转化为有利的、积极的、合情合理的因素，多给孩子“尝试——错误——完善”的机会。家长过分地照顾帮助、太多的“言传身教”、一味地指责惩罚，恰恰限制了孩子想象力的发挥和拓展，最终反倒有碍于他健康成长。那么，家长该怎样面对孩子犯错呢？

第一 改善一下家庭的互动模式

孩子越是“屡教不改”，家长越是提高警惕。这是典型的“警察”与“小偷”的家庭互动模式。家长时刻绷紧神经，努力监督，一有错误就冲出来指责孩子。这样除了让孩子自信心降低、反复出错外，收获的只有着急和不解。改善一下家庭的互动模式，就要求家长找一点孩子喜欢的事情让他做，在孩子出错时，用朋友般的语气告诉孩子：“其实我小的时候也容易犯这样的错误，但通过努力，我相信你是一定能改正的。”

第二 改变一下家长的教育观念

错误是最好的老师,犯错误后孩子自己肯定能够找到解决的办法。家长对孩子的完美化要求,只能让孩子变成温室内的小花,他们长大后往往不能适应社会的风雨。家长只有有意识地让孩子接受他应该承受的挫折,孩子才会学到他所真正需要的东西。

第三 改用一种有效的教育语言

国外的心理学家讲,孩子在成长中需要得到 50000 次的鼓励和欣赏,才能成为一个高自尊的人。针对孩子自信心不足的情况,与孩子互动中,家长将指责的教育语言改成鼓励赞赏的语言是解决问题的关键。父母要允许男孩犯错误,善于从错误中既看到不足,又要看到男孩潜在的能力。父母的一句"我相信你还会把事情做完做好的",会极大地增强男孩的自信心,促使男孩养成积极、认真、严谨更敢于承担的做人处世的态度。

所以,要允许孩子犯错,孩子正是在一遍遍犯错中成长起来的,这样教育孩子,孩子才可能心灵健康而完整。父母在教育男孩的时候,要对男孩做的事情以肯定和鼓励为主。很多父母只考虑到怎么样让男孩越来越好,而不能接纳男孩犯的错误。事实上,男孩年龄小,经验不足,考虑问题不周全,在做事的过程中,难免会出现一些失误,因此,父母对男孩各个年龄容易出现的问题应该有个心理准备,在他出现问题的时候能够与他心平气和地谈。父母应该意识到,如果男孩能够把错误摆在面前,愿意承担责任,改正错误,反而是一个值得父母骄傲的好孩子。

第 09 章
穷养的男孩心态好：
让孩子在现实中保持乐观开朗

心态就是心灵的态度，好心态就如一缕和煦的阳光，照亮人们心中每一个阴暗的角落。对于成长路上的男孩来说，成功与失败，顺境与逆境，平坦与坎坷……这些都是他们会经历的人生经验。好心态是获得智慧的最重要的基础。

大凡强者，都是通过在挫折、失败、逆境和困难中的磨砺，然后越挫越勇，以积极、乐观、自信的心态，追逐自己的梦想。大凡成功者，都是经历了痛苦、失望、打击后勇往直前，以积极、乐观、自信的心态，取得辉煌的胜利。而作为男孩成长路上最坚强的支持者——父母来说，要穷养男孩，让男孩经历磨难，才更加豁达、乐观。父母要教会男孩，在各种遭遇面前，如何调适自己的心态，这不管是在男孩现在的学习，还是在今后的事业当中都应该掌握的“心灵的技艺”。它使男孩接纳生活，领悟人生，让他们在成长过程中更快地成熟起来，跻身优秀者的行列。

让孩子保持心灵的纯洁

曾经有一位老师在批改一篇半命题作文——《享受……的乐趣》时候，发现了这样一些令人震撼的文字：

《享受不做作业的乐趣》："……不做作业，真是优哉游哉！可以有空闲时间看看心爱的武侠小说，可以不必为一道数学题而苦思冥想半天，可以不为记忆枯燥乏味的单词而伤脑筋。我就是想不做作业，享受一下无作业的乐趣……"

《享受装病的乐趣》："……看着一家人为我忙前忙后，吃着摆在眼前自己喜欢的零食，欣赏着久被封闭的电视剧，我乐在其中。真的，装病原来是这样的好，虽然要勉强装出一副痛楚的样子，但换来的却是更多的随心所欲，的确是一种享受……"

《享受骗父母的乐趣》："……拿着从父母那里骗出来的钱，我请我的哥们儿痛痛快快地去网吧玩了一场游戏，又去商店买了许多零食分给他们，看着他们在我面前乖乖听话的样子，我真有一种'老大'的感觉。这就是骗父母钱给我带来的乐趣……"

这些自享其中的"乐趣"，让我们的心犹如坠着铅块一般沉重。这还是那些天真无邪的孩子吗？字里行间反映的分明是他们已被颠覆了的是非观念，一颗被尘垢蒙蔽甚至污染了的心。但无疑这些孩子写的的确是自己的真实感受：不愿写作业，享受一下轻松；假装生病，可以得到无微不至的关怀；有了钱，便可以得到金钱带来的满足感和虚荣心。而这位老师又发现，这些孩子基本上是男孩，那么究竟是什么让这些男孩产生了这些不正确的念头？诚然，当今社会，这些心灵上的尘垢在每个孩子的内心都占据着一定的位置，社会、家庭、学校对此都有着不可推卸的责任。但我们不得不承认，父母难辞其咎，父母是孩子的第一任老师，也是孩子人生的榜样，但过度的家庭溺爱、只求孩子考试成绩而不顾其他的家庭教育，给孩子的心灵蒙上了阴影，那些孩子好逸恶劳、贪图享受、嫉妒心强、爱慕虚荣，这些无疑都在一步步侵蚀着这些男孩的内心世界。亡羊补牢，为时不晚。擦去孩子心灵的尘垢，父母责无旁贷。

孩子的是非观念还没有完全确立起来，可以说他们的心灵还是一张白纸，父母投给他们什么颜色，他们的心灵就会折射出什么颜色。那么，家长应该怎样帮助孩子擦除心灵上的尘垢呢？

第一 给孩子一个祥和的家庭氛围

“你滚吧！想去哪里就去哪里！”这是家庭冲突爆发时，家长对孩子常说的一句话，父母与子女双方都摆出唇枪舌剑，互不相让。有些父母利用孩子依赖性强的特点，动辄就用这句话来恐吓孩子，发泄心中的不满。不少任性要强的孩子，实在无法忍受父母的嘲讽被迫离家出走，这些无疑是孩子产生一些坏心态的源泉：消极、悲观、自卑、浮躁、骄傲、自大、贪婪、偏执、嫉妒、仇恨等，它们恰似愁云惨雾的阴霾，消磨孩子们的意志。

而相反，相互关爱的家庭，孩子会多一份责任感，会体会到家长的艰辛，这样的孩子往往是积极向上的。

第二 教育孩子正确对待与他人的摩擦

在多数情况下，孩子不良心态的出现是在与人产生矛盾时产生的，比如说仇恨，这时的孩子会对自己受到伤害有一种宣泄反应，如：东西被他人偷走、走路不小心被他人撞倒等，往往就会记仇。父母应教育孩子以善良之心看待与他人的摩擦，让孩子明白生活中难免会发生不愉快的事情，让孩子学会宽容他人的过失，不要为这些小事而嫉恨别人。如果孩子与他的小伙伴发生了矛盾，这时父母也千万不能劈头盖脸地训斥一通，或袒护自己的孩子，而要耐心地进行说服教育，教孩子用谦让的态度来解决小伙伴之间的纠纷，并应明确表态。孩子一般都有害怕失去父母的爱、害怕失去小伙伴的心理，这样就会促使孩子改掉自己的不良言行。

第三 主动出击 帮助孩子树立正确的价值观和人生观

比如可以让孩子在假期进行一些社会实践活动,通过磨炼孩子的身心,从而获得积极的心态。

心态造就品质人生,在孩子成长初期培养他积极、乐观、自信、平和、谦逊、勤勉、知足、宽容、豁达的心态,这会使他受益终生。

打开郁结,让男孩快乐成长

成长期的男孩经历着身心各方面的急剧变化。一方面,在神经、内分泌系统的调节下,其生长速度明显加快,与此同时,其心理变化也极其迅速。家庭的气氛、家庭成员之间的关系在很大程度上会影响孩子性格的形成。物质生活的奢华会使孩子产生一种贪得无厌的心理,而对物质的追求往往又难以自我满足,这就是为何很多富家子弟内心空虚、并不快乐甚至导致抑郁心理出现的真正原因。相反,那些过着普通生活的孩子往往只要得到一件玩具,他们就会玩得十分快活。穷养男孩,对男孩正确心态的形成有至关重要的作用。

家长一定要注意孩子的身心发展,其中,抑郁心态会成为男孩健康成长的重要障碍。抑郁的表现形式各有不同,对孩子影响最普遍的形式是:

(1)大部分时间感到沮丧或忧愁;

(2)缺乏活力,总是感到累;

(3)对以前喜欢做的事情缺乏兴趣;

(4)体重急剧增加或急剧下降;

(5)睡眠方式的巨大改变(不能入睡、长睡不醒或很早起床);

(6)有犯罪感或无用感;

(7)无法解释的疼痛(其实身体上没有任何毛病);

(8)悲观或漠然(对现在和将来的任何事情都毫不关心);

(9)有死亡或自杀的想法。

生活中,很多男孩也可能出现其他症状。由于逃课或缺乏兴趣和动力,他们在学校的问题会越来越多。他们也可能拒绝管教、开始大量饮酒或使用毒品,以此来表示他们的愤怒和漠视。总之,任何形式的抑郁都使男孩感到孤立、恐惧和非常不快乐。抑郁的孩子不知道自己哪里不对,他只知道自己的感觉糟透了,不像以前的自己。当他感觉越来越糟的时候,他会感到自己越来越没有力量,不能控制自己的心情和生活,好像有一种神奇的东西在控制自己。某些青少年努力通过饮酒、吸毒来排解抑郁的痛苦,这只会使抑郁更严重,还有一些人则试图自杀。

可见,抑郁这种消极心态对孩子健康成长有不利的影响,家长帮助孩子赶走抑郁刻不容缓,这才会使男孩重新找回快乐。那么,家长应该怎样做呢?

第一 让孩子爱好广泛

开朗乐观的孩子心中的快乐源自各个方面,一个孩子如果仅有一种爱好,他就很难保持长久快乐,试想:只爱看电视的孩子如果当晚没有合适的电视节目看,他就会郁郁寡欢。如果孩子是个书迷,但同时他还热衷体育活动或饲养小动物,或参加剧演,那么他的生活将变得更为丰富多彩,由此他也必然更为快乐。

第二 引导孩子摆脱困境

即使天性乐观的人也不可能事事称心如意,但他们大多能很快从失意中重新奋起,并把一时的沮丧丢在脑后。父母最好在孩子很小的时候就有意培养他们应付困境乃至面对逆境的能力。要是一时还无法摆脱困境,那么可教育孩子学会忍耐和随遇而安,或在困境中寻找另外的精神寄托,如参加运动、游戏、聊天等。

第三 让孩子拥有自信十分重要

一个自卑的孩子往往不可能开朗乐观,这就从反面证实拥有自信与快乐性格的形成息息相关。对一个智力或能力都有限,因而充满自卑的孩子,父母务必多多发现其长处，并审时度势地多作表扬和鼓励，来自父母和亲友的肯定有助于孩子克服自卑、树立自信。

第四 不要对孩子 控制 过严

不妨让孩子在不同的年龄段拥有不同的选择权。如，2 岁的孩子允许选择午餐吃什么，3 岁的孩子允许选择上街时穿什么衣服，4 岁的孩子允许选择假日去什么地方玩，5 岁的孩子允许告诉买什么玩具，6 岁的孩子则允许选择看什么电视节目……只有从小就享有选择"民主"的孩子，才会感到快乐自立。

第五 鼓励孩子多交朋友

不善交际的孩子大多性格抑郁，因为享受不到友情的温暖而孤独痛苦。性格内向、抑郁的孩子更应多交一些性格开朗、乐观的同龄朋友。

第六 教会孩子与他人融洽相处

与他人融洽相处有助于培养快乐的性格，因为与他人融洽相处者心中较为光明。父母可以带领孩子接触不同年龄、性别、性格、职业和社会地位的人，让他们学会与不同的人融洽相处。此外，父母自己应与他人相处融洽，热情待客，真诚待人，给孩子树立起好榜样。

所以，当男孩出现一些抑郁症状时，家长应引起重视，多鼓励孩子，发现并表扬孩子的优点，树立孩子的自信心。家长可为孩子选择幽默、笑话、歌舞等类的影视节目或图画书，建立轻松愉悦的生活环境。让孩子记录自己的优点，记录一些愉快的事情，并每天拿出来看一看，培养自信和良好的情绪。带孩子走出抑郁的阴影，让他做一个健康、快乐的大男孩。

给男孩的好胜心以正确的引导

美国著名心理学家布鲁纳曾经指出，好胜的内驱力可以激发人的成就欲望，但不注意引导就会导致孩子在相互的竞争中产生嫉妒心理。嫉妒过于强烈，任其发展，孩子则会形成一种扭曲的心理：心胸狭窄，喜欢看到别人不如自己，并喜欢通过排挤他人来取得成功。所以，从小培养并引导孩子积极的好胜心对孩子的成长很有必要。穷养男孩的目的之一，就是要培养孩子良好的心态，穷养的男孩心态更阳光。

好胜心过强导致的嫉妒是阻碍男孩身心发展的坏心态之一，坏心态则包括消极、悲观、自卑、浮躁、骄傲、自大、贪婪、偏执、嫉妒、仇恨等。孩子产生好胜心理的原因是多样的，但归纳起来，主要是孩子内部的消极因素和外部环境的消极因素相互影响、相互作用而产生的。我们发现，那些富家子弟更加容易产生这些心理，由于生长在处处充满光环的环境下，他们的心态脆弱，更容易由好胜心产生嫉妒心。父母只有了解了孩子好胜心理产生的原因，才能有针对性地进行教育，以免孩子产生嫉妒心理，才能让孩子拥有好心态，而好的心态就恰似一把金钥匙，在孩子的成长过程中，为孩子打开“自我宝藏”的大门。

有位母亲这样对心理咨询师说：“儿子小炜从小长得虎头虎脑，很讨人喜欢，一直以来都是我们家的开心果。我们也很惯他，小炜在幼儿园里的表现也很优秀，再加上他嘴甜，老师都很喜欢他。可以说，他是在大家的赞美声中长大，在无忧无虑的状态下生活的。

自从升入小学后，小炜却不似从前那么活泼开朗了，有时候还会将郁闷的表情挂在脸上。我和先生同他沟通后，他告诉我们说班上谁谁得了第一名，谁谁又得了小红花，而他却没有份。看着儿子不服气的样子，我内心有点担心，儿子这么小就有了好胜心，说明他很有竞争意识，但一定要加强引导，否则会形成嫉妒心理。

意识到问题的严重性后，我们决定正确引导孩子的好胜心。于是，在接下来的日子里，我们不再一味地鼓励孩子去争强好胜，而是将重点放在了培养他良好的心态上，给他树立‘胜不骄、败不馁’的信念。当儿子失败了，我们不但帮他分析原因，也告诉他，结果是次要的，努力尝试的过程更重要。另外，经常在日常生活里给他暗示，告诉他在这个世界上，总会有人比他强，他真正的对手应该是自己，保持进步，超越自己，那才是最大的赢家。”

这位母亲的引导方法是正确的，家长应该有所启发，正确的引导能将孩子的好胜心转化为努力向上的动力。家长应该从以下几个方面进行教育：

第一 告诉孩子努力学习是获胜的基础

家长必须让孩子明白，要想在竞争中获胜，必须通过自己努力学习，掌握比别人更过硬的本领。对于能力较弱的孩子，家长更应耐心引导，及时肯定孩子的点滴进步，让他们体会到成功的喜悦，培养他们的自信心。

第二 让男孩明白不伤他人是求胜的准则

家长在培养和引导孩子的好胜心时，特别要注意避免嫉妒心理的产生。父母有责任多引导孩子，避免消极的、不与人为善的态度，不要时时拿自己孩子的长处和别人孩子的短处相比。

第三 教育孩子承认差异 奋进努力

现实中的人必然是有差异的，不是表现在这方面，就是表现在那方面。一个人承认差异的存在就是承认现实，要使自己在某方面好起来，只有靠自己奋进努力，嫉妒于事无补，而且会影响自己的奋斗精神。

第四 帮助孩子克服自私心理

好胜是个人心理结构中“我”的位置过于膨胀的具体表现。总怕别人比自己强，对自己不利。只有驱除私心杂念、拓宽自己的心胸，才能正确地看待别人，悦纳自己，即常说的“心底无私天地宽”。

第五 帮助孩子形成正确的自我认识

孩子正处于身心发展的阶段，还不能全面地看问题，不能对自己和他人进行正确的评价，这就要求父母在与孩子相处的过程中，要让孩子懂得“金无足赤，人无完人”的道理，每个人都有自己的长处，也有自己的不足。父母不但要正确地认识孩子，还要帮助孩子形成正确的自我认识。

第六 培养孩子宽容的品质

好胜心强的孩子，往往有自身的性格弱点。如：与人交往时，喜欢做核心人物；当不能成为社交中心时，就会发脾气；同时，他们不会感谢人，易受外界影响等。对有性格弱点的孩子，父母要细心引导。在孩子面前，要对获得成功的人多加赞美，并鼓励孩子虚心学习他人长处，积极支持孩子通过自己的努力去超越别人、战胜自己，使孩子的这种心理得到正当的发泄。孩子学会了事事处处接纳他人、理解他人、信任他人，不仅会发现他人的许多优点，而且也会容忍他人的某些不当之处，求大同存小异，这样孩子的人际关系就会变得融洽和谐。

第七 父母还可以让孩子充实自己的生活

如果孩子学习、生活的节奏很紧张，生活过得很充实很有意义，孩子就不会把注意力局限在嫉妒他人身上。父母应该帮助孩子充实生活，让孩子多参加一些有意义的活动，转移孩子的注意力，使孩子把精力放在学习和其他有意义的事情上。

穷养男孩，就是要让父母用正确的方法引导孩子健康的成长，经过穷养的男孩一般都能对自己有正确的定位，内心世界更阳光，这样的孩子才能用正确的心态去迎接未来社会的竞争。

男孩的幽默感要从小培养

所谓的幽默感就是通过语言或肢体语言的表达方式，让与自己互动的对象感到愉快的言语或举止。有这种言行举止的人，我们称为具有幽默感的人。具有幽默感的孩子通常很乐观，在生活中不断地制造欢笑，让周围的人感到轻松愉快，自己也会富有成就感和自信。因此具有幽默感的孩子，也较容易获得友谊。幽默还能帮助孩子更好地应对生活和学习中的压力和痛苦，因而幽默的孩子往往比较快活、聪明，能较轻松地完成学业，甚至拥有一个乐天、愉悦的人生。

而我们发现，经历过生活考验、吃过苦的孩子，比那些温室中的独苗，在困难和痛苦面前，更能保持一份乐观、开朗并且更有幽默的性格。因此，穷养男孩，对男孩幽默感的形成有着极其重要的影响。

第一 幽默是知识与智慧的体现

一个人要想具有幽默感，首先要博览群书，广泛涉猎，平时注重阅读积累。孩子书看多了，见识广了，讨论问题，也会头头是道。更重要的是，说话风趣，就深受小伙伴的欢迎。

第二 坦荡是幽默的前提

有幽默感的人一定也是个坦荡的人。培养孩子的幽默感，首先应从培养他光明磊落的胸襟入手，教育他不为小事斤斤计较、耿耿于怀，凡事要有容人的雅量。

第三 幽默有助于训练孩子的思维

不可否认，一个有幽默感的人一定是思维敏捷的人。要培养孩子的幽默感，思维训练很重要，关键是要打破常规，别让惯性思维束缚头脑。

第四 幽默能活跃家庭气氛 拉近亲子关系

有一位幽默的老师经常妙语连珠，就连他批评人也是意味深长，令人终生难忘。比如，考试有人翻书作弊，他说“微闻有鼠作作祟祟”。他说得如此含蓄委婉，被他批评的学生还有谁再作弊呢？后来，他们班上的同学也都一个个变得很幽默。有位家长学习到了这种幽默的教育方式，他在教育儿子时，不自觉地也采取了幽默的方法，如儿子生气了，他说是“晴转多云”；儿子伤心流泪了，他劝他“轻伤不下火线”。餐桌上，他还经常来几个即席小幽默，让大家开开胃。他这样做，活跃了家庭的气氛，拉近了和孩子的心理距离。培养孩子的幽默感不容易，它不是一蹴而就的，需要循序渐进。

第五 幽默让孩子热爱生活 激发乐观向上的热情

真正的幽默不是苦心经营的语言游戏，不是刻意制造的文字陷阱，它应该是洞察一切的睿智，是面对困境的从容不迫，是自然而然的生活积淀。每一个做父母的都希望自己的孩子具有幽默感，可幽默感不是与生俱来的，是后天养成的。一个有幽默感的人首先是一个热爱生活的人，他要有乐观自信的人生态度，有积极进取的奋斗精神，即使面对失败也能坦然一笑。

人与生俱来就有幽默感的因子，如果父母能好好鼓励并加以培养，让孩子成为一个幽默的人不是一件难事。据研究发现，幽默感从出生后第一个月便开始了，如：婴儿在父母的逗弄下，便会呵呵地笑个不停；而1岁左右的孩子，会因为玩“藏猫猫”而狂笑不已。孩子希望自己拥有幽默感，这是他热爱生活的表现，每个家长都应该感到高兴。但幽默不仅仅是制造笑料，更要在幽默中体味生活，培养乐观向上的人生观和勇于开拓的创新精神。在引导孩子具有幽默感特质时，应注意一些事项：

（1）幽默感的语言以不伤害他人为原则。

（2）幽默感的语言要注意人际间的礼貌。

（3）幽默感的动作以不涉及危险动作为原则。

（4）与孩子说笑话或表演滑稽的动作时，要考虑孩子的年纪。因为大人认为好笑的语言或动作，孩子不见得有同感。但孩子认为好笑的语言或动作，大人要陪孩子一起笑（虽然从大人的角度来看也不见得好笑）。

（5）孩子最快乐的莫过于做自己喜欢的事情。即使孩子不能完成，大人也不可操之过急，应耐心地等待、引导，并适时给予协助。

总之，充满幽默感的语言和事物能让孩子的眼睛亮起来，无形中也刺激了孩子的思维和语言能力。当你对孩子说：“再不收拾玩具，以后就不给你买玩具了。”其实不妨加一点“幽默调味料”，如“玩具们玩了一天都累了，要回家休息了，不然他们要哭了。”让自己和孩子在幽默的语言和气氛中轻松一下。

总之，给孩子足够的空间，让他们寻找自己的生活乐趣，而不是独揽孩子的一切，就能培养出一个幽默健康、积极向上的孩子。

培养男孩输得起的好心态

男孩在未来社会，竞争的不仅仅是知识和能力，也是心态，能输得起、拿得起放得下的才是真男儿，才能笑到最后。家长在培养孩子健康心理的过程中承担着不可替代的作用，孩子阳光、健康的心态，必须穷养才能获得。可是现实生活中，很多家长对自己的儿子疼爱有加，不愿看其受委屈和挫折，也有一些家长往往喜欢将孩子的成功当作自己的“门面”，赢了就夸孩子聪明、能干，输了就指责和埋怨孩子笨，这种教育方式是很不可取的，这样做很容易让孩子走向两个极端，要么失败了就爬不起来，要么就非赢不可。这样的孩子哪里输得起，哪能正视挫折和失败？

一些富养的男孩，往往在与人交往时，喜欢做核心人物，当不能成为社交中心时，就发脾气，同时，他们不会感谢人，易受外界影响。当孩子遇到挫折而沮丧、焦虑、自卑时，家长的职责不在于怎样保护孩子今后不受挫折，而在于如何提高孩子抗挫折的能力。家长应有意识地在日常生活中培养孩子做事的目的性和持久性，并帮助他们通过克服困难来锻炼意志。

一天，小刚妈妈接到学校打来电话，说小刚和同学打架了。当她忐忑不安地赶到学校后，发现儿子和另一位小男生果果以及他的父母都在班主任的办公室里。原来，班上要重新选举班委会，由孩子们自由投票决定，最后果果以2票的优势胜出而当选了班长。儿子接受不了这个现实，当场就哭了起来，并冲过去用力推了果果一把，果果猝不及防，一头撞在桌子上，鼻血直流。

小刚妈妈自知理亏，赶紧主动向果果一家认错、道歉。问题解决后，他们径直回家。丈夫脾气暴躁，一进家门就忍不住要“教训”儿子。看着孩子那害怕的眼神，妈妈连忙拉住了先生。冷静下来后，他们问儿子当时为什么要推果果，儿子被这么一问，眼泪又出来了，抽噎着说：“我的票数为什么会比他的少？我为什么不能当班长？”

小刚的这种心态就是输不起，生活中，可能有很多男孩也这样，有时表现出沮丧的神情，很多家长没有设法去引导他的好胜心，反而一个劲儿地指挥他向前冲。在极度好胜与遭受挫折的双重挤压下，就表现出了和小刚一样的过激行为。

也经常有家长抱怨，“每次和孩子一起做游戏，只要我赢了他，他就会很不开心，闹着说不算数，硬要重来”“我们家的孩子不会交朋友，做游戏、参加比赛他只能赢，不能输，小朋友都不愿意和他玩”。争强好胜，赢了就满心欢喜，输了就大哭大闹，这也是“输不起”的孩子。

其实，从心理学的角度来讲，孩子“输不起”是一种正常现象。无论做什么事情，孩子总是希望自己比别人强，以获得周围人的认可。可是因为孩子年龄小，各方面都不成熟，他们并不了解自己的强项和弱项，在人前或是在集体活动中，一旦不如人，他们就会表现出不高兴。孩子“输不起”通常会有两种表现，一种是面对挫折和失败，采取回避的办法逃避困难。比如，妈妈批评小强学钢琴不认真，不如隔壁的玲玲弹得好，听到这话，小强就索性不弹了。另外一种是一旦在游戏中输了，就大发脾气或哭闹以示宣泄。在幼儿园，老师们常会遇到因为抢不到发言机会而委屈哭泣的孩子。

虽说好强是孩子正常的心理，但如果太在意每一次得失，就会影响他们与别人相处。面对“输不起”的孩子，父母需要费点心思，帮助孩子排除这种心理障碍，让他们体会做每件事所带来的各种情感经验。作为孩子的第一任教师，家长在孩子个性形成过程中起着非常重要的作用。引导“输不起”的孩子，家长首先要平衡自己的心态，正确看待孩子的失败。当孩子在学习和游戏中受挫时，应该教育他们克服沮丧和悲观的思想，帮助他们分析失败的原因，建立积极的心态对待暂时的受挫。

面对那些“输不起”的孩子，教育专家给家长支了几招，可以让他们的儿子坦然面对输赢：

第一 当孩子还在幼儿阶段时

家长应该尽可能地协助他们体验成功，建立起自信。失败在生活中是不可避免的，要让孩子将之视为另一种情感体验，在孩子情绪低落时，家长要多鼓励，帮助他们积极面对挫折。家长应告诉孩子失败和受挫是成长过程中不可避免的事情，同时也应鼓励他积极面对。

第二 当遇到不能避免的失败时

家长不要过分为孩子排除一些在正常环境中可能遭遇到的困难，当孩子遇挫时，家长不要立刻插手，不妨留给孩子自己面对失败的机会。

第三 让孩子在集体游戏中磨炼提高孩子的耐挫力

孩子会经历一些挫折和失败，这些失败的痛苦经历能让。他们一方面学会了欣赏别人，和同伴友好相处，共同合作；另一方面，在与同伴的交流中，学会如何克服困难、解决问题。

第四 大人和孩子游戏时不要经常故意输给孩子

适当的时候玩一些输了也有奖励的游戏，奖励的前提是要孩子总结出输的原因。通过这种办法，可以平衡孩子“输不起”的心态。

总之，家长要用穷养男孩的教育方式培养男孩的健康心理。在其成长过程中，当发现孩子总是希望自己比别人强，一旦不如人，就表现出不高兴的时候，就说明孩子有“输不起”的心态。虽然家长应该尽可能协助孩子成功，但不要过分为孩子排除一些在正常环境中可能遭遇到的困难，当孩子遇挫时，家长不要立刻插手，不妨留给孩子自己面对失败的机会。一段时间过后，这些引导就会起作用，在屡次竞争中，无论是输是赢，孩子都能够保持平和的心态。在这种轻松的心理环境中，孩子的表现也自然更优秀。

引导男孩建立开朗乐观的性格

乐观的人往往善于在平凡的日常生活中找到快乐，在不愉快的情境中找回欢乐，能轻松自如地化解一些尴尬，以积极的心态来面对生活，不但自己整天开开心心，也因此感染别人，使别人也同样感到快乐。可见，乐观的心态对人来说是很重要的。

心理学的研究表明，乐观的孩子开朗、活泼；对待生活热情，不怕失败，敢于尝试；对事物充满极大的兴趣，创新意识较强。这一点，对于未来要投入激烈的社会竞争的男孩来说至关重要。乐观的孩子，他们在学校的表现往往比较好，长大了也容易获得成功。我们还发现，那些成功人士无不有着乐观的心态，而他们乐观的心态，是在经历了人生的磨难和生活的历练以后获得。现在很多家庭，家长满足孩子的一切要求，好吃的，好穿的，好玩的，甚至还想要给孩子留下一笔可观的财产，父母想着孩子的一辈子，可是这样优越的生长环境，却造成了孩子心灵上的空虚，这正是吃苦教育的缺失造成的。

乐观的心态不是每个人都能拥有的，但却可以培养，而且从孩儿时代就应该开始培养。许多家长在孩子的成长过程中，一般只注重孩子的健康和智商，却忽略了影响孩子一生至关重要的一点，那就是孩子健康的心理。那么，培养男孩乐观的心态，家长该如何做呢？

第一 勿对孩子控制过严

作为家长，当然不能对孩子不加管教、听之任之，但是控制过严又可能压制儿童天真烂漫的童心，对孩子的心理健康产生消极作用。不妨让孩子在不同的年龄阶段拥有不同的选择权。只有从小享有选择权的孩子，才能感到真正意义上的快乐和自在。比如，

(1)让孩子有时间享受“不受限制”的快乐。家中孩子一旦开始喊叫、跳

跃,父母便会想办法制止,孩子只好越来越乖了。但由此带来的是:孩子的热情和活力在一点点丧失,孩子的心灵也受到了压抑。

(2)体育活动。好的身体状况和运动技能,有利于儿童树立正确的自我形象。

(3)笑出声来。笑出来,对家长和孩子的健康都有好处。

第二 鼓励孩子多交朋友

不善交际的孩子大多性格抑郁,因为时时可能遭受孤独的煎熬,享受不到友情的温暖。不妨鼓励孩子多交朋友,特别是同龄朋友。本身性格内向、抑郁的孩子更适宜多交一些开朗乐观的朋友。

第三 教会孩子与人融洽相处

和他人融洽相处者的内心世界较为光明美好。父母不妨带孩子接触不同年龄、性别、性格、职业和社会地位的人,让他们学会和不同类型的人融洽相处。当然,孩子首先得学会跟父母和兄弟姐妹以及亲戚融洽相处。此外,家长自己应与他人相处融洽,做到热情、真诚待人,不势利卑下,不在背后随意议论别人,给孩子树立一个好榜样。

第四 物质生活避免奢华

物质生活的奢华会使得孩子产生一种贪得无厌的心理,而对物质的追求往往又难以获得自我满足,这就是为何贪婪者大多并不快乐的根本原因。相反,那些过着简单生活的孩子,往往只要得到一件玩具,就会玩得十分高兴。

第五 让孩子拥有适度的自信

拥有自信与快乐性格的形成息息相关。对一个因智力或能力有限而充满自卑的孩子,家长务必发现其长处,并审时度势地多作表扬和鼓励。来自家长和亲友的正面肯定无疑有助于孩子克服自卑、树立自信。

第六 创建快乐的家庭气氛

家庭的气氛、家庭成员之间的关系,在很大程度上会影响孩子性格的形成。研究表明,孩子在牙牙学语之前就能感觉到周围的情绪和氛围,尽管当时他还不能用语言来表达。一个充满了敌意甚至暴力的家庭，绝对培养不出开朗乐观的孩子。

父母最好不要在孩子面前争吵，如果被孩子看到或听到，必须要当着孩子的面解决，表示父母已和好，还会和以前一样快乐地生活，这样有利于孩子的心理健康，不会对孩子造成对未来生活的恐惧感。

在对孩子的教育上，不能是父母一方在教育而另一方却在偏袒，正确的做法是父母要阵线一致，当然对孩子的教育要以讲道理为主，而不是靠“打”。不过，对于一些原则性的问题，比如说谎、偷东西、逃学等，如果屡次说服教育不听，可以用“打”的手段以引起孩子的警戒，但打要在让孩子认识到错误并不再犯的同时也顾及到孩子的自尊心，打后应及时给予孩子抚慰，让孩子明白打他的理由和父母的良苦用心及对他的爱。建立一种相互信任的关系，孩子会因为父母所表现出的对他的充分信任而感到自豪，有助于孩子乐观心态的形成。

第七 不要苛求完美

父母不可太过于追求完美，父母如果总是对孩子表示不满和批评，会伤了孩子的自尊，令他失去自信。

教育是一门艺术，每个孩子的教育结果就是父母的艺术成果，历经磨炼的男孩更乐观，面对问题和挫折更能以平和、阳光的心态面对，好心态能让孩子在成长的路上走得更稳健！

第10章 穷养的男孩懂感恩：

让孩子不自私，学会给予和分享

曾经据报载，某大学几名受资助的贫苦生不会感恩，因未给资助人写过一封信，没有打过一个电话，也没有说过一句感谢的话，而被取消受资助的资格。现在家庭教育中存在很多“爱的误区”，许多家长只会一味地付出，不求孩子的任何回报，结果导致了孩子不懂得什么是爱，不懂做人的道理，不懂得付出，自私自利。在他们的世界里，爱是无偿提供的，是廉价的，不需要珍惜的。

因此，家长必须穷养男孩，磨砺男孩，让孩子在“吃苦”教育中懂得感恩和爱，他们才懂得去孝敬父母，才懂得去尊敬师长，才懂得去关心、帮助他人，才能学会包容，赢得友谊。懂得感恩和爱，这是健全人格的一部分，家长要帮助男孩克服自私心理，让男孩懂得与人分享，让他学会帮助别人和换位思考，这样孩子才能拥有快乐，拥有幸福。

父母要帮助男孩改掉自私的弱点

这是在旅行大巴车上发生的真实一幕:某大城市的一所重点中学组织学生会干部外出参观。出发时,这些学生干部们都争先恐后地挤着上车抢占座位,老师们最后上,没有座位了,都只好站着。40 多名平常被认为的“好学生”没有一个肯把座位让给老师。由于路途不近,一位 50 多岁的老教师实在站不住了,就想在过道上坐下。身边的一位男学生急忙说:“呦! 您可别坐着我的包了!”

这是在一所学校门口发生的真实一幕:有一对夫妇送 7 岁的儿子上学,到学校门口儿子不走了,要他爸爸叫他一声“爸爸”才肯进去。当爸的觉得在大庭广众之下叫不出口,求儿子免他一回。儿子自然不肯,不叫就不进去。他妈妈在一边撺掇他爸:“你赶快叫吧! 你就满足他的要求吧!”这当爸的没办法,对儿子叫了一声“爸爸!”,儿子“哎”了一声,进校门了。

这两幕实在让人悲哀。问题源于孩子被极度关爱、过分溺爱和无限纵容。这已经成为当今一些家庭的通病。有的父母娇惯孩子已经到了违背人伦常理的地步。

现代社会,男孩学会的仅仅是文化知识,而很多男孩却面临着人格缺失,在应试教育的“感召”下,家长只注重学习成绩,而忽视孩子心灵的健康成长,很多男孩自私自利,凡是这种孩子,他们在家里无一不是“核心”。中国父母爱孩子一直用错误的方式爱着,实行独生子女政策更加剧了这种趋势。于是,社会上出现一种奇怪却非常普遍的现象:孩子成了家里的“小皇帝”“小太阳”“独苗苗”,几代人都宠着他、惯着他。在他们心中逐渐形成了自己是“家庭中心”的观念,只知有自己,不知有别人。他们以为自己的欲望都应该得到满足,无需感恩和回报。

这些自私的孩子正面临着心灵的荒漠、人格的缺陷，甚至导致他人生的失败：他们因得不到某种满足或者对别人的一点点过失常常耿耿于怀，因此往往痛苦多于欢乐，怨恨多于感动；还可能因为极端的自私和狭隘，而演化成为危害社会、危害他人的危险分子。

亡羊补牢，为时不晚，孩子还处在人格的塑造期，那么，家长应该怎样解决孩子的自私心理呢？

第一 不要溺爱孩子

孩子吃独食，不愿与他人分享，是与爸爸、妈妈的溺爱密切相关的。很多爸爸、妈妈出于对孩子的爱，把好吃的、好玩的全让给孩子，孩子偶尔想让爸爸、妈妈分享，爸爸、妈妈在感动之余却常说："我们不吃，你自己吃吧。"长此下去就强化了孩子的独享意识，他们理所当然地把好吃的、好玩的据为己有。

第二 不能让孩子搞特殊化

在家庭生活中要形成一定的"公平"环境，这无疑对防止孩子滋长"独享"意识有积极的意义。爸爸、妈妈还要教育孩子既看到自己，也要想到别人，知道自己与其他成员是平等的关系，自己有愿望，别人也一样有愿望，好东西应该大家分享，不能只顾自己，不顾别人。

第三 让孩子明白分享不是失去而是互利

孩子之所以不愿与人分享，是因为他觉得分享就是失去。爸爸、妈妈应该理解孩子这种难以割舍的"痛苦"，让孩子明白，分享其实不是失去，它是一种互利。分享体现了自己对别人的关心与帮助，自己与别人分享了，别人也会回报自己同样的关心与帮助，这样彼此关心、爱护、体贴，大家都会觉得温暖和快乐。

第四 对孩子进行分享行为的训练可以从婴儿期开始

如孩子拿着镜子，爸爸、妈妈拿着匙，爸爸、妈妈温柔而愉快地递给孩子匙，然后从他手中拿走镜子，通过这样反复地交换，孩子便学会了互惠和信任。

第五 给孩子分享的实践机会

经常让孩子与小朋友开展生动有趣的活动。孩子与小朋友们共同活动,共同分享活动的快乐。另外,应常创造孩子为爸爸、妈妈服务的机会,如家里买了水果、糕点时,让孩子进行分配,如果孩子分配得合理,就及时表扬。

第六 自己为孩子树立榜样

爸爸、妈妈要做与人分享的模范,经常主动地关心帮助他人,如帮助孤寡老人、给灾区人民捐衣送物等。

自古以来,无数事实说明:骄纵败子。很多男人人生失败的原因,不在于别人,全是因为娇惯溺爱他的父母。因此,父母应该穷养男孩,让他通过生活的磨炼,懂得感恩,懂得爱别人,让孩子拥有健全的人格,这是教育孩子的根本。

男孩要学会心中有他人

托尔斯泰说:“家长的责任是不能托付给任何人的,金钱买不到成功的孩子。”男孩教育的成败贵在穷养,所以,家长培养孩子心中有他人的良好情感,需要家长做个有心人,从生活中的点滴小事开始,让孩子去历练,去感知,让孩子拥有健康向上的情感。

生活中,不少父母看上去很爱自己的儿子,但他们的做法不是理智的爱,而是溺爱。目前,有许多独生子女家庭中,有了好吃的父母不舍得吃,给孩子今天留、明天留,孩子不愿吃了,家长才吃。如:家长将肉已经盛入自己碗里了,他会再拣出来放在孩子的碗里,也不忍心对孩子讲:“你吃得很多了,应该给干活最辛苦的爸爸吃一点。”使孩子养成了只会享受家人的关怀、照顾,而不知道还要去关心别人,再加上家长无意识地迁就顺从,使孩子形成了随心所欲“自我中心”的心理定式。

相反，那些经历过家长“穷”养的男孩，明白父母养育的艰辛，明白人与人之间需要爱。这告诉父母，必须穷养男孩，从小在家庭中为孩子设立为他人服务的岗位，让孩子从小在为他人服务的过程中体会到他的一份责任，养成关心、照顾他人的良好习惯。如让孩子坚持为下班回家的父母取拖鞋、倒茶水等，事情虽小，但给孩子的影响却很大。

孩子不懂得关心他人，很重要的一个原因就是孩子的自我中心意识过重，而这种过重的自我中心意识往往是家长给他们养成的，什么事都依着他，什么东西都让给他，家里所有的人都要听孩子的，这样就必然养成他“心中没有他人，只有自己”的自我中心意识，这样的孩子是不可能去关心他人的。教育家苏霍姆林斯基说：“爱国主义思想是从摇篮里开始培养的。谁要是不能成为父母真正的儿子，也就不能成为国家的儿子。”教育儿童心中有他人，将来走上社会，才会心中有祖国，心中有人民，成为祖国的栋梁之材。所以，要养成孩子心中有他人的情感，就要从小教育，最重要的是：

第一 要让孩子从孝敬父母开始 学会爱别人

家长要不断地给孩子创造孝敬父母的机会。例如，让孩子给爷爷、奶奶、爸爸、妈妈过生日，为他们献上一首歌，说一句祝福的话。孩子会在做这些事中得到长辈的喜爱，从而强化他孝敬父母、尊敬长辈的意识。

老张有个独生子，但他注意培养儿子关心他人比关心自己重要的好品德，并在平时有意识地察看他的表现，是否心中只有自己，没有别人。有一次，老张同他在街上买了一盒巧克力，虽说是一盒，实际只有15粒，数量不多，儿子很喜欢吃，回去究竟如何处理，老张并没有想。但到家后，儿子却首先送了一粒给奶奶后才自己吃，老张欣慰地笑了。

不少孩子的父母认为好东西让给孩子吃，让孩子生活得幸福是天经地义的事。殊不知，溺爱孩子其实是害了孩子。要培养幼儿心中有他人，应从孝敬父母开始。

第二 父母要以身作则 言传身教

模仿是幼儿阶段主要的学习方式，特别是行为习惯方面。成人有意识地为幼儿树立榜样是有效的教育方法。父母平时要尊老爱幼，热心助人，做关心他人的楷模，为孩子提供具体形象的学习榜样。如：吃饭时为父母夹菜，晚上为父母洗洗脚，邻居家遇到困难时主动去帮助等，孩子的眼睛就像录像机，父母的一言一行会深深地打动孩子的心，在孩子幼小的心灵里埋下爱的种子。

第三 家长不要迁就溺爱孩子

要让孩子认识到，他和家里所有的人都是一样的，没有什么特权，自己喜欢的东西别人也喜欢，自己不喜欢的东西别人也不喜欢，所以，自己喜欢的东西就要与他人分享，不能霸占。当孩子做了错事时，家长要让孩子知道错在哪里，也可以反问孩子："要是别人也像你这样行不行？"另外，还要为孩子提供与人交往的机会，让他的同伴到家里玩，将他好玩的玩具拿出来与小伙伴一起玩，将好吃的大家分着吃，让他在与伙伴交往的过程中正确认识自己与他人的关系，破除中心的自我意识。

第四 父母要经常与孩子沟通 让孩子知道父母的苦与乐

父母要平等地与孩子谈话，把自己的真实感受告诉孩子。例如，当妈妈疲劳地回到家里时，可以告诉孩子："妈妈挤了两个多小时的公共汽车，很累，你能给妈妈倒点水吗？"若是爸爸或妈妈从外面带回精美的点心，可以一家人围坐在一起，让孩子分点心，家长应高兴地接受分享，表扬孩子礼貌、懂事的行为，让孩子养成好东西大家分享的习惯。

第五 给孩子提供练习关心他人行为的机会

如：爷爷下班回来，爸爸帮爷爷倒杯茶，让孩子为爷爷拿拖鞋；奶奶生病了，妈妈为奶奶拿药，让孩子为奶奶揉揉疼的地方；父母头痛时，就让孩子帮忙按摩按摩太阳穴。日子长了，孩子会学会许多照顾他人的方式。再如上街买菜时，就让孩子帮忙拿一些他能拿动的东西，有好东西就让他送给家人吃，或者给邻居家的孩子吃，孩子每碰到类似情况，就会如法炮制，慢慢就会养成关心他人的习惯。

第六 对孩子关心他人的行为给予表扬和鼓励

如：孩子帮妈妈擦桌子、扫地了，妈妈就要口头表扬孩子"呀！宝贝长大了，知道疼妈妈了，今天能帮妈妈干活了"；当孩子与邻居小朋友玩时，将玩具主动让给同伴玩了，就抚摸着他的头"你真棒"，或者给孩子一个吻等。

总之，父母要与孩子建立平等的、互敬互爱的家庭关系。父母要穷养男孩，就不能永远围着孩子转，不能让孩子从小养成吃独食的习惯。通过吃、穿、用等一点一滴的小事，让孩子明白父母为了自己所付出的辛苦与汗水，要让孩子理解父母所付出的心血。同时，让男孩知道自己也有义务去关心和爱护别人，而父母也是需要孩子去爱护、照顾的，家庭是男孩走向社会的准备阶段，心中有他人的男孩才能以完美的人格担当起社会、家庭的责任。

告诉男孩分享的道理

分享，是指将自己喜爱的物品、美好的情感体验及劳动成果与他人共享的过程。"分享"意味着宽容的心，意味着协同能力、交往技巧与合作精神，这些都是男孩应具备的重要素质。人生在世，我们每个人都需要和别人分享。分享快乐，分担痛苦，这样对自己有好处的同时，对别人也有好处，就是现在说的"双赢"。

孩子不愿意与人分享，主要原因有三：一是现在的孩子都是独生子女，在家庭生活中，没有需要他们伸手帮助别人的这种氛围；二是他们缺少替别人着想的意识；三是他们受教育的程度还不够，使得他们还不能够真正从思想上认识到自己身边还有他人，应该多替他人着想。

实际上，由于家庭教育的缺失，尤其是父母的溺爱，很多男孩自私自利，不愿意与人分享，这对男孩成为一个合格的社会人是极为不利的。在现实生活中，自私、不愿意与人分享的孩子并不少见。这虽然不是什么大毛病，但一个什么都不愿与他人分享、独占意识很强的人，很难与他人形成良好的人际关系。所以，从小克服孩子的自私行为，培养孩子与他人分享的意识很重要。为此，爸爸、妈妈应该帮助孩子做到下面几点：

第一 分享物质

就是分享糖果、糕点、图书等物品，家长可以先由物质分享入手。还可以借宝宝过生日，邀请小伙伴、父母的亲朋好友一起来分享生日蛋糕，让孩子在此过程中学会分享，体验分享的快乐。宝宝有了新玩具或新图书，家长可以引导孩子把好东西带到幼儿园，与同伴一起分享，让孩子懂得好东西要与人一起分享，这样才快乐。

第二 分享快乐

就是别人很高兴的事，你也可以一起高兴，从而产生一种因分享而带来的快乐和满足感。

第三 分享成功

就是培养孩子的大气和宽广的胸怀。引导孩子从小分享他人成功，尤为重要。

第四 在家庭中巩固分享行为的形成

幼儿善于观察和模仿，家长的言行举止都是幼儿观察和模仿的对象。

(1)创设环境。家中尊老爱幼，注意引导孩子从身边的小事做起。如：把新玩具分给邻居家的小朋友玩，有好吃的先分给爷爷、奶奶、爸爸、妈妈吃，让幼儿渐渐养成分享的行为。

(2)故事引导。家长可以在晚饭后或者睡觉前讲述一些有关分享和谦让的脍炙人口的故事或儿歌，让孩子从小懂得要谦让，要把好东西分给大家。

(3)榜样作用。父母是幼儿的第一任老师，父母的日常行为、言谈举止和情感态度，随时都对幼儿的发展产生潜移默化的作用。所以，父母要做个有心人，平时抓住一切有利时机为幼儿做好行为示范。父母必须经常检查自身的言行，为幼儿做出良好的榜样。

总之，家长不能对孩子的要求有求必应，而是让男孩在和别人交往中，让孩子自己决定什么东西在什么时候是否分享，但父母只能引导，不能强迫，要用正面教育的方法。教孩子和朋友分担痛苦，他的痛苦就会减少许多，教孩子和朋友分担快乐，他的快乐就会成倍增长。学会了分担和分享，他的生活就会遍布阳光，这样的孩子才是内心健康、人格健全的孩子。

让男孩能够做到主动给予

当前家庭中的男孩大多数是独生子，长辈们把所有的心血都放在自家的独苗身上。我们经常可以看到这样的情形：吃饭的时候，孩子在前面跑，大人拿着饭碗在后面追，真是你追我赶，连骗带哄，好不容易才喂上一口。或者是孩子在玩玩具，家长站在旁边一口一口地送饭到他嘴里。其实这种过度的照顾、过分的关心和保护，养成了孩子只知享受，不知分享和付出，养成唯我独尊的心理。家长在爱孩子的同时，应该向孩子提出适当的要求，那就是主动给予，给予爱，学会爱别人，学会付出。每个孩子都是家庭的未来，他就像一张无字无画的纸，交到父母手中，为父为母的责任就是要在这张白纸上添色加彩，使之鲜活。自私的孩子从小到大在家里只知道向大人索取，不知道帮大人分忧，走向社会后也会只想让人家照顾他，不知道主动去关心照顾他人，一旦自己的愿望得不到满足，就会无比气愤甚至走向极端。这样的人，从个体来讲是不受社会欢迎的，从群体来讲则会缺乏沟通、缺乏谦让，最终势必不利于整个社会的和谐和发展。

诚然，爱孩子本是父母的天性，但对孩子过分的溺爱和迁就却是害孩子。苏联教育学家马卡连柯曾经指出："一切都让给孩子，牺牲一切，甚至牺牲自己的幸福，这是父母所给予孩子的最可怕的礼物。"因此，家长对男孩正确的言行和合理的要求，应该给予支持和鼓励；对不正确的言行要求不但不能满足，而且应耐心进行说服教育，使孩子懂得做人的道理，这才是真正的爱孩子。

男孩必须要穷养，这是中国历来的养儿之道，要让男孩学会主动给予，就要让孩子经历生活的磨炼，懂得索取和付出是相伴相依的，懂得主动给予别人才是立世之本。那么，家长应该怎样让男孩学会给予呢？

第一 给孩子树立榜样

孩子是在模仿中学习做人，学会做人的。成人是他们模仿的主要目标。良好的情感和行为一定会给孩子以潜移默化的影响。

第二 克服孩子不愿意主动让出物质的习惯

培养孩子慷慨的行为，是培养孩子主动给予的一个重要方面，愿意付出物质的孩子也就能明白给予的第一步。

不愿把自己的东西给别人，这是小孩子正常的表现。只有在孩子逐渐学会关心和爱护他人之后，才会逐渐变得慷慨起来。追根溯源，培养孩子的慷慨行为，要从让孩子学会关心他人做起。此外，要想让孩子有慷慨的表示，可以给孩子买两件相同或相似的玩具，在他玩过一段时间以后，可以主动征求他的意见，“你有两个同样的玩具，隔壁的孩子一个都没有，咱们送他一个好不好？这样妈妈会很高兴。”在孩子高兴的时候提出这种建议，孩子往往乐于接受。一旦孩子表现慷慨，就要给他积极的反应。但不能以许诺给孩子什么东西为条件，否则孩子的行为只是交换报酬，而不是慷慨。注意这些指导的时机和方式，孩子就会逐渐变得慷慨起来。

第三 增强孩子对爱心情感的认识

在平时的日常生活中，我们应注意引导孩子观察什么时候别人难过，什么时候需要自己的帮助。比如：有人摔倒了，别的小朋友不应该站在旁边看，而应该把他扶起来，并帮助他拍掉身上的泥土，问他疼不疼，引导幼儿主动关注困难者，帮助别人。

第四 让孩子体验爱 教育孩子学会给予爱

这是让孩子学会给予的最终目的。在给孩子爱的同时，让孩子知道别人在给予你爱时所付出的辛劳，从而使孩子产生感激之情，体验并懂得爱。同时要教育孩子学会给予爱，有了对爱心的认识以后，必须采取行动，行动是关键的一步，应教给孩子相应的积极方式，例如：别人生病了，应去看望他。小弟弟摔倒了，应把他扶起来。当孩子有了爱心行动时，应及时表扬，强化孩子良好的情感和行为。但是幼儿的行动比较单一，缺乏多样的同情行动：例如看到一个小朋友哭了，好几个小朋友主动掏出小手帕为他擦眼泪，反而弄得那个小朋友不知所措，不知该如何做才好。针对以上这种情况，引导孩子用别的方式表示对摔倒同伴的关心与帮助，例如：为他掸土，为他搬小椅子，询问疼不疼，给他揉揉等方式。

总之，在平时，家长应有意识地去引导教育孩子。爱孩子应爱得理智，在孩子幼小心灵里埋下爱的种子，孩子就会主动地关心别人，并能主动给予，这对孩子的人格发展很有必要。

多鼓励孩子去帮助他人

乐于助人是中华民族的传统美德，是一个人良好道德水准的重要表现，而这一美好的品质，需要父母从小培养。可恰恰相反的是，现在的孩子都是家庭中的“小皇帝”，全家的宠儿和期望。家长们真是“放在一边怕凉着，搂在怀里怕热着”，害怕自己的孩子受苦、受委屈、受挫折。家长都有这样的心理：“我们小的时候条件不好，现在条件好了，孩子需要什么我们都满足他。”孩子在家中随时随地都处于被照顾的地位。他们很少有机会去关心、照顾别人，甚至他们很少想到别人，除非他们需要别人帮助。然而，这对孩子的成长却是十分不利的，它不利于孩子优良品格的形成；不利于孩子长大进入社会与人共处，它会妨碍一个人学习、事业上的成功。

其实作为家长应该明白这样的道理：良好的品质，爱心和感恩的心，坚强的意志力，坦然地面对失败的抗挫折能力，体谅和宽容他人的博大胸襟等，往往都是在失意的经历中产生的。孩子的一生中会遇到很多挫折，做父母的不可能保护他一辈子，我们只有让他受到应有的“抗挫折”教育，他才能在苦难中得到磨炼，而在磨炼的同时，也能感受到父母养育自己的艰辛，事情的成功需要他人的帮助等。因此，家长不仅没有必要总是担心孩子受苦、受委屈，而且还应设法创造一些让孩子体验痛苦的机会，才能避免男孩产生自私的心理。比如，每次到节假日时，带孩子去参加一些社会公益活动，不仅能培养孩子的爱心，还让孩子接触了社会。当孩子到超市看上比较贵重的玩具要买时，不妨告诉他，钱是爸爸妈妈辛辛苦苦赚过来的，不能随便浪费，如果对他是真的有用处，还是要毫不犹豫地买下来。这样适当拒绝孩子的一些要求，他才能懂得生活中还会有不如意。平时在家里让孩子做些力所能及的事，这样他才能体会父母的艰辛……

乐于助人是一种高尚的品质。对于一个年幼的男孩来说，他们也许尚无明确的认识，不懂得它的社会意义。可是他们都极富同情心，这是培养他们乐于助人精神的基础。家长可以利用这点，鼓励男孩主动帮助别人。可以从以下几个方面入手。

第一 培养他们关心别人

例如，父母要有意识地让孩子从幼儿园回家后，先去问问生病的奶奶好些了吗；妈妈下班回来，爸爸让孩子去问问妈妈累吗；爸爸出门办事，妈妈让孩子去代说一句“路上骑车要小心”。

第二 从小事做起

要给孩子机会，让他去帮助别人。培养孩子对周围人、事与情感的敏锐度，并让他去尝试自己所学到的。例如：假设哥哥或弟弟不舒服，或小狗生病了，让他去照顾，从经验的累积中使他了解什么是“帮助”。在幼儿园，应教育孩子关心帮助别的小朋友，小朋友摔倒了，要主动扶起来，并加以安慰。在这种举动中，将会体验到帮助别人的快乐。还例如，妈妈蹲着洗菜，爸爸就可以启发孩子送去小板凳；奶奶生病卧床，妈妈让孩子给递水、送药。走在路上，看到老人手中的报纸或其他较小的东西掉在地上，让孩子帮助拾起。

第三 启发孩子的同情心

孩子的行为绝大多数是由感情冲动引起的，而且行为过程带有很浓的感情色彩。那么，在让孩子做某件事情时，最好从启发他的情感入手，例如"你看那位老爷爷弯腰多吃力呀！赶快帮助他把报纸捡起来吧！"这比单说"你应该帮助老人"的效果好得多。

第四 父母树立榜样

家长是孩子第一个模仿的对象，家长一定要以身作则。鲁迅先生曾尖锐地指出："父母不仅可以把自己的优秀品质传给后代，其恶劣性、不良性格、不好的生活习惯也会潜移默化地影响孩子。"孩子是父母的一面镜子，家长的行为，常在孩子身上反映出来。因此，家庭成员间互相关心、邻里间的互相帮助等，都能直接地教育孩子。当家长在接受了别人的帮助以后，及时地对别人说声谢谢；在收到礼物之后，邀请孩子和自己一起写感谢卡等。有了大人的示范，再遇到类似的情形时，孩子自然而然就会学着大人的做法。

作为父母，应当正确引导孩子帮助别人，让他分享帮助人的感觉与快乐，帮助孩子增添一种良好的品德。

教会男孩用换位思考的方法思考问题

有人说：家庭是孩子的一面红旗，父母是孩子的一面镜子。可以看出，作为父母，对孩子的影响是很大的。现代社会，由于很多男孩都是独生子，生活条件优越、长辈宠爱，以致他们多以自我为中心，很少会为他人考虑。男孩自我中心的形成，往往与不恰当的教养方式有关。为了让孩子健康地成长，每位家长都有责任在孩子的心灵中播撒一粒爱的种子，只有当这粒种子在孩子的心灵中生根发芽时,他的心中才能装得下别人。

孩子以自我为中心是有一定的发展阶段的,这个阶段需要家长的及时引导,不然就会养育出一个自私自利的男孩。

以自我为中心是儿童早期自我意识发展的一个必然阶段。新生儿处于蒙昧未开的状态,没有客我之分,他们吮吸自己的手跟吮吸其他东西没什么两样。到了两三岁,孩子的自我意识开始萌芽,开始把自己从他人和外界事物中区分开来,学着使用"我要""我有"和"我的"等带有第一人称的代名词。此时,自我意识发展到自我中心阶段。在此阶段,儿童以自我为中心观察世界,认为周围的人和事物都跟自己密切相关。他们往往从自我角度来进行行为选择和活动设计,而不考虑他人。

随着幼儿交往活动的增加,孩子逐渐有了他人意识,进而逐渐认识自我和他人的关系。到了四五岁,儿童不仅能够知道自己的行为会给自己带来什么好处,还能够进一步理解到自己的行为会给周围人带来什么好处。此时,我们可以看到儿童愿意为了集体活动的成功而行动。

可以说,自我中心思想人人都有,只是程度和发展速度上存在着个体差异。如果自我倾向过于严重,甚至到了六七岁还停滞在自我中心阶段,这就成了问题,是高级心理机能发展不充分的结果。这类儿童往往把注意力过分集中在自己的需求和利益上,不能采纳他人意见。对于与他认识不一致的信息,决然不能接受。因为他不懂得,除了自己的观点之外,还可以有别人的观点;他认为别人的心理活动和自己的是完全一样的。

由于孩子年龄小,具有可塑性,才容易把感恩的种子埋在心田,并不断开花结果。这个过程少不了家长的引导、指点。那么,家长该怎样引导年幼的男孩克服自我中心的心理呢? 这就需要教导孩子学会换位思考。

第一 让孩子清楚自己的分量

从孩子三四岁起,就要让孩子开始认识到自己在家庭中的位置。比如说,有了好吃的,不要只留给孩子一个人吃,可以根据家里的人数分成几份,让他知道自己的食物只是其中的一份,而不是全部,懂得与人分享的概念。

如果爸爸、妈妈舍不得吃，可以留给孩子，但是要让孩子知道这种“优待”之中有父母的自我克制和爱，并不是理所当然的。

第二 让孩子多替别人想想

孩子之所以会以自我为中心，是因为他不知道自己的行为会给别人带来什么样的负面影响，可以引导孩子站在他人的角度思考问题，学会换位思考。

有位家长是这样教育自己孩子的：“有一次，朋友给我的儿子买了一顶帽子。儿子一戴，抱怨帽子小，戴着还觉得头皮发痒，一脸的不高兴，更没有主动表示感谢之意，弄得我很生气，朋友也一脸尴尬。等朋友走后，我就问儿子：‘如果你买了一个礼物送给别人，结果人家看到你送的东西后一脸的不高兴，你心里会怎样想？如果对方高高兴兴地接受，并大大方方地谢谢你，你是不是会很愉快呀？’儿子知道自己做得不对了，当天就打电话给送礼物的阿姨表示感谢，并为自己的失礼道歉。后来，儿子渐渐学会换位思考，没有我们的指点，他也能独立地面对别人的好意而主动说出感谢、感激的话了。”

第三 让孩子学会分享

在许多人眼里，帮助他人意味着付出，意味着对自我的克制，其实更多的人还是在助人的过程中发现了快乐，帮孩子体会与人分享带来的快乐，他会更愿意与人分享并帮助他人。

第四 换位思考也需要家长转变观念 多从孩子的角度考虑问题

苏霍姆林斯基讲过这样一个故事：他小时候住在一间杂货铺附近，每天都能看到大人把某种东西交给杂货店老板，然后换回自己需要的物品。有一天，他想出一个坏主意，将一把石子递给老板“换”糖，杂货店老板迟疑片刻后收下了石子，然后把糖换给了他。苏霍姆林斯基说：“这个老人的善良和对儿童的理解影响了我终身。”

这位杂货店老板不是教育家，但他拥有教育者的智慧：他没有用成人的逻辑去分析孩子的行为，而是从孩子的角度，用宽容维护了一个儿童的尊严。这对家长有一定的启示，教育孩子重在理解和引导，体验他们的感受，才能对症下药。

男孩是父母生命的延续和希望，是父母心中永远的牵挂。有一个比喻说得好：孩子就像风筝，父母就是放风筝的人，孩子飞多高多远，就看怎么放手中的线。如果每个男孩都能学会换位思考，学会将心比心，那么生活中一定会多份理解、和谐、幸福。他们也会因此而拥有一颗感恩的心，将来在工作中也一定能把方便留给别人，把困难留给自己，从而获得更好的人际关系。

第11章 穷养的男孩更孝顺：让孩子在生活中体会父母恩情

“百行孝居先，孝为德之本”，孝敬父母是中华民族的传统美德，也是各种品德形成的前提，成长中的男孩必须继承这一传统。现在很多家庭都是一个宝贝，家长做了好吃的，自己舍不得吃，都要先给孩子吃，美其名曰“爱”，但实际上这是“害”。

因此，相当数量的孩子全然不懂得孝敬父母、孝敬长辈。特别在一些独生子女家庭里，甚至出现了“孝敬”对象颠倒的现象，难怪有人半认真半开玩笑地说：“孝子，孝子，孝敬儿子。”男孩必须要穷养，这样的男孩更孝顺。一个从小就知道孝敬父母的人，懂得感恩、谦让的人，长大以后才可能成为对他人、对社会、对国家有责任感、道德高尚、能成就大事的人。

让孩子知道孝心是做人的根本

很早以前，一只母羊生了一只小羊羔。羊妈妈非常疼爱小羊，晚上睡觉让它依偎在身边，用身体暖着小羊，让小羊睡得又熟又香。白天吃草，又把小羊带在身边，形影不离。遇到别的动物欺负小羊，羊妈妈用头抵抗，保护小羊。一次，羊妈妈正在喂小羊吃奶。一只母鸡走过来说："羊妈妈，近来你瘦了很多，吃的东西都让小羊咂了去。你看我，从来不管小鸡们的吃喝，全由它们自己去扑闹哩。"羊妈妈讨厌母鸡的话，就不客气地说："你多嘴多舌搬弄是非，到头来犯下拧脖子的死罪，还得挨一刀，对你有啥好处？"气走母鸡后，小羊说："妈妈，您对我这样疼爱，我怎样才能报答您的养育之恩呢？"羊妈妈说："我什么也不要你报答，只要你有这一片孝心就心满意足了。"小羊听后，不觉下泪，"扑通"跪倒在地，表示难以报答慈母的一片深情。从此，小羊每次吃奶都是跪着。它知道是妈妈用奶水喂大它的，跪着吃奶是感激妈妈的哺乳之恩。

这就是"羊羔跪乳"的故事，这个故事是教育人们要有孝心，正如孟子曰："不得乎亲，不可以为人；不顺乎亲，不可以为子。"这句话的意思是，儿子与父母亲的关系相处得不好，不可以做人；儿子不能事事顺从父母亲的心意，便不成其为儿子。孔子说："孝悌者，为人之本也。"孝为"百德之首，百善之先"。作为父母，教育孩子最重要的就是教孩子学做人，学处世。做什么样的人呢？做孝敬父母的人，做诚实正直的人，做自尊、自爱、自信、自强的人。其中教孩子孝敬父母是最主要的，是一切道德的基础，是做人的根本。

古人说，百善孝为先。一个对自己长辈都不尊敬、不善待的人，会是有爱心的人吗？让孩子从小养成好的品质，将"民德归厚"的基础打好，就不能忽视对孝心的培养。这在如今"四加一"模式的家庭里，尤其重要。家长必须改变以往溺爱男孩的教育模式，穷养男孩才能培养出一个拥有健全人格的儿子。“家贫知孝子，国乱识忠臣”就是这个道理。

在家庭生活中，我们还可以看到这样的情景：吃过饭后，孩子扭头看电视或出去玩，父母却在忙碌着收拾碗筷；家里有好吃的，父母总是先让孩子品尝，孩子却很少请父母先吃；孩子一旦生病，父母便忙前忙后，百般关照，而父母身体不适，孩子却很少问候。也还有这样的情况：尽管每一位为人父母者都希望自己的孩子将来长大成人能够有孝心，尽管大家都知道孝敬父母长辈是中华民族的传统美德，然而在教育孩子时，又往往忽略这方面的内容。据调查，许多父母对孩子孝敬长辈的要求是很低的。孩子上学离家时能说：“爸爸、妈妈，我走了，再见！”放学回家见到父母能说：“爸爸、妈妈好，我回来了。”就相当满意。如果孩子在拿到好吃的东西时，举手让一让爷爷、奶奶、爸爸、妈妈，长辈们则觉得孩子非常乖。这是把孝心降低到一般文明礼貌来看待了。凡此种种，值得忧虑。

孝敬父母是中华民族的传统美德，也是各种品德形成的前提。试想一个人连父母都不爱、不敬、不孝，怎么会爱朋友、爱同学、爱老师，成为一个人格健全的人呢？

通过父母的“穷养”和“孝心”教育，孩子能切身体会到父母的艰辛，能体会到父母的爱，从而明白应该给父母同样的爱。一旦孩子拥有“孝心”，对他而言，这是一种前进的动力。真孝敬长辈，就应该听从长辈的教诲，不应随便顶撞，有不同想法可以讲道理；真孝敬长辈，就应该严格要求自己，体谅长辈的艰辛，尽可能少让长辈为自己操心；真孝敬长辈，就应该为父母分忧解难，在父母生病时，在父母有困难时，尽力去关心照顾父母、协助父母；真孝敬长辈，就应该刻苦学习，努力求知，让父母少为自己的学习担忧；真孝敬长辈，就应该在离家外出时，自己照顾好自己，注意安全，外出时间较长，应及时向父母汇报情况……总之，要把真正的孝心体现在言行上。

家长要从家庭美德入手，重视孩子的孝心教育，不要把男孩培养成弱不禁风的小草，让他们去经受生活的磨炼和考验，让他们成为勇敢搏击长空的雄鹰。孩子只有从小爱父母，才能长大爱人民、爱祖国，进而为祖国服务，因为孝心是做人的根本。

家长以身作则，教孩子学会尊重

有这样一则公益广告：一位刚下班的年轻妈妈，忙完了家务，又端水给老人洗脚，老人对她说："孩子，歇会儿吧！别累坏了身子。"她笑笑说："妈，不累。"年轻妈妈的言行举止被只有三四岁的儿子看到了，儿子一声不响地端来一盆水。年幼的儿子吃力地端着那盆水，摇摇晃晃地向妈妈走来。盆里的水溅了出来，溅了孩子一身，可孩子仍是一脸的灿烂。把水放在母亲的脚下，为母亲洗起了脚。广告画面定格在这儿，广告语说："父母，孩子最好的老师。"

的确，孝心就是这样学会的，就是这样传递的，父母是孩子最好的老师。因此，要想培养孩子的一颗孝心、懂得爱，父母首先要以身作则，要做孝敬长辈的楷模，因为"身教重于言教"。

可如今社会，出现了这样一个奇怪的现象，很多家长孝敬的是自己的儿子，而不是自己的父母。在父母面前称"爸妈"，在孩子面前，称父母为"老东西"，其实，父母对自己父母的孝心如何，直接影响到孩子。真孝心、假孝心，这些都骗不过孩子的双眼。数典忘祖的父母只会教育出不孝顺的儿子。

让男孩学会感恩、学会反哺，这是所有家长所共知的道理，但为人父母要对自己的孝心做一番反省，在自己身上求真，孝心的种子才会播撒到孩子心里去。那么，家长该怎样对待自己的父母，从而给孩子树立孝顺的榜样呢？

第一　家长要尊重父母　当着孩子的面　不可以说任何对长辈不敬的话

父母去看望自己的父母（孩子的爷爷、奶奶、姥姥、姥爷）时，要带上孩子一同前往，让孩子亲眼看看父母是怎样孝敬父母的。

漠漠在外地上高中，就在高考前夕，他的姥爷病逝，有人说，孩子离家比较远，又马上面临高考，就不让他回来吧。可是他的爸妈毅然决定让孩子回来参加姥爷的发丧、火化、吊唁、追悼会、下葬等活动。漠漠自始至终陪伴着她的妈妈，他一次又一次地看到妈妈哭得死去活来的情景，自己也一次又一次地潸然泪下，泣不成声，内心受到巨大的震撼。他感受到了人失去亲人时是怎样痛断肝肠。

漠漠父母对儿子的教育是正确的，可以说，这种亲情体验比男孩考试多考十分八分要重要得多。

第二 对孩子的善行要予以肯定

孩子表现出对爷爷、奶奶等其他长辈的孝敬，要愉快接受，并且及时加以表扬，最好逢人就夸。

第三 父母应该建立一个良好的家庭秩序　　长幼有序

父母应事先确定一些准则，作为父母，不能轻视家中的老人。而孩子的什么行为可以接受，什么不能接受，一定要坚持原则，毫不含糊。当孩子对他所知道的界限，以一种傲慢的态度肆无忌惮地进行挑衅时，要让他觉得后悔。不能让他们当面取笑父母，藐视他们的权威，甚至把父母当成出气筒而不受谴责。当然，批评孩子错误行为时，不要夸张，要就事论事；不要贴标签，戴帽子，言简意赅；不要喋喋不休地讲个没完没了，让对方厌烦。

有一个孩子在13岁的时候，爸爸犯了一个错误，偷看了他的日记。结果那个孩子知道了，不依不饶，连续几天不和父亲说话，无论爸爸怎么道歉都没有用。最后爸爸非常痛苦，觉得自己的错误是不可原谅的。

其实，这个事情很简单，爸爸偷看儿子日记，自然是爸爸不对，但是儿子在爸爸已经道歉的前提下，还继续惩罚爸爸，就是儿子的不对了，他忘记了孝顺爸爸和宽容爸爸。一个家庭不能没有主次之分，一个家庭一定要建立一个良好的秩序，这样家庭成员在这个秩序里才能互相尊重、关爱，家庭才越来越稳固和幸福。这个孩子和爸爸都忽视了家庭当中的一个大原则。当小原则和大原则冲突时,小原则一定要让步给大原则,一个家庭必须建立起一个大的原则和基本的秩序。要懂得维护自己的权利,但更要懂得孝顺和宽容,后者是大原则。

第四 孝心是拿来做的 不是拿来说的 做父母的 一定要身体力行 孩子才能效仿

一切对男孩的教育要建立在父母的效仿作用上,这是毋庸置疑的。每个男孩就像是一张空白的纸张,如何把这张纸描绘成色彩斑斓的蓝图,就需要父母的教育,培养孩子的孝心,家长必须身体力行,让男孩去体会,去感受。

父母的辛苦要让孩子体会到

有一个老师这样教育一群离家出走的男孩:他从家中带一些鸡蛋,让这些男孩不论用什么方法,要保证鸡蛋在一天之内不碎。一开始这些男孩不以为然,一下课就把鸡蛋放在课桌中,自顾自去玩了,谁料到课桌被好动的同学撞了一下,鸡蛋就碎了;还有的就一直把鸡蛋捧在手里,但用力过猛,把鸡蛋捏碎了。失败后,孩子们都学乖了,干脆用上了保护措施:把鸡蛋放在泡沫塑料里;有的把鸡蛋放在布袋里,挂在胸前。当学生把完整的鸡蛋交给老师时,都不由自主地长吁了一口气。老师就此引导孩子:“你们保护一只鸡蛋才一天,就觉得累了,爸爸妈妈保护你们长大成人,所付出的精力和耐心,就可想而知了。”

的确,父母养育孩子直至长大成人,倾注了不知多少的心血。男孩只有体会到父母的辛苦,才能在未来社会中承担起更多的责任,只有懂得孝顺自己的父母,才能同样养育出孝顺自己的孩子,从更高层次看,也才能长大以后去爱国爱民，去尊老爱幼，去爱天下苍生。

而现代社会，为人父母的，有多少在爱的名义下，不停地摧残那颗脆弱的心灵，正如很多人说的“中国的父母是天下最爱孩子的父母，却是最不懂得怎样爱孩子的父母”。他们的爱只是父母对子女的单向倾斜，而不能实现爱的双向交流，那么这种爱就是畸形的爱。孩子只有把父母给他的爱转化为他对父母的爱，这种爱的种子才算在孩子的心中生根发芽，开花结果，这种人间大爱正是这样得以传承的。穷养男孩，让男孩体验生活，体验父母的辛苦，学会感恩，才是爱孩子。

一个年仅5岁的小孩，在父母上班之后陪伴着瘫痪在床的奶奶。奶奶该吃饭了，他把父母做好温在锅里的饭菜端到奶奶床上；奶奶要解手，他把便盆送到奶奶身边……

这些鲜活的例子无不证明了穷养男孩的正确性，家贫出孝子也是这个道理，只有经过生活的磨炼，才能了解生活的艰辛。孝顺父母的男孩才是一个人格健全的男孩，才知道如何爱别人。那么，家长该怎样让孩子体会到父母的辛苦，从而启发孩子的孝心呢？

第一 耳鬓厮磨中建立亲情 让孩子体会细小的生活片段 感知父母的艰辛

在孩子时间允许的情况下，家长应要求孩子帮妈妈刷刷筷子洗洗碗，给爸爸捶捶后背揉揉肩。亲情培养，很多时候是容易被人们忽略的细节。从这方面说，不赞成孩子从上幼儿园或上小学起就到离家较远的外地去上寄宿制学校，因为这不利于亲情培养。亲情，就是在一天到晚的耳鬓厮磨中建立起来的。

第二 给孩子机会 让孩子从行动上去感知

家长不妨把日常工作向孩子说一下，或带孩子去上一两次班，让他知道你上班走什么路线，每天都做些什么事情，你的工作中有哪些困难；你还可以告诉孩了下一个月、下一年家里都需要买什么东西，需要花多少钱。总之是让孩子看到、体验到父母的难处，而不是只让他听父母说“我很辛苦”。

在一个双休日，李先生骑自行车带儿子李雷去公园。看完各种动物表演，孩子十分兴奋。回家的路上行人稀少。他对爸爸说："爸爸，让我带你一段怎么样?"李先生说："你没有带过人，能行吗?"李雷说："让我试试吧。"爸爸也就同意了。

于是，爸爸坐在车架上，李雷双手紧握车把，用力蹬动脚踏，车轮滚滚向前。可孩子毕竟还小，骑了七八百米之后，就有些体力不支了，额头上也渗出了汗珠。最后他喘着气停了下来，好奇地问爸爸："爸爸，你每天骑车带我上学也这么费力吗?"爸爸说："我虽然力气大些，不过每送你一次，我也挺累的，尤其是前边那个上坡更费力气。"

到了星期一，李先生照常骑着自行车送儿子上学。骑到上坡时，坐在后边的李雷忽然跳了下来，用手推着车。爸爸非常欣慰。

第三 用亲情故事启发孩子意识到父母的辛苦 从而孝敬父母

家长一定要定期抽出点时间和孩子谈心聊天，要把自己的难处和家里的难处有选择地告诉孩子。通过谈话，可以让孩子体验亲情，启发孩子孝敬父母的意识。

让孩子从"乌鸦反哺""羊羔跪乳"等故事和名人孝顺的事例中，体会到孝顺父母是一种美德。动物尚有此本能，何况人呢?

父母是孩子的第一任老师，切记不要溺爱孩子，溺爱是孩子成长的毒药。每个孩子就像一把谷种，放在温室中肯定不会长成大树。让孩子拥有孝心，才能让他明白，只有互相付出爱，一个家庭才能美满，在学校里、在社会里才能和谐相处，这样的男孩才能拥有良好的人际关系，才能在社会上更好地生存。

教育孩子关爱长辈和他人

爱心和善良的品质，是每个男孩亲和社会的基础和前提。孩子的心就像一片广袤的土地，种植爱心和亲情，便会收获友爱、尊重、宽容和同情。父母是爱心的播种者，正因此，父母从小给男孩心灵播下爱的种子，比给他任何财富都强。父母所做的一切要让孩子明白，自己从父母这里获得爱，也要以爱相回报。关爱父母、孝敬父母的人才会照顾他人。

父母爱孩子，这是天经地义的事，可是很多父母却不知道如何表达自己的爱。有人说，在当今的独生子女时代，要紧的是教给年轻的父母如何去爱孩子，进而让孩子学会怎样爱父母。的确，不少初为父母者不知道如何向孩子表达自己的爱，有的一味溺爱。现实中也有些父母尽管自身有许多生活艰辛和身体病痛，但他们总是竭力在孩子面前掩饰，错以为这是爱孩子，却不知是在害孩子。家长千万不要这样想：孩子还年幼，主要任务是学习，只要学习好了，什么也不用干。而是要转变观念：不要以学习成绩作为唯一的评价标准，好孩子的标准是多方面的，孝敬父母就是一个重要的标准。常言道："3 岁看大，8 岁看老。"因为习惯成自然，从小养成的不良习惯，长大了也是难以改变的。

某幼儿园有次调查了解到，中班的一百多名幼儿在家中吃东西时，常常想不到父母的占一半以上；而对父母没有礼貌、任性、发脾气的占到三分之二还多。

生活中有苦才有乐，家长不要刻意去掩饰生活的另一面，而应让孩子从小学会分担你的痛苦艰辛，理解生活的不易，穷养男孩，长大后他才会珍惜眼前的生活，才会以真诚之心关爱别人。

具体可以有这样一些做法：

第一 随着年龄的增长 提高对孩子的培养目标 让孩子了解父母

随着孩子身心的日趋成熟，培养目标的范围应不断扩大，培养目标的内容应逐渐增多。这种变化应体现出由浅入深、层层递进的特点，每个年龄段孩子可以达到的主要目标如下：

(1)当男孩3～4岁时：知道爸爸妈妈的名字、属相、年龄；知道爸爸、妈妈很爱自己；对爸爸、妈妈有礼貌，听爸爸、妈妈的话，不对爸爸、妈妈发脾气；能向爸爸、妈妈表示问候、感谢；自己的事情能自己做。

(2)4～5岁时，知道爸爸、妈妈家务劳动的情况及对家庭的贡献；在爸爸妈妈工作、学习、休息时，不能去打扰他们；能辨认、理解爸爸、妈妈的一些情绪表现；能说一些使爸爸、妈妈高兴的话；能把好吃的东西先让给爸爸、妈妈品尝；能帮助爸爸、妈妈做一点小事；对客人有礼貌。

(3)5～6岁时，知道爸爸、妈妈的职业和对社会的贡献；在爸爸、妈妈生病时，能给予简单的照顾；能预知爸爸、妈妈的一些情绪反应；能做一些使爸爸妈妈感到高兴的事情；乐于承担力所能及的家务劳动；能帮助爸爸、妈妈招待客人；能制作节日小礼物送给爸爸、妈妈；对爸爸、妈妈有信任感和自豪感；学会关爱父母的活动。

第二 通过劳动让孩子感受到父母的艰辛 增强孩子的爱心

劳动是家庭的基本职能之一，不仅能使孩子学会自我服务，而且还能教会孩子照顾和关心他人。不要让孩子在家中当特殊人物，养成衣来伸手、饭来张口的坏习惯。父母要让孩子知道，每个家庭成员都要分担家中的事务，不劳动者不得食。应鼓励孩子参与家庭劳动，要循序渐进地教孩子做些力所能及的事，成为家长的小帮手。例如，要求上小班的孩子自我服务，自己穿衣，自己吃饭；要求上中班的孩子为爸爸妈妈服务，拿拿鞋子，放放提包；要求上大班的孩子为家庭服务，餐前摆放碗筷，餐后收拾碗筷。在孩子劳动的时候，父母可播放孩子喜欢的音乐，使孩子乐于劳动，在不知不觉中完成劳动任务。这样既让他获得成功感，又使他从小养成勤劳的好习惯，并从中体会到父母为家庭付出的辛劳和养育之情，体会到爱是需要付出的。

第三 对孩子进行一些爱心教育

家庭教育的一个鲜明特点就是通过家庭的日常生活对孩子进行教育，为此，父母可利用每天接送孩子的时间，在路上和孩子聊聊幼儿园发生的事情，谈谈自己的工作，并告诉孩子自己在什么情况下会感到高兴，在什么情况下又会感到不高兴。父母还可根据季节特征，利用晚上的时间给孩子讲讲故事，如可在冬天的夜晚给孩子讲“黄香温席”的故事，并向孩子表露自己十分喜爱黄香这样的小孩子，同时也对自己的孩子提出希望：要向黄香学习，关心热爱自己的爸爸、妈妈。

家庭中爱心和亲情要靠父母精心营造，父母要用爱熏陶孩子的心灵，要从一点一滴的小事着手塑造和培养，让孩子养成孝敬父母的好习惯，如平时教育孩子要关心父母的健康，要帮父母分担忧愁，要帮助父母做家务。当孩子不会时，父母要耐心地教；孩子做错事时，不要横加指责；孩子做得好时，要多表扬鼓励。孩子只有在亲身实践和体验中，才能体会到父母的辛苦，尝到为别人付出的快乐。当孩子“父母养育了我，我应当为他们多做事”的观念逐渐形成时，孩子就有了一份生命的义务感和责任感。只有学会爱自己的父母，孩子才会爱别人，进而帮助别人，这种品质的形成将会使孩子受益一生。

消除代沟，从小培养孩子的孝心

代沟是指两代人因价值观念、思维方式、行为方式、道德标准等方面的不同而带来的思想观念、行为习惯的差异。当今社会，代沟严重影响了父母和孩子之间的亲子关系。很多孩子不理解父母，甚至有叛逆心理，这一点在很多青春期男孩中尤其明显。进入青春期的男孩因依附性减弱，独立性增强，从而使两代人在对事物的认识上产生一定的距离。由于态度的不同及意见分歧，因此出现了一条心理鸿沟，致使青少年认为父母不了解他们，有事宁可与同学商谈，而不愿向家长诉说，甚至以不满、顶撞、反抗、违法等方式试图摆脱成人或社会的监护，以自己的方式行事。

而实际上，并不是父母不爱孩子，而是父母“太爱”孩子。当孩子还年幼的时候，父母对孩子实行一切包办。其实，孩子也有倾诉和独立的渴望。当孩子到达一定年龄的时候，这种倾诉和独立的渴望就愈演愈烈，继而导致了代际关系的形成。

大量事实表明，产生代沟的原因：父母与子女隔膜的症结，不在孩子，而在父母。比如，父母的冷淡磨灭了孩子倾诉的兴趣。每个孩子小时候都是爱向父母倾诉的，由于父母处理不当，致使孩子丧失了倾诉的兴趣。小孩既有饮食的饥饿，也有交谈的饥饿，而父母往往只关注了前者，忽略了后者。

常听到一些父母抱怨：“孩子长大了，什么都不给我们讲，不知道他想的是什么。”也常听到小孩说：“懒得和父母说，说了他们也不理解。”

我们发现这些有代沟心理的孩子，人际关系淡漠，不懂得关心、爱护别人，孝心更是无从谈起。因此，重拾孝心在男孩的教育中刻不容缓。要培养孩子的孝心，让孩子具有完善的人格，就必须从消除代沟开始。必须做到穷养男孩，不把孩子当成是保护的对象，而是一个平等的朋友；给予鼓励和支持，而不是包办和压制。具体说来，家长要做到的是：

第一 倾听　　满足孩子的 交流饥饿

对于孩子而言，他们的生活圈和父母的生活圈同样重要，他们每天遇到的“大事”，同样值得关注。父母不能以自己几十年的经验认为孩子所遇到的、所讲述的都是小事，而应当从孩子的角度看到，这是孩子“交谈饥饿”的需要，是建立代际亲密关系不可缺少的一环。

有些父母也注意倾听，但只注重听的动作，忽略了以怎样一种心理听，应该作何反应，因而也效果甚微。具体说，就是倾听要有效果，应做到以下三点：

(1)多听，听能增进对孩子的了解，了解孩子的看法，了解孩子交的朋友，了解孩子的老师，了解孩子的各方面情况，这也是在关注孩子的成长。

（2）如果只是听，而没有任何反应，久而久之，孩子会索然无味，停止讲，不愿讲。父母的积极倾听就是对孩子的最好鼓励，也是对孩子心理需要的极大满足。

（3）在倾听的基础上，要参与到孩子的讲述中，以大朋友的身份谈自己的想法和建议。通过这种参与式的谈话，可对孩子起到意想不到的潜移默化的引导作用。当然，要注意，父母不是主角，只是听者，父母应着重于引导孩子的思维，让他们自己找到处理问题的方法，而不是以自己的想法代替孩子的思维，这样才能培养孩子独立思考、创造性思维的能力。

第二 倾诉　　让孩子与父母平起平坐

倾听让孩子感到受到关注，而倾诉则能让孩子感受平等。孩子喜欢父母把自己看作大人，比如小孩打针怕疼，如果我们说："你好勇敢呀，就像大人一样。"孩子立即会做出一副不怕痛的大人架势。

我们应该看到，孩子是不觉得自己小的，他们渴望能和大人进行平起平坐的讨论，孩子有这种渴望，而且，孩子也有这个能力。但在父母眼中的孩子是柔弱、单薄、不堪重负的，什么也不懂，大人的事情给孩子讲也没用，因此不愿也不习惯对孩子倾诉什么，或者在倾诉时，只与孩子分享自己的快乐，不与孩子分担自己的忧愁。

其实，孩子的潜能巨大，他们不仅能提出建设性的意见，有时甚至能成为父母的精神支柱。父母应把自己的人生体验、领悟告诉孩子，相互探讨。

倾诉给予了孩子极大的信任，从而鼓励孩子提出自己的观点。或许刚开始，孩子的观点略显稚嫩，但他们简单的想法、不同的视角有时也能带给大人以启发。随着一次次的锻炼，听父母对问题的剖析与解决，孩子的社会经验就会逐步提高，甚至能提出父母不曾考虑到的方法。在孩子还没步入社会时，就注入一些社会元素，有助于增强他们以后的社会适应能力与竞争力。还能提高孩子分析和解决问题的能力，锻炼他们独立思考、创造、学习、批判的能力，能从别人的经验中找到值得自己借鉴的地方。当然，最重要的是建立了两代人"无话不谈"的习惯。

第三 当孩子还小的时候 制定家规

国有国法,家有家规。没有规矩,不成方圆。一个家庭需要民主,防止、消除代沟不可一言堂,但必要的家规是不可缺少的。家长可与孩子共同商量,制订“孝敬父母”的行为规范。这里提出“五要五不要”,供家长参考。“五要”是:要了解父母,要亲近父母,要关心父母,要尊重父母,要体贴父母。“五不要”是:不要影响父母工作与休息,不要惹父母生气,不要顶撞父母,不要独占独享,不要攀比享受。配合“五要五不要”还有几条具体要求:记住爸爸、妈妈的生日;自己的事情自己做;我当一天家长;单独走一次亲戚;我和爸爸共同上一天班。

父母与孩子之间的平等是孩子健康自由发展的保障,而如何建立这样的家庭环境,需要父母和孩子平等的沟通。倾听与倾诉,从孩子幼时做起,父母与孩子的隔膜就不会出现;从现在做起,父母与孩子的隔膜就会消除。有良好沟通的家庭,对孩子的成长、对孩子孝心的形成大有裨益,促进了孩子良好心理品质的形成和发展。理解父母的孩子才会关爱父母,才会孝敬父母,才会以健全的人格迈入社会。

第 12 章 穷养的男孩有头脑：不留退路才能找到人生的出路

每个男孩都要走进充满风险和竞争的社会，一成不变、墨守成规的男孩很容易被淘汰。而这种男孩，很多来自于“四二一”模式家庭，一是指一个独苗苗，二是指爸爸、妈妈，四是指爷爷、奶奶、姥姥、姥爷。男孩成为家里的小皇帝，全家人对他百般疼爱、千般关心、万般呵护，使男孩不自觉地养成娇惯、任性、懒惰、自私的不良习惯，而与此同时，男孩灵活的思维也随着骄奢淫逸的生活习惯慢慢磨灭。相反，男孩穷着养，物质条件的缺乏或者巨大的打击往往给这些孩子带来更多的勇气和机会，去尝试从前从未尝试的东西，会让男孩积极进取、敢于改变思路、打破常规来改变自己的命运。经历沧桑岁月的磨炼，男孩会在思想上更加成熟，一个成熟的人往往是肩负着某种责任的人，家庭、事业、祖国无不在心中，并用尽所有的潜力来担负起这份责任。

良好的思维能力让男孩走得更远

笛卡儿说:“我思故我在。”还有一句至理名言是这样描述思想的价值的:如果你有一个苹果,我也有一个苹果,那么我们交换,每个人都还是只有一个苹果。但是如果你有一种思想,我也有一种思想,那我们彼此交换后,我们就都有两种思想。由此可见思想的意义,在于它的延展性和可传播性。这也就是,想得有多远,就能走多远。

思想是超越现实的起点,同时也可能成为禁锢创新的囚笼。对于成长中的男孩来说,思维的成熟程度以及深度直接决定他们将会成为一个什么样的人,而他们的思维是受生活、环境以及自身经历和个人原则影响形成的,也就是说他的思想就是人格和心态的真实写照。穷养男孩,不仅要培养男孩顽强的意志,还要培养男孩成熟的思维,但成熟并不意味着一成不变,而是要男孩敢想敢做。思维是行动的老师,思维的高度有时决定男孩达到目标的高度。

伟人之所以成为伟人,是因为有伟大的思维,让思维决定行动,正像爱因斯坦的某些学说在当时被喻为“疯子式的假设和推论”,但后人均证实他的理论并非错误,他的猜测并非虚幻;当布鲁诺用生命捍卫哥白尼“日心说”理论的时候,所有的人都认为他只是另一个“疯子”,而今天的我们确实认同了太阳系的概念。但这些伟大的思维,无不是在磨难和折磨中形成的。

宝剑锋从磨砺出,梅花香自苦寒来,无数伟人的事例告诉家长,要想教育出思维灵活变通、敢于抛弃陈旧观念、能适应创新型社会的男孩,就必须让男孩“置之死地而后生”,在磨难中产生惊人的、深入的思维。

那么,作为父母,该如何科学地教育孩子,帮助孩子形成有活力、有深度的思维呢?

第一 家长要树立正面的 积极的形象

孩子的思维深浅、目标大小，都与家长的期望和理想状态有很大的关系。有关调查表明，当前许多家长对孩子的期望，短视、片面地局限在“考上好的大学”。对孩子只有学业期望，而缺乏人格期望，开口闭口总是“我们什么都不要你做，你只要把书读好就行了”，这必然给孩子的发展埋下一枚不定时的炸弹。也有些家长，自己喜欢吃喝玩乐，混混沌沌地过日子，潜移默化的结果是孩子成为父母那样的人。

所以，为人父母，要让儿子成为有远见和理想的人，自己就该是个有理想、敢奋斗的人，这是最简单不过的道理。同时，一定要把对孩子的期望调整到首先培养孩子的优良人格上。

第二 家长需要了解孩子各个年龄阶段理想发展的基本特点

根据不同年龄段男孩的思维，采取不同的方式引导。

第三 为孩子提供实践机会

这是穷养男孩的精髓，因为思维和现实之间的差距就在实践，再美好的思维理想，如若不付诸行动，也如痴人说梦。这一点应该落实到生活的细节上，比如虽然家庭富裕，也要对孩子的生活条件进行限制；凡是孩子的年龄应该做的事情，一般不包办代替；当孩子遇到困难挫折时，鼓励他，并教给具体的方法；经常讲些由于人格良好而人生非常成功的个案等。

家庭教育是一件非常重要但又十分复杂的事情，抓得早、抓得自然很重要。到少年期后，家长的权威会受到孩子的挑战，影响力也会相对减弱。只要家长运用正确的方式，让每个男孩都踏踏实实走好每个“今天”，考虑好“明天”，他们一定可以接近或实现自己的理想。

让男孩的成长比别人快半步

作家余秋雨说："成熟是一种明亮而不刺眼的光辉，一种圆润而不逆耳的声响，一种不再需要对别人察言观色的从容，一种终于停止向周围申诉求告的大气，一种不理会哄闹的微笑，一种并不陡峭的高度。"思维的成熟是一个男孩长大的标志，是一个男人的特征。成熟并不与年龄成正比，但成熟需要经历沧桑岁月的磨炼。一个成熟的男人人往往是历经失败的人。失败使人重新反省自己，遭受失败后人们往往获得一段使自己蜕变的宝贵时间。此外，很多人发现，巨大的打击往往给自己带来更多的勇气和机会，去尝试从前从未尝试的东西。一个成熟的男人更是肩负着某种责任的人。家庭、事业、祖国无不在心中，并尽所有的潜力来担负起这份责任。这就告诉很多男孩的父母，男孩的成长必须穷养，这才能让男孩思维成熟起来，男孩的成长才会比别人快半步。

1983年，美国心理学家丹·基利也撰文描述了这样一个群体："这类人渴望永远扮演孩子的角色而不愿成为父母。这些人很爱玩，也很好相处，但免不了也有不少孩子的弱点，如优柔寡断、缺乏自我保护意识、渴望被人接受、害怕被人拒绝等。因此，他们的行为同年龄很不相称，大多数情况下这无伤大雅，但总有一天，等他们突然明白生活原来并不如想象中那么称心如意时，已经太晚了。"现实生活中，的确有这样一个群体，其中一些男孩因为父母的宠爱、在父母的庇护下成长，无法面临社会的残酷竞争，不愿成熟起来，这种心态如果发展到极端，就成为一种心理疾病。

要让男孩避免这种心理疾病的出现，最好的办法是迫使他面对现实，为自己的行为承担后果，但男孩和女孩的心理发育有着很大的区别，因此养育他们也需要不同的规则和技巧，那么，父母怎样引导男孩走向思维的成熟呢？

第一 读懂男孩

你可能觉得男孩总是很调皮，总是给你惹麻烦。有时他还很固执，不听你的话。其实，有些行为恰恰因为他是男孩。

第二 理解男孩的冒险行为

很多男孩调皮捣蛋，父母带他出去玩，他总是喜欢做一些危险动作，比如登高、从高处往下跳。父母因为担心他的安全而制止这些行为。

中国人传统上一直要求孩子要静，总是想办法约束孩子的行动。其实，家长应该明白，孩子们需要广阔的空间和自由的行动，需要依靠运动和攀爬来健康地发育他们的大脑，因此不要束缚他。你需要在不干涉他的前提下尽量保护他的安全，并且相信他天生的空间判断能力。鼓励他多参加体育运动，多在户外奔跑活动，各种感官综合的经验带给他的是更健康的发展。

第三 让男孩走进集体 多参加集体生活

现在大多数家庭都只有一个孩子，出于爱护和安全考虑，很多妈妈不喜欢让小朋友到家里来玩，也不愿意让孩子到外面去玩。

男孩天生是群居动物，他们生性成群，在群体中学会社交、学会爱、学会生活、学会责任感和道德观，并找到自己的归属。如果男孩在孩提时代没有学会处理团体中的关系，缺少团体意识，将来就不懂得发展良好的人际关系，也不可能和别人保持融洽的关系。他们寻找的是能让自己放松、能给他任务、能让他感到自豪的集体。家长应该适当鼓励他们参与积极竞争的活动。

第四 理解男孩的固执

男孩子对自己情绪的处理比女孩子缓慢许多。家长应该相信孩子的判断能力，并且给他足够的时间调整自己的心态。强迫他接受父母对他的帮助，会使他产生挫折感。

第五 帮助男孩认识他们的英雄主义

“英雄主义”是男孩一种本能的反应。男孩通过“自我牺牲”来发现“我是谁”和自己的“个人力量”。所以，家长要告诉他们冒险和使命的衡量标准，并给他们安排一些诸如“倒垃圾”的小任务，告诉他这些小任务也可以让家人很舒服。衣食无忧、万事不用自己操心的男孩，结果是缺乏冒险精神，缺乏使命感，父母要鼓励男孩去发现自我价值并实现它。在鼓励中，告诉他最有意义的是实现价值的过程，而不是最后的结果。

第六 教男孩学会自律

这是让男孩思维成熟的最高层次目标。年龄相对大一点的男孩，已经开始有了一定的思维模式，但还需要父母的正确引导。父母应该教育孩子懂得自己的价值，学会用一种规范来约束自己的行为。可以通过教男孩懂得价值观、道德观，实现他的自律；也可以通过电视节目、好的故事，告诉他什么行为是好的。

男孩要穷养，家长应该告诉他：“没人有义务承担你所应担负的责任；你要是不去交网费，没人会帮你交；你睡着了，没人会把你叫醒……”要知道，穷养的男孩不仅有吃苦的精神，更有成熟的思维，他能体会到生活的压力，明白“不靠自己，就无法生存的现实”，深知“不想出走出困境的办法，就意味着永远失败”的道理。并且，成熟的男孩大都是智者，且朴实无华，谦逊平和，穷养的男孩的成长比同龄人始终快半步。

帮助孩子建立长远的眼光

我们深知，一个人只有具备长远的眼光，才能把握事情的大局，宏观掌握事情，从而一举夺得成功。年幼的康熙帝就是这样高瞻远瞩的人。

公元 1661 年，年仅 8 岁的爱新觉罗·玄烨被推上龙座，成为康熙皇帝。玄烨幼年登基，虽因祖母悉心培养而少小持重，但担负国家的重任还为时过早。尤其，当时以鳌拜为首的辅政大臣，利用玄烨年幼、孝庄太后一介女流便掌握朝政大权。在朝中，他们结党营私，玩弄权术，骄横跋扈，不把小康熙放在眼里，连孝庄太后也只好隐忍。年轻气盛的康熙几次想将鳌拜惩治法办，但是实力相差悬殊，如果时机不成熟，只能是以卵击石。因此，康熙把怨气与怒气埋在心里，一直积蓄力量。

1669年，年满16岁的康熙羽翼丰满，他发动攻势，一举剿灭了鳌拜一伙。之后，他又平定"三藩"，收复台湾，击退沙皇俄国的入侵，开创了一代盛世。康熙成为我国清朝时期著名的皇帝，他在位时，清朝的政治逐渐稳定，国力逐渐强大。

康熙帝当时还是一个年幼的男孩，但如果当时他不是用理智战胜了愤怒，把怨气压了8年，恐怕早就被鳌拜害死了，哪里还有后来的"康乾盛世"。这就是长远眼光的重要性。现代社会的男孩也要有这种活思路，而这一思路的获得，必须由"穷养男孩"这一教育方式所得。

生活中，我们经常可以看到，那些目光短视、"利"字当头、只在乎眼前的一点蝇头小利、什么亏都不能吃的人无法长久地富裕。由此证明，思路决定人的经济地位。男孩在未来社会需要担当更多的经济责任，是否能有长远的经济眼光，决定了男孩的生存状况，灵活的思路需要家长从小教育。很多出生在优越环境中的男孩，饱食终日、坐吃山空，没有经济压力，也就丝毫不考虑当自己步入社会后如何解决经济的问题，成为当今社会的"啃老族"一员。而那些历经生活折磨的男孩，"明日事，今日思"，待到完成了今天的事情，就考虑"明日事，如何为？"他们的头脑经过了洗礼，已渐趋清晰，作出明日的计划不仅正确，而且有条理。长此以往，男孩就锻炼出了灵活的思维习惯，考虑事情时自然能从大局出发，很多鼎鼎大名的富翁其财富的获得就是这样一种思路的运用。

曾经有个社会调查者告诉一群男孩："这里有糖，你们可以马上吃，但如果等我出去办完事回来再吃，你们可以得到双份的糖。"跟踪实验的结果表明：那些有耐心等待的孩子，长大后比较能适应环境、讨人欢心、敢冒险、自信、可靠且经济地位都很高；而那些只满足眼前欲望的孩子，长大后各方面的成就都不高。而更不可思议的是，那些能耐心等待的男孩大多来自于一些贫苦的家庭。

因此，家长不要再为孩子积累财富了，应该教会孩子积累财富的本领，从让他拥有灵活的思维开始，告诉他，短视不能带来长久的财富，有意识地给孩子进行一些吃苦教育，在逆境中“逼”出孩子灵活思考的习惯和能力，挖掘出他的潜能。这样培养出来的男孩才是一个情商高的孩子，长大后才能目光长远，不沉溺于短暂的利益之中，才能想问题、做事情眼光放得长远不会满足于眼前的一点点欲望。

总之，思维的培养是帮助一个人成为更棒的自己，而不是把他完全变为另一个人。家长通过让孩子的大脑经过长期的练习，增进他思考的能力，才能让孩子的未来更美好。

教育孩子做一个有勇有谋的人

古人云：“劳心者治人，劳力者治于人。”在知识经济时代，是否拥有灵活、变通的思维能力，更决定了一个人的生存状况。男孩是未来社会的主力军之一，比女孩负有更多的责任，这就更需要用灵活的大脑来指挥自己的行动，才能在未来社会大潮中凸显自己的价值和才能。

美国的德波诺说过：“高智商并不一定伴随着全面的思维技能。高智商常常只限于做学问的狭小范围内。在我们的日常语言中，有智慧与聪明的区别：聪明属于高智商，而智慧则属于思维的技能。”灵活的思维便是智慧的一种。

但男孩灵活变通的思维的获得不是一蹴而就的，需要父母长期的培养和教育，家庭不仅应该给男孩提供学习和生活的条件，还应该教会男孩正确的思维方式，这才是让男孩“富有”的教育方式。

男孩要穷养，这是养儿的至理名言，大凡功成名就的男儿，无不有机动灵活的思维，用头脑指挥行动。而那些纨绔子弟，空有一腔热血，欠缺理智的思考，再好的理想也终功亏一篑，很多“富二代”创业失败的例子就证明了这一点。可以说，真正的智慧是在磨难中激发的。

林浩是四川省汶川县映秀镇渔子溪小学二年级学生。在汶川“5·12”大地震发生时，小林浩同其他同学一起迅速往教学楼外转移，还未跑出，便被压在了废墟之下。此时，身为班长的小林浩表现出了与年龄所不相称的成熟，他在下面组织同学们唱歌，安慰因惊吓过度而哭泣的女同学。经过2个小时的艰难挣扎，身材矮小而灵活的小林浩终于自救成功，爬出了废墟。但此时，小林浩的班上还有数十名同学被埋在废墟之下，9岁的小林浩没有像其他孩子那样惊慌地逃离，而是又镇定地返回了废墟，将压在他旁边的两名同学救了出来，交给了校长。在救援过程中，小林浩的头部和上身有多数受伤。脱离了废墟的小林浩此时却发现同在外打工的父母失去了联系，焦急的小林浩同姐姐和妹妹一起在映秀镇滞留了两天，14日，他们三人同其他乡亲一道，经过7个小时的艰难跋涉，走小路逃出了震中映秀镇，转移到了都江堰，其后又来到成都与堂哥汇合。19日，小林浩同其姐姐和妹妹一起被安置在了四川省儿童活动中心，这里安置了所有来自灾区的孤儿。其后，小林浩来到成都市儿童医院做了身体检查，所幸并无大碍，只是一些皮外伤。

小林浩那稚嫩的童音、超出年龄的成熟与勇敢以及善良的品格，感染了几乎每一个中国人。他是一个有勇有谋的男孩，而他的故事告诫着家长，不要再对男孩百般呵护了，男儿只有经历磨炼，才能练就成熟的大脑，未来社会需要智勇双全的人才。

而良好的思维水平的标志是：

(1)问题从多方面考虑；

(2)思考时，能看到事物间的内部联系；

(3)善于独立思考，不人云亦云；

(4)思考速度快；

(5)思考方法独特。

那么，家长应该怎样锻炼男孩的思维能力呢？

第一 训练男孩有条理的思维习惯

让男孩多问自己几个为什么；还要能发现事物间的前后顺序。比如“燕子什么时候南飞？”“梯形、平行四边形、正方形之间存在什么关系？”学习古诗时也要分析其中内涵的道理和事物间的关系。比如古诗“横看成岭侧成峰，远近高低各不同，不识庐山真面目，只缘身在此山中。”就描写从不同角度看到庐山不同的景象，原因是作者身在此山的缘故。其中也隐含着这样一个道理，“当局者迷、旁观者清”。

思考的方法是多种多样的，但由于孩子的思维水平大都处于直观形象阶段，应学些适合他们年龄特征的方法。比如：抽象与概括；学会分类、归纳和类比。

第二 让男孩学会推理

家长可以带领孩子进行一些涉险活动，然后让孩子训练自己的推理能力。

第三 教孩子多向思维

当孩子面对困难，一种方法不行时，鼓励男孩多想想，多试几种方法，灵活解决困难。比如，当男孩还小时，让他去推一个很重的大箱子，他推不动，怎么办呢？让孩子试着把箱子里面的东西先拿出来，再推箱子；或者，让他在亲子小组聚会的时候，邀请其他小朋友一起来推这个重重的箱子。让他懂得，多种方法都能解决同一个问题。经常受到类似情景的启发，孩子就会养成遇事多动脑筋、有勇有谋的性格特点。

总之，父母不能从小让男孩生长在自己的庇佑之下，“生于忧患，死于安乐”，人的大脑只有经常思考，才会撞击出智慧的火花，只有把胆量和头脑结合在一起的男人，才能成就一番大事业。

与众不同的方法造就不同寻常的成就

一个人有没有创造性是由他的思维方式所决定的，创造性思维是创造力的核心，是人类智慧的体现，不寻常的思维会引导不寻常的成功，男孩要想在未来社会竞争中脱颖而出、担当大任，就必须会灵活变通，必须学会创新。创造性思维通常包括逆向思维、发散思维、抽象思维，其实思维的实质是一致的，只是换了一个不同的角度和方向。

父母养育男孩，并不是仅仅让男孩健康长大、衣食无忧，还要锻炼他生存的能力和坚强的意志，还有竞争的本领。让男孩在自己的怀抱中成长，看似爱孩子，实际上是害孩子，这样养育出来的男孩只能是行尸走肉，经不起任何风雨的洗礼。因此，家长必须穷养男孩，让男孩在逆境和折磨中体验生存的考验，进而激发他的创造性思维，找出不同寻常的方法，引导自己走出困境，拥有一个男人的智慧。

男孩创造性思维的获得需要家长的协助，毕竟没有一个孩子生来就是天才。

第一 发散思维的获得

通过联想能力的训练，可以锻炼发散思维。应该经常引导孩子从事物中获得某种启示、感悟，比如在写作文时提高思想认识，深化作文主题。这不仅是对孩子思维的训练，也是一种德育。

第二 抽象思维的获得

为了测试一下孩子的抽象思维能力，你可以在墙的高处挂一顶帽子，然后给孩子3根短竹竿，要他设法把帽子取下来。4岁以下的孩子很难想到拼接竹竿，如果他想到了，父母应该为他感到高兴。

训练幼年男孩的思维概括能力，常见的是分类的方法，比如，要求孩子把摆在一起的食品和用品分开，把动物和植物分开，把蔬菜和水果分开，等等。这种训练可以帮助幼儿的思维从具象进入抽象，而具有抽象概括能力是儿童智力的一次大飞跃。

当男孩开始能独立思考的时候，家长就可以进行一些奇数或偶数数列和递减数列的训练。比如，要求他在5、7、9、10、11、13、15这七个数中去掉一个多余的数。看他能否从这个奇数数列中挑出那个多余的偶数10。这种数的概括推理方法，小学一二年级的学生也不是轻而易举就能掌握的。但如果常能以有趣的方式给予孩子思维训练，男孩就可以更早获得这方面的成功。

第三 逆向思维的获得

逆向思维是创造性思维中的主要部分，逆向思维有两大优势。

逆向思维优势一：在日常生活中，常规思维难以解决的问题，通过逆向思维却可能轻松破解。

有两个人一起出差，其中一个人逛街时看到大街上有一老妇在卖一只黑色的铁猫。这只铁猫的眼睛很漂亮，经仔细观察，他发现铁猫眼睛是宝石做成的。于是他不动声色对老妇说："能不能只卖一双眼珠。"老妇起初不同意，但他愿意花整只铁猫的价格。老妇便把猫眼珠取出来卖给了他。

他回到旅馆，欣喜若狂地对同伴们说，我捡了一个大便宜。用了很少钱买了两颗宝石。同伴问了前因后果，问他那个卖铁猫的老妇还在不在？他说那个老妇正等着有人买她的那只少了眼珠的铁猫。

同伴便取了钱寻找那个老妇去了，一会儿，他把铁猫抱了回来。他分析这只铁猫肯定价值不菲。于是用锤子往铁猫身上敲，铁屑掉落后发现铁猫的内质竟然是用黄金铸成的。

买走铁猫玉眼的人是按正常思维走的，铁猫的玉眼很值钱，取走便是。但同伴却通过逆向思维断定：既然猫的眼睛是宝石做的，那么它的身体肯定不会是铁。正是这种逆向思维使同伴摒弃了铁猫的表象，发现了猫的黄金内质。

逆向思维的优势二：逆向思维会使男孩独辟蹊径，在别人没有注意到的地方有所发现，有所建树，从而制胜于出人意料。在日常生活中积极主动地运用逆向思维，则能够起到拓宽和启发思路的重要作用。当男孩陷入思维的死角不能自拔时，不妨尝试一下逆向思维法，打破原有的思维定式，反其道而行之，说不定就会眼前一亮，豁然开朗。

家长可以经常有意识地为男孩设置一些逆向思维的情景，比如在告诉男孩司马光故事前，可以先问男孩："如果你遇到这种情况，你该怎么办呢？"如果男孩的回答和司马光的做法是一样的，那么他未来肯定是个智慧的人。不过正常情况下，男孩的回答应该是不一样，那么家长就应该引导男孩，让他在生活中的其他事情上，尝试着这种思维方法。久而久之，男孩也就有这种思考习惯了。

的确，不寻常的方略引导不寻常的成功，家长应该让男孩灵活变通，当大家都朝着一个固定的思维方向思考问题时，不妨让男孩换个方向思索，这实际上就是以"出奇"去达到"制胜"。这种思维方式一旦运用到男孩的学习中，学习效率就会大大提高，而当男孩长大成人时，这种思维方法会让男孩事半功倍，甚至会得到不同寻常、出其不意的成功。

第13章
穷养的男孩有心胸：
男孩穷养过程中要把握好尺度

男孩要穷养，这是当代社会的育儿真经，作为父母一定要清楚，现在儿子受“苦”，长大后才会成为一个“富有”的人，成为真正的男子汉。因为对于每个男孩子来说，无论是成长还是成熟，都需要自立自强，需要承担更多的责任，需要面对更大的困难。

但父母在穷养男孩时，要注意方式方法，并且要适度。应该以穷养为主，鼓励为辅，让孩子在接受困难教育的时候，依然感受到父母的关爱，否则穷养男孩就会适得其反，男孩会因为“穷养”过度而变得自私自利、冷漠、自高自大等，这些都是家长要规避的一些问题。

男孩要有大海一样宽阔的心胸

古今成大事者，不但要有大志，也一定拥有宽广的胸怀。胸怀是人格的具体体现，具有宽广胸怀的人，才能成为人格高尚的人，而这正是家庭教育的目的之一。

至于男孩，从小应培养其艰苦朴素、吃苦耐劳的作风和仁义孝道的思想，这才是穷养男孩的真正内涵。这里当然也指物质上对他有所限制，但实际上，很多家长在穷养男孩的时候，不注意男孩的身心发展规律以及承受能力，导致男孩在逆境和“拮据”的经济环境中“一蹶不振”，形成了负面的人格，比如心胸狭窄、斤斤计较等，这对于男孩的成长是极为不利的。家长在教育男孩的时候，精神上的养育绝不能少，这样教育出的男孩才能不畏恶劣的生存环境和残酷的社会竞争，依然能够傲然挺立，拥有比天空还宽广的胸怀，打拼出一方属于自己的天空。

其实，家长可以采取一些辅助教育方式，避免男孩狭窄心胸的形成，有以下三个方面家长可以尝试：

第一 让男孩开阔眼界 眼界宽的人 胸怀也会宽广

这是一位妈妈的教育心得：

“我们经常利用各种节假日，带孩子游览祖国的大好河山，使其受益匪浅。尤其是孩子上了三年级以后，我们带他出去旅游的机会就更多了，比如带他领略泰山的雄伟壮观；带他到内蒙古，体会那种‘天苍苍，野茫茫，风吹草低见牛羊’的壮阔；带他游览海南岛，观赏热带森林植物的瑰丽和神奇。孩子在一次次的游览中，增长了知识，开阔了眼界。令我们高兴的是，孩子还拥有了宽广的胸怀，很少会因为日常小事而无谓地烦恼了。”

第二 在阅读中培养孩子宽广的胸怀

书籍中有无数值得孩子学习的心胸宽广的故事，这些故事对孩子的启迪远比家长的说教要有用得多。

“我的孩子喜欢阅读，最喜欢看故事书。一次，孩子在读到《将相和》故事时问我：‘妈妈，如果是我，我可不会背着荆条去认罪。’孩子说的是廉颇负荆请罪的事情。我告诉孩子，因为廉颇负荆请罪，因为蔺相如心胸宽广，以大局为重，所以，秦国才不敢侵犯赵国。还有一次，孩子读到韩信后来做了元帅，竟然宽恕那几个当年侮辱他的人的时候，不解地说：‘这么欺负人，怎么还饶了他们呢？’我问孩子：‘你不是想当一个好孩子吗？你不是希望自己将来能做大事吗？要成就大事，必须要有一个宽广的胸怀’。”

男孩的父母可以从这位母亲的教育实例中获得一些启示，还可以从生活中的一些现象出发，告诉孩子怎样才能拥有一个宽广的胸怀，比如不要斤斤计较那些鸡毛蒜皮的小事情，要欣赏他人的优点，不要嫉妒。把“海纳百川，有容乃大”这样一条格言贴在孩子的桌子上，作为孩子的座右铭，让他自我勉励。

第三 身体力行 做孩子的榜样

家长是孩子的第一任老师，父母如何待人接物、心胸是否宽广，直接影响到孩子，父母平时待人要和蔼，一些针尖大的事情，没必要斤斤计较，更不要发火和出口伤人，因为父母的一言一行都映射在孩子幼小的心灵上。

“我们经常教育孩子心胸要宽广，要宽以待人，对待他人要热情等。一次，楼上邻居晾晒的衣服不断滴下的水把我洗好就要晾干的衣服又淋湿了，害得我又把衣服洗了一遍。但我只是客气地提醒楼上的邻居，没有生气发火。还有一次，我在送孩子上学的路上，被一辆自行车刮了一下，手很痛，骑车人不断地说对不起，我看着有些红肿的手背，只告诉骑车人要注意安全，就让他走了。孩子问我：‘妈妈，你怎么让他走了？万一你的手骨折了怎么办？’我笑着对孩子说：‘没关系，妈妈的手不会骨折。一会儿就会好的。叔叔也不是故意的，他已经道歉了。’”

男孩只有经历过穷养，才会学会珍惜，才会明白要靠自己的双手争取成功，但真正成功的人一定是个心胸宽广的人，斤斤计较者满足于眼前的小利益，最终与成功无缘。因此，家长一定要注意男孩的品质培养，不要因为“拮据”的物质条件，让男孩原本豁达、宽广的胸怀被搁浅甚至埋葬，不要让穷养的教育方式失去了其真正意义。

要让男孩学会谦虚礼让

男孩之间因不会谦让或不肯谦让而发生的矛盾十分常见，甚至有些家长也不把这些小事放在眼里，反而认为因为自己的孩子强抢到玩具而高兴，认为自己的孩子“聪明伶俐”。然而，人们都忽略了不肯谦让所带来的一些负面影响，孩子之间的不谦让会影响他们的人际关系。谦让是一种美德，我们中华民族是一个有着几千年历史的文明古国，许多启蒙读物如“三字经”等，都把“礼让”作为教育孩子的一个重要内容。人与人之间交往时的谦让和礼让，也是社会文明的体现。

让男孩拥有这一品质，也是教育的重要内容。但生活中，我们总看到碰到这样的场景：两个孩子在一起玩，家长总希望哥哥让着弟弟妹妹，但是很多男孩对此却很反感；也有些男孩为受表扬而谦让；也有些男孩为获得更大的弥补而谦让。孩子们这是怎么了？真正谦让的精神都到哪儿去了？实际上，这些男孩并没有受到家长的娇惯，而是家长的“过度穷养”，让男孩明白要靠竞争和奋斗来走出困境，而忘记了还有谦让这一美德的存在。

其实，男孩子不懂得“让”，就是认为“任何东西理所当然都是自己的”，这种习惯是在生活中慢慢养成的。谦让也不是他与生俱来的本能，与其指责男孩，不如反思自己该如何教育孩子做一个懂得谦让的人？在这个竞争激烈的社会，如何在谦让和竞争之间找个平衡点？在孩子懂得谦让的真正内涵之前，父母们应该清醒地认识到，这是教育的失败。

那么,家长到底应该怎样避免和弥补穷养男孩"过度"时的缺失,让男孩学会谦让呢?

第一 给男孩营造一个相互谦让的环境

幼儿时期,男孩的个性正处于萌芽阶段,他们对事物的看法往往出自大人的说教或老师的命令。家长应努力营造一个和谐、友爱、团结、互助的氛围。平时夫妻之间与邻里之间要谦让,在这样一个良好的氛围中培养孩子谦让和宽容的美德至关重要。要让孩子学会谦让别人,就要让孩子从小在谦让礼让的生活环境中成长。

第二 家长要有意识地为男孩设置争抢的情境 让男孩慢慢地学会谦让

平时在家,父母可以和男孩争一下东西,培养他"并不是所有的东西都是自己的"意识,这样他就会慢慢知道了"谦让",接下去他就会多一份情愿,会让着别人,不管是让大孩子还是让小孩子。

第三 对于不懂得谦让的男孩 家长要讲清道理 也应及时提出批评

正面引导,耐心说服教育,要教给孩子如何谦让、友好相处、共同分享的方法,让孩子尝试体验团结友好、谦让和谐、共同分享的快乐。在与同伴相处中,要让孩子明白,分享并不是失去,而是一种互利,是双赢。

当孩子不懂谦让时,暂时先不让孩子参加游戏,使他意识到自己的行为是错误的,同时要告诉孩子如何处理矛盾的方法。使之认识到只有大家互相谦让,游戏才能顺利进行,有了问题大家可以用各种方法来解决矛盾,使大家心平气和地继续游戏。

第四 让男孩知道 谦让是一种美德 从而激发孩子的光荣意识

比如,可以给孩子讲"孔融让梨"的故事。

孔融小时候聪明好学,才思敏捷,巧言妙答,大家都夸他是奇童。4岁时,他已能背诵许多诗赋,并且懂得礼让,父母亲非常喜爱他。

一日,父亲的朋友带了一些梨,父亲叫孔融他们七兄弟从最小的小弟开始挑,小弟首先挑走了一个最大的,而孔融却拣了一个最小的梨子,说:"我年纪小，应该吃小的梨，剩下的大梨就给哥哥们吧。”父亲听后十分惊喜，又问：“那弟弟也比你小啊？”孔融说：“我比弟弟大，我是哥哥，我应该把大的留给弟弟吃。”父亲听后，哈哈大笑：“好孩子，真是个好孩子。”

家长在日常生活中还要言传身教，一定要坚持正面引导，从小培养男孩谦让、友爱的精神，孩子在潜移默化中就会懂得“让”是一种好习惯。这样，就可以免除男孩会有过分的竞争意识，让孩子拥有谦让这一美德。

教会男孩控制情绪的方法

我们知道，积极的情绪能够激发人体的潜能，使其保持旺盛的体力和精力，维护心理健康；消极的情绪只能使人意志消沉，有害身心健康，甚至会导致严重的心理问题。为此，学会保持乐观的生活态度与情绪，对男孩来说是十分重要的。生活中我们经常能看到孩子哭闹不止、发脾气、摔东西，或者把自己关起来生闷气，这不但造成其他人的困扰，也影响自己的人际关系，而这个原因很可能只是因为他不知道该如何确切地表达和分享自己的感受。

作为父母，在穷养男孩的过程中，不仅要培养孩子乐观地面对人生，还要教会男孩如何控制自己的情绪，这也是教育男孩的重要部分，那么，家长应该怎么做呢？

第一 作为父母 自己首先对生活要有一种乐观的态度

父母是孩子的模范，孩子的情绪受父母行为的直接影响，与孩子相处时，父母必须乐观一点。当孩子有挫折感的时候，只有积极乐观的父母才能成为他依靠、慰藉的港湾。

父母首先要学会管理自己的情绪，不把不良情绪带给家庭、带给孩子，要塑造出一种安全、温馨、平和的心理情境，用欣赏的眼光鼓励自己的孩子，让身处其中的孩子产生积极的自我认同，获得安全感，让其能自由、开放地感受和表达自己的情绪，使某些原本正常的情绪感受不因压抑而变质。

第二 相信孩子

要让孩子喜欢自己，家庭要给孩子认同感。在教育孩子学会乐观地面对人生时，除了多与孩子交流，培养孩子的自信心之外，还有一个很重要的方面，就是父母首先要相信自己的孩子，给予鼓励和支持。更重要的是要帮助孩子进取，克服一些他现在克服不了的困难，只有这样，才能教会孩子以正确的态度和措施保持乐观。

第三 让男孩认识情绪 表达情绪

通过亲子之间的对话，让男孩正确认识各种情绪，说出自己心里此时此刻真实的感受。只有知所想，才能知何解。平时，父母可以在自己或他人有情绪的时候，说出“妈妈好高兴哦”“嗯，我很伤心”等，让孩子知道原来人是有那么多情绪的，还可以通过句式“妈妈很生气，因为……”“我感到有点难过，是因为……”来告诉孩子自己的情绪来源，同时也可以通过问孩子，“你是什么感觉啊?”“妈妈看见你很生气、难过，能告诉我发生了什么事吗?”等对话来引导孩子表达自己的情绪及发现自己情绪的原因，从而提高孩子的情绪敏感度。

第四 让孩子体验情绪 洞察他人情绪

游戏在年纪尚小的男孩的心理发展中起着重要作用，要让男孩在丰富多彩的游戏活动中体验自己的情绪，感受别人的情绪，知道自己和他人的需要。除了父母与孩子要交流自己的情绪感受外，还可以通过说故事、编故事、角色扮演、与孩子讨论故事中人物的感觉和前因后果及利用周围的人、事物，来引导男孩设想他人的情绪和想法。从他人的情绪反应中，孩子会逐渐领悟到积极情绪能让自己和对方快乐，消极情绪会给自己和对方造成痛苦，不利于事情的解决。

第五 教会孩子适当宣泄不良情绪

人在精神压抑的时候，如果不寻找机会宣泄情绪，会导致身心受到损害。生理学研究表明，人的泪水含有的毒素比较多，用泪水喂养小白鼠，会导致小白鼠患癌症。可见，在悲伤时用力压抑自己，忍住泪水是不合适的。另外，在愤怒的时候，适当的宣泄是必要的，不一定要采取大发脾气的方法，可以采用其他一些较好的方法。所以，家长不妨引导孩子采取以下方法发泄自己的情绪：例如，在男孩盛怒时，让他赶快跑到其他地方，或找个体力活来干，或者干脆让他跑一圈，这样就能把因盛怒激发出来的能量释放出来；同时，如果男孩不高兴或是遇到了挫折，你可以把他的注意力转移到其他活动上去。例如：当男孩在厨房里吵闹着要玩小刀时，妈妈会把她带到一水池的肥皂泡面前分散他的注意，他很快会安静下来。另外，场景的迅速改变也能达到同样的目的——安静地把孩子从厨房带到房间里去，那里有许多吸引他注意的东西，玩具恐龙、图书都可以让他忘记刚才的不愉快。

当然，让男孩发泄自己的情绪，并不意味着家长可以忽视男孩那些不正确的行为。过激的情绪，甚至消极情绪都是生活中很平常的，但是伤害和破坏性的行为是绝对不被允许和容忍的。

情绪无所谓对错，只有表现的方式是否能被人接受。家长在穷养男孩的时候，一定要接受孩子的多面情绪，引导孩子把消极情绪转化为积极情绪，唯有正视情绪表达的所有面貌，健康的情绪发展才有可能；唯有能够驾驭自己情绪的男孩，才能够成为有自我控制力的孩子。

让男孩懂得尊重他人就是尊重自己

自尊，是人们对自己价值的正确评价，是人们相信自己的价值和能力的正确观念，凭着它，人们可以应对生活中遇到的任何挑战。随着每个人知识的增长、技能的提高和能力的增强，自尊也越来越强。这个过程与肌肉经过不断训练变得更强壮十分类似。在家庭教育中，如果父母替孩子做了他们自己能做的事，就干预了孩子的正常发育——心理学家弗兰克·沃尔顿称之为“心理肌肉”，就好像父母坚持替孩子举本来孩子能举动的东西一样，从而阻碍了孩子身体肌肉的发育。

在男孩的成长过程中也是如此。现代社会，很多父母已经认识到穷养男孩的必要性，他们认识到溺爱和娇惯孩子是在扼杀孩子的生存能力，认识到让孩子饭来张口、衣来伸手，时时、事事、处处都处于家庭的中心位置实际上是孩子产生任性和蛮横行为的根源，父母们不再对孩子的要求无条件地满足。的确，选择正确的家教方式，既关心爱护孩子，又要对孩子进行严格要求，不娇宠、不溺爱孩子，使孩子学到独立面对生活的本领。但也有很多父母在穷养男孩的时候，犯了过犹不及的错误，淡化了父母的关爱，过于压制孩子的物质需求，让男孩在困境中衍生自私自利、过于自尊的性格缺点。这对孩子的身心发展也是极为不利的。

其实，家长要告诉男孩：尊重别人就是尊重自己。要以穷养为主，鼓励为辅，正如鲁道夫·德瑞克斯所说：“孩子需要鼓励就好像植物需要水分。”

一个要想得到自尊的孩子，就必须先尊重别人，这对于处于逆境中的男孩也一样。自尊是自己争取的，而不是别人给的，家长让孩子克服孩子的以自我为中心和任性、蛮横行为的同时，也要防止矫枉过正，注意在平时的日常生活中对孩子进行正确的引导和鼓励。具体来说，家长可以做到：

第一 积极参与 始终与孩子同在

父母在家庭中的价值观念和行为举止、观念信条等，都会对整个家庭氛围和孩子形成的观念产生最深远的影响。

在家庭中培养孩子的尊重观念要强调其正确性、可能性和潜力。生活中充满了粗俗、失败、失望、否认和抗拒等诸多困难。如果除了这些生活本身的艰难和残酷之外，男孩还要对自己和别人持有悲观失望的态度，那么他们极有可能被生活的苦难淹没。或者，至少他们的生活中会缺少欢乐。那些相信自己并对别人持有基本的信任、内心又十分上进的孩子，才能够迎接生活中的任何挑战，并真正获得尊重。这种积极进取的心态，也会使人心胸宽广、性情开朗。但也有一些男孩，为了在逆境中赢得尊重，却显得不尊重别人且过于自尊，而这两种截然不同的品质的形成，是与家长的鼓励和参与有直接关系的。

第二 可以把尊重别人作为家庭价值观甚至是一种制度来让男孩从小履行

这样男孩就会把尊重当成一种习惯，即使在遇到困难和折磨时，也不会抛弃这一观念。

家庭价值观是指父母双方都遵从的，并且渗透到家庭日常生活中的价值观念，比如，尊重。家庭价值观对孩子有十分强大的影响力。但是当这些价值观念强加给男孩时，他会拒不接受，而只有家长持之以恒地言传身教，并且不断地鼓励孩子，他们才会接受。

能够对孩子的观念产生最的影响的、最重要的家庭价值观是有关社会价值方面的，这种有关社会的观念关注的是人的价值和人与人之间的关系，那些懂得尊重别人的男孩往往是受了以下家庭价值观的影响：

(1)所有的人都是有价值、有意义的个体，都值得尊重；

(2)每个人都应该富有协作精神；

(3)尊重别人非常重要，为别人作贡献，理解、接受和尊重来自不同家庭和背景的人；

(4)摩擦和冲突不是不可避免的，可以通过友好文明的方式加以解决。

第三 男孩也需要父母的尊重和信任

这就要求家长对男孩的感受表示理解和关心。每个人都有感情，而且有时会感到迷惑或痛苦。要努力理解孩子的感受，而不要由此对他们形成什么判断或者试图改变他们，帮助孩子感觉到自己被接受、被尊重，相信他们能够为今后面对生活中的困难做好准备。

总之，父母不要忘了鼓励男孩，鼓励他尊重别人，同时应当考虑面对的挑战是否适合孩子的成长发育，这一点也很重要。其次，给予孩子充分的信任，相信孩子能自己走出困境，除了以前的问题和困难，相信你的孩子也有能力学习、成长和发展。当孩子表现出不自信、担心或恐惧时，听听他们的感受，充分相信他们的能力对孩子十分有意义。这样对孩子说："我知道这件事很难，但我相信你能处理。"这样会极大地激发起孩子的勇气和信心。

教育无小事，作为家长，要教育男孩尊重别人的人才会受到尊重，尊重别人就是尊重自己。从每一件小事培养，抓住每一个细节，让孩子做得更好。

让男孩明白要善待他人

每个人都是社会的一分子，善待他人是做人的一个重要部分。一个人如果在社会上不知道怎么去善待他人，他将在社会上很难立足。善待他人包含的内容很多，其中有：多一些友善，少一些怨恨；多一些宽容，少一些苛责；多一些友爱，少一些仇恨；多一分理解，少一分埋怨。教会孩子学会与人相处也是教育的一部分，是家长的责任所在。男孩是未来社会的建设者，也必须学会善待他人。要知道，只有善待他人，他人才会善待你。

善待他人的男孩，在学校里会善待同学，会理解、关爱他人，尊重老师的劳动成果；在家庭里会善待家人，尊敬长辈，尊老爱幼；在社会上会善待周围的人，对待需要帮助的人，也不会麻木不仁，会热情伸出友爱的双手。这样的男孩才会以健全的人格和良好的品质而获得他人的赞同和良好的人际关系。很多父母认识到穷养男孩的正确性，于是人为地给男孩设置一些生存困境，让男孩成为别人"救助"的对象，可却由于"过度"穷养，教育出了一个自私自利、以自我利益为中心的男孩。穷养男孩，不仅要磨炼男孩的意志，更要让男孩懂得爱人、理解人、善待人，正确地与人相处，可以说，这是决定男孩在未来社会生存状况好坏的重要因素。

那么，家长应该怎样让男孩规避"过度"穷养带来的问题、让男孩善待他人呢?

第一 父母应该以身作则 善待周围的每一个人

善待他人要从点滴小事起步,从细微处入手,这样才能教育男孩不以善小而不为,不以恶小而为之。

洋洋的父母离异了,他随母亲过。有一次洋洋的母亲和老师谈到洋洋的教育问题。老师说:“你现在和洋洋的父亲离婚了,你还跟你前夫的家人来往吗?”她说:“基本上不来往了,但我碰见我公婆,还是要主动问候的,毕竟离婚是夫妻双方的事,与对方父母没有根本的利害冲突。何必把关系搞得那么僵……”“我这样做主要是为孩子着想,要给孩子做出一个样子,逢年过节,我还是要让孩子去看爷爷和奶奶的,我教育孩子一定要善待他人……”

可以说,洋洋的母亲是一个大度的人,许多人一旦分手以后,一般都躲着对方的父母,绕开对方的家人,甚至视对方的父母为仇人,而她没有,这给了孩子很好的榜样作用。家长要让孩子善待他人,就要从自身做起,和周围的人和谐相处。

第二 让孩子学会换位思考 也就是要理解对方 理解爱

每个人都有自己的情感世界,都希望得到别人的理解,也希望理解别人。家长要告诉男孩,如果从对方的角度考虑问题,情况会怎样。这样孩子就会理解他人,因为理解是一座桥梁,是填平人与人之间鸿沟的石土。

第三 让孩子学会包容别人

比如告诉孩子颜回的故事。

我国古代有个伟大的教育家叫孔子,他有一个得意门生叫颜回。

有一次,颜回看到一个卖书的人和买布的人吵架。买布的人说:“三八二十三,你为什么收我二十四个钱!”颜回上前劝架说:“是三八二十四,你算错啦。别吵了。”买布的人指着颜回鼻子说:“你算老几?我只听孔夫子的。咱们找他评理去。”颜回问:“如果你错了,怎么办?”买布的人说:“我把脑袋给你。你错了怎么办?”颜回说:“我把帽子输给你。”两人找到孔子。孔子问明情况，对颜回笑笑说："三八就是二十三。颜回，你输了，把帽子给人家吧。"颜回想："三八二十四才对呀！老师一定是老糊涂了。"他只好把帽子给了买布人。那人拿了帽子高兴地走了。这时孔子告诉颜回："说你输了，只是输一顶帽子，说他输了，那可是一条人命啊！你说帽子重要还是人命重要呢？"颜回跪在孔子面前说："老师重大义而轻小是非，学生惭愧万分！"

生活中，男孩之间也难免会有碰撞。他们年轻气盛，争强好斗心较重，常为一点小事争得不相上下，自己做错事，不着重检查自己，而是一个劲地找别人的不是，缺乏的就是一种宽容。家长要教育男孩"退一步海阔天空"的道理，宽容使事情变得简单，而苛刻会把事情变得复杂。

善待他人是做人必备的一种美德、一种修养，也是衡量一个人层次高低的标准。人际交往中离不开你我他，更离不开善待。善待他人，也就赢得别人的尊重，爱别人也是爱自己。家长在穷养男孩的时候，要引导孩子如何去善待他人，爱别人，在点点滴滴中学会爱。

参考文献

[1] 吴淡如. 性格决定幸福[M]. 南昌:二十一世纪出版社,2008.

[2] 吴维库. 阳光心态[M]. 北京:机械工业出版社,2006.